Predestined. Born for Greatness by Andrey Shapoval, Armenian
Նախասահմանված. ծնված՝ ավելիի համար, Անդրեյ Շապովալ, հայերեն

Բոլոր մեջբերումներն արված են հայերեն Աստվածաշունչ
մատյան «Արարատ» և ռուսերեն Աստվածաշնչի «Սինոդալ»
թարգմանություններից:

1. Մայլս Մոնրո. «Աստծո փառքի ուժն ու նախասահմանությունը»,
(հրատ. «Լուսավոր աստղ», Կիև, 2003):

ISBN: 979-8-9893650-0-5
Title: Predestined (Armenian version)
Paperback format
Imprint/publisher: Andrey Shapoval

ԲՈՎԱՆԴԱԿՈՒԹՅՈՒՆ

ՆԱԽԱԲԱՆ

Թանկագի՛ն ընկեր,

Այս գիրքը պատահական չի հայտնվել քո ձեռքում: Նախքան առաջին տողերը գրելը, աղոթել եմ քեզ համար: Խնդրել եմ Սուրբ Հոգուն, որ մեկընդմիշտ փոխի քո մտածելակերպը և հայտնի քեզ կյանքիդ նպատակը: Թո՛ղ Հիսուս Քրիստոսն Անձամբ լուսավորի քեզ, քանի որ Նա՛ է իրական Լույսը, Ով իջավ երկնքից, որպեսզի լուսավորի նրան, ով կհավատա Իրեն: Ես հավատում եմ, որ գիրքն ընթերցելու ընթացքում Աստծո Հոգին փոփոխություններ կիրականացնի մտածելակերպիդ մեջ, և կսկսվի կյանքիդ վերափոխումը: Այն շատ մոտ է: Մնա՛ ինձ հետ մինչև վերջ և կկարողանաս հետևել իմ անցած ճանապարհին: Ես աղոթում եմ, որ Սուրբ Հոգին քեզ համար դառնա ամենամտերիմ անձը, բացի սրտիդ աչքերը, որ տեսնելով քեզ Աստծո լույսի ներքո՝ գիտակցես, թե ինչպիսի փառավոր ժառանգություն ունես Տեր Հիսուս Քրիստոսի մեջ: Քանի որ մենք միասին Աստծո որդիներն ու դուստրերն ենք՝ կանչված՝ կատարելու Հոր կամքը այս երկրի վրա:

Հենց հիմա թո՛ւյլ տուր, որ ժամանակը կանգնի, թեկուզ՝ մի ակնթարթ. թո՛ւյլ տուր Աստծուն վերադարձնել քեզ այն ժամանակի մեջ, երբ Աստծո Հոգին դրեց քո կյանքի սկիզբը: Չէ՞ որ նախքան քեզ մորդ արգանդում ձևավորելը, դու Նրա մտքում էիր (տե՛ս Սաղմ. 139.16): Եվ նախքան թոքերդ կլցվեին օդով, և առաջին ճիչդ կազդարարեր քո գալուստն այս աշխարհ, դու Աստծո նախագծի մեջ էիր, դեռ տեսանելի աշխարհի ստեղծումից առաջ: Նա արդեն գրել էր քո բոլոր օրերը, երբ դեռ դրանցից ոչ մեկը չկար: Հիշի՛ր, Տերը ոչինչ չի սկսում տեսանելի աշխարհում, քանի դեռ չի ավարտել այն հոգևորում: Այն փաստը, որ դու ծնվել ես, վկայում է այն մասին, որ քո ճակատագիրն արդեն ավարտված է Աստծո մոտ, դրա համար էլ Նա թույլ է տվել քեզ ծնվել:

Ամեն մարդու համար այս աշխարհում Աստված ունի նշանակված ժամանակ: Նա ցանկանում է, որ դու դառնաս Նրա սրտի համեմատ մարդ, ով իր սերնդի մեջ կիրականացնի Նրա բոլոր ցանկությունները և նպատակները: Հովհաննես Մկրտչի մասին գրված է, որ նա Աստծո կողմից ուղարկված մարդ էր, որ բոլորը հավատային: Այլ կերպ ասած՝ մեկ անգամ Աստված ձեռնադրեց Հովհաննեսին վկայել Քրիստոսի մասին և առաջնորդել մարդկանց ապաշխարության: Հովհաննեսը կատարեց իր առաքելությունը երկրի վրա: Մենք էլ քեզ հետ պետք է կատարենք մե՛ր առաքելությունը: Աստված յուրաքանչյուրիս տվել է որոշակի ժամանակ, որ փնտրենք Իրեն ու ծառայենք: Մենք Նրանով ենք շնչում, միայն Նրանով ենք ապրում, շարժվում ու պահպանում մեր գոյությունը:

Այն պահից, երբ առաջնորդություն ունեցա գրել այս գիրքը, սկսեցի աղոթել քեզ համար, որ դառնաս հավատքի մարդ ու կարողանաս մտնել քեզ համար նախասահմանվածի մեջ՝ կատարելով Հոր կամքը, որ այս երկրի վրա քո միջոցով տարածվի Աստծո Արքայությունը: Հավաստիացնում եմ՝ այն, ինչ գրված է այս գրքում պարզապես ինֆորմացիա չէ, այլ՝ Սուրբ Հոգու հայտնություններն են, որոնք արմատապես ազդել են իմ մտածելակերպի վրա և փոխել կյանքս: Գլուխները, հաջորդաբար, կառաջնորդեն քեզ իմ վերելքի ճանապարհով, որը պատրաստել էր Աստված: Դու կտեսնես հոգևոր փորձառություն, որ Աստված թույլ է տվել ինձ ապրել: Ես հավատում եմ, որ Աստծո Հոգին այս գրքի միջոցով կվառի քո սիրտը Իր կրակով և կլցնի ավելիին ձգտելու ծարավով: Չէ՞ որ դու ծնված ես ավելիի համար:

Աստծո կողմից քեզ տրված բոլոր պարգևները՝ քո կյանքը, ունակությունները և ամեն մի շունչը, ունեն իսկական արժեք ու նպատակ, նույնիսկ ավելի շատ, քան կարող ես պատկերացնել: Աստված ուզում է գործածել հենց քե՛զ, որպեսզի շարունակի գրել Իր գործերը այս երկրի վրա: Ամբողջ սրտով աղոթում եմ, որ դառնանք այն մարդիկ, որոնց

Աստվածը կոչվելուց Նա չի ամաչի: Ես հավատում եմ, որ միայն Նրա միջոցով կարող ենք հաղթանակով ավարտել մեր ճանապարհը: Եվ այն փառավոր օրը, երբ կխոնարհվենք Բարձրյալ Տիրոջ առջև, կլսենք հետևյալ խոսքերը. *«Բարի և հավատարիմ ծառա»:* Եթե սա նաև քո սրտի աղոթքն է, ապա բարի գալո՛ւստ հետաքրքրաշարժ ճանապարհորդություն Սուրբ Հոգու հետ դեպի քո նախասահմանությունը:

ՆԵՐԱԾՈՒԹՅՈՒՆ

Ամեն շնչի հետ զգում էի՝ ինչպես էր մթնոլորտը թանձրանում և ճնշում մարմինս: Ես սկսեցի աղոթել Սուրբ Հոգով, որ ամեն ինչում Տիրոջ կամքը լինի: Հանկարծակի հրում զգացի ու ակնթարթորեն անհետացա:

Ես հայտնվեցի հսկայական շինությունում, որը, թվում էր, անվերջանալի էր: Ո՛չ առջևից, ո՛չ հետևից, ո՛չ կողքերից պատեր չէի տեսնում: Շինությունը հիշեցնում էր հսկայական գործարան: Ներսում տեղադրված էին բազմաթիվ տարբեր հաստոցներ, մեքենաներ, փոխակրիչներ, բոլորն էլ աշխատում էին: Բայց ահա աշխատողները, չգիտես ինչու, շատ քիչ էին, այնքան քիչ, որ հաստոցների մեծ մասի մոտ պարզապես աշխատող չկար: Մարդկանց այն փոքրամասնությունը, որը ներգրավված էր աշխատանքի մեջ, փորձում էր աշխատել նաև մյուսների փոխարեն, բայց նրանք իրապես չէին հասցնում: Նկատելի էր մարդկանց զգալի պակաս: Միաժամանակ աշխատանքի ծավալն այնքան մեծ էր, որ այնտեղ անհրաժեշտ էին ոչ թե հազարավոր, այլ միլիոնավոր աշխատողներ:

Այս իրադարձություններին ես հետևում էի վերևից: Աշխատանքը եռում էր, շատ գործ կար անելու: Աշխատողները վազում էին մի հաստոցից՝ մյուսը, հետո երրորդի, չորրորդի՝ անելով իրենց կարողությունների առավելագույնը: Նրանք օգնության էին կանչում՝ ջանալով կատարել՝ որքան հնարավոր է շատ աշխատանք: Ի դեպ՝ նմանատիպ իրավիճակ էր տիրում այդ շինության ամբողջ տարածքում: Եթե այնտեղ լինեին բավականաչափ աշխատողներ, և յուրաքանչյուրը ստանձներ իր դիրքը, ապա այնտեղ ներդաշնակություն կհաստատվեր, աշխատանքի ընթացքի մեջ չէին լինի խաթարումներ, այն կիրականացվեր որակով, ժամանակին և՝ ինչպես հարկն է:

Փոխակրիչներն ընթանում էին, հաստոցները միացված էին, դեռ շատ աշխատանք կար անելու, ամենուրեք լսվում էին մարդկանց բղավոցներ. «Այստեղ այնքա՜ն շատ աշխատանք կա, օգնե՛ք մեզ»: Որքան երկար էի նայում այս ամենին, այնքան ավելի շատ էի կարեկցում նրանց. *«Աստված, որտե՞ղ են մյուսները: Ինչո՞ւ է այստեղ այդքան քիչ աշխատող: Ինչո՞ւ ոչ ոք չի գալիս նրանց օգնության»:* Որքա՜ն հեշտ կլիներ, եթե ամեն մեկը կանգներ իր տեղում և աներ իր բաժին աշխատանքը: Զարմանալի է, բայց ես կարողանում էի շատ բարձր լսել իմ սեփական մտքերը: *«Աստված, իսկ ո՞ւմ են նրանք կանչում: Ո՞ւմ են խնդրում, որ օգնության հասնի, ո՞ւմ»:* Կարծես, իմ հարցին ի պատասխան, նկատեցի մի հսկայական միջանցք, որտեղով ետ ու առաջ էր քայլում մի անհավանական գեր մարդ: Նա հսկայական չափերի էր, ուղղակի փչած: Նա լսում էր օգնության կանչերը, բայց արհամարհում էր: Ես մտածեցի. *«Ո՞վ է նա ընդհանրապես»:*

Այդ պահին Աստված բացատրելով խոսում էր ինձ հետ:

ԳԼՈՒԽ 1

ԱՍՏԻՃԱՆՆԵՐԸ

Հիշում եմ 2002թ.-ի մայիսյան երեկոն, երբ դուրս գալով իմ տնից՝ կանգնեցի շեմին և նստեցի աստիճանների վրա: Սովորաբար ես այդտեղ էի առանձնանում, շատ հաճախ նստում էի ու մտորում կյանքի շուրջ՝ ազատություն տալով մտքերիս ու զգացմունքներիս: Սակայն այդ օրվա երեկոն առանձնահատուկ էր. ես խորասուզվեցի իմ ներաշխարհի մեջ:

Ինձ չէին լքում մտքերն այն մասին, որ գոյություն ունի ավելին, քան այն, ինչ կա: *Բայց ինչո՞ւ է մարդու կյանքն այսքան միօրինակ: Մի՞թե սա է ամենը, այսքանը և վե՞րջ: Մի՞թե սա է վերջնակետը, սահմանը:* Մտքերն ինձ հանգիստ չէին տալիս, կուտակվելով՝ առվակի պես հոսում էին գիտակցության մեջ: Երբևէ չէի մտածել, որ հնարավոր է՝ այսքան խորը ընկղմվել սեփական շնչի մեջ ու զգալ մտքերը: Նույնիսկ ֆիզիկապես ամբողջ մարմնով դողում էի:

Ինչ-որ պահից զգացի, որ մտքիս մեջ խելահեղ ճակատամարտ է ծավալվում. իսկական հոգևոր պատերազմ: Աչքերիս առջև լողում էին պատկերներ, և երկու կերպար պայքարում էին շնչիս համար... Հոգիս գոռում էր, իսկ իրականությունը պատառոտում էր իր անելանելիությամբ: Իմ, այսպես կոչված, կյանքը խճճված էր խնդիրների ու անելանելի իրավիճակների մեջ:

Գալիս է մի վճռորոշ պահ, երբ ինչ-որ բան փլուզվում է, ու հասկանում ես, որ այլևս առաջվա պես չի լինելու: Ես կարող եմ միանշանակ ասել, որ դա հենց իմ ընտրություն կատարելու վճռորոշ պահն էր, իմ Գեթսեմանի այգին: Աստիճաններին նստած՝ ես զգում էի, որ դաժան պայքար է մղվում իմ ապագայի համար: Դա իսկական ճակատամարտ էր, որտեղ միաժամանակ երկու ճակատ կար. ես պայքարում էի սատանայի դեմ, բայց նաև կռվում էի Աստծո հետ: Ինձ զգում էի Հակոբի նման, ով պայքարում էր իր օրհնության համար (տես Ծննդ. 32.22-32):

Գիտակցությանս մեջ սլանում էին անցյալի ու ներկայի պատկերները, իմ սխալներն ու զղջումները: Չէի կարողանում հասկանալ, առհասարակ, ես ապագա ունե՞մ, կա՞ արդյոք իմ որոնումներին պատասխաններ: *Ո՞վ եմ ես: Ինչո՞ւ եմ այստեղ: Ինչի՞ համար եմ ծնվել: Մի՞թե սա վերջն է:* 22 տարեկան էի և ներքուստ դատարկ ու աղքատ էի զգում: Ես փորձում էի գոնե մի կաթիլ հույս գտնել, որը լույսի մի շող կգցեր ապագայիս վրա: Դատարկություն. ես հասել էի ամենաստորին կետին: Զգացմունքները տանջում էին, բայց մտքերը շարունակում էին կատաղորեն մոլեգնել գետի պես: Ես կորցրել էի կյանքի հաճույքն ու ուրախությունը: Զգում էի միայն սրտիս բաբախը, և ամբողջ էությունս Աստծուն էր կանչում. *«Աստվա՛ծ, ի՞նչ է լինելու հետո»:*

Հանկարծակի լռություն տիրեց, կարծես մոլեգնող ջրերն, ի վերջո, հասան օվկիանոսին: Հանկարծ, կարծես լսեցի մորս ձայնը. «Անդրե՛յ, չէ՞ որ Աստված է տվել քեզ ծնունդ և ուղարկել այս աշխարհ որոշակի նպատակով»: *Ես իսկապե՛ս նպատակ ունեմ:* Իմ ներսում հույսի կայծ հայտնվեց, և ամուր բռնելով այն՝ ընկղմվեցի մանկությանս հիշողությունների մեջ. մայրի՛կ…

Մի օր նա մարգարեական երազ է տեսնում. իր հետևում կանգնած մի մարդու, ով ասում է հետևյալը. «Ամսի 17-ին ընտանիքիդ անդամների թիվը կավելանա: Դու որդի կծնե՛ս, անվանի՛ր նրան Անդրեյ»: Արթնանալով՝ մայրս չի կարողանում հանգստանալ, ամբողջ մարմնով ցնցվում է: Երազն այնքան իրական է թվում, որ երկար ժամանակ չի կարողանում հասկանալ՝ երա՞զ է, թե՞ իրականություն: Նա արթնացնում է հորս: Ուշադիր լսելով՝ հայրս ասում է. «Եթե այս երազն իրականանա, ու մենք տղա ունենանք, ապա նրա անունը, անպատճառ, Անդրեյ կդնենք»: Հորս բառերը նրան վստահություն տվեցին:

Մարգարեական սկիզբ

1979թ.-ին մեր ընտանիքն ապրում էր Ուկրաինայում, Խարկովից ոչ հեռու Կորոտիչ կոչվող գյուղում: Այդ թվականներին հիվանդանոցներում չկային ԳՁՀ (գերձայնային հետազոտություն) սարքեր, հետևաբար, երեխայի սեռը հայտնի էր լինում միայն ծնվելուց հետո: Իմ ծնվելուց մեկ օր առաջ մայրս դուրս է գալիս փողոց և հանդիպում հարևանուհուն. «Անյա՛, երազումս տեսել եմ, որ տղա ես ունեցել»: Մայրս, ի պատասխան, միայն ժպտում է. հարևանուհին հաստատեց իր տեսած երազը: Երազում նշվել էր ծննդատնից վերադառնալու ամսաթիվը, ու մորս հաշվարկով ես լույս աշխարհ պիտի գայի ամսի 11-ին:

Մայրս պատրաստվեց ու խնդրեց հորս, որ այդ օրը տնից հեռու չգնա: Նա գլխի շարժումով համաձայնեց ու ժպիտով սպասեց: Մի քանի ժամից կծկումները սկսվեցին, և իմ ծնողները գնացին հիվանդանոց: Հոկտեմբերի 11-ին, առավոտյան ժամը 7-ին ես լույս աշխարհ եկա: Հայրս ու մայրս ուրախությամբ նայում էին միմյանց՝ հասկանալով, որ երազն, անկասկած, մարգարեական էր: Ինձ անվանեցին Անդրեյ. այսպես սկսվեցին իմ օրերն այս երկրի վրա:

Հետաքրքրաշարժ էր այն, որ երբ ամսի 17-ի դուրս գրման ցուցակները կախեցին, այնտեղ մորս անունը չկար: Այդ թվականներին ծննդատանը պահում էին 7 օր: Սակայն, երեկոյան, հավաքարարը մոտեցավ մորս ու հարցրեց. «Անյա՛, ինչո՞ւ չես հավաքում իրերդ: 17-ի դուրս գրման բոլոր ցուցակներում միայն քո անունն է»: Հետևաբար, ինչպես ասվել էր երազում, հոկտեմբերի 17-ին մայրս տուն մտավ՝ ինձ գրկած:

Աստծուց ասված խոսքն իրականացավ մանրամասների ճշգրտությամբ: Դա վկայում է այն մասին, որ Աստված նախասահմանել էր յուրաքանչյուր քայլը: Նա նշանակել էր իմ ծննդյան ժամանակը: Մի անգամ Աստված, դիմելով Զաքարիային, ասաց, որ Նրա կողմից ասվածը կկատարվի նշանակված ժամանակին: Շատ տարիներ հետո, լիովին այլ երկրում և այլ իրավիճակում Նրա խոսքերը կրկին իրականացան Նրա կողմից նշանակված ժամանակին: Այս հիշողությունն ինձ համար կարծես մի կում թարմ օդ լիներ:

Փակուղի

Սակայն, շուտով, իրականությունը կրկին ցնցեց գիտակցությունս. դժվարությունները և անելանելի իրավիճակները ծանրացել էին, ես կորցրել էի՝ ինչ ունեի, մեծ խնդիրների ու պարտքերի մեջ էի: Սատանան ինձ քշել էր փակուղի՝ միտքս լցնելով ամեն տեսակի բացասական բաներով. նա ամբողջ ուժով փորձում էր կանգնեցնել ինձ ու հետ պահել իմ կոչումից: Նախկին հույսի կայծը մարեց: Ես կրկին տեսա երկու աշխարհների պայքարը, և կրկին՝ հոգուս ճիչը գիշերվա լռության մեջ. *«Տե՛ր: Օգնի՛ր ինձ՝ հասկանամ: Օգնի՛ր՝ հասկանամ՝ ինչ է կատարվում իմ կյանքում: Օգնի՛ր՝ բարձրանամ բոլոր իրավիճակներից վեր»:*

Իմ ապաշխարությունից անցել էր մի քանի ամիս, բայց առաջվա պես ես անհուսալի վիճակում էի և փորձում էի գլուխ հանել ինձնից՝ թերթելով հուշերս՝ ինչպես հին ֆոտոալբոմի թերթերը: Աչքիս առջև լողում էին անցյալի ու ներկայի պատկերները. չէի կարող ո՛չ ջնջել, ո՛չ կանգնեցնել: Սատանան պարտադրում էր հին մարդու կերպարը, որ վերադարձներ ինձ հին կյանքին, բայց ես պայքարում էի՝ թույլ չտալով հին բնությանը տիրել ինձ:

Եկավ որոշիչ պահը, և ես պիտի ընտրություն անեի: Հանկարծ նայեցի աստիճաններին՝ հաջորդաբար դրանք բարձրանում էին վեր: Դա նախատիպ է... Աստված ի զորու է քայլ առ քայլ, աստիճան առ աստիճան դուրս հանել ինձ իմ խնդիրներից: Պայքարը չէր դադարում. *ո՛ր պահից ամեն ինչ խառնվեց, սխալ ուղղությամբ ընթացավ.* ես կրկին թույլ տվեցի մտքերիս՝ տանել ինձ հեռավոր անցյալ, ու հասկացա, որ անկումս սկսվել էր շա՛տ վաղուց:

Իմ սերը

Դեռ վաղ մանկությունից ես սովոր էի միայնության զգացումին: Հայրս վաղաժամ հեռացավ կյանքից, ես շատ փոքր էի: Հարևաններն անդադար քննադատում ու մեկնաբանություններ էին անում, որ մեր ընտանիքում չափից շատ երեխաներ կան, և ոչ մի լավ բան մեզնից դուրս չի գա: Սատանան հենց նրանց բառերն էր օգտագործում իմ դեմ, որ խոցեր ինձ ամեն անգամ, երբ ներքին առճակատման մեջ էի:

1995թ.-ին մեր ընտանիքը ներգաղթեց Միացյալ Նահանգներ: Երիտասարդ տարիքից ես ունեի երաժշտական գործիքներ նվագելու և երգեր գրելու տաղանդ: Այդ պատճառով Ամերիկա տեղափոխվելուց հետո անմիջապես սկսեցի կառուցել երաժշտական կարիերա: Ես տարված էի ամերիկյան կյանքով և երաժշտությամբ, հիմա ես շատ հնարավորություններ ունեի: Երաժշտությունը դարձավ իմ կյանքն ու ներաշխարհը: Ես երազում էի դառնալ պրոֆեսիոնալ երաժիշտ, հայտնի կոմպոզիտոր ու հույս ունեի, որ երաժշտությունը բավարարվածություն ու նպատակ կհաղորդեր իմ կյանքին: Ես սպասում էի, որ այն կլցնի ներսիս անտանելի դատարկությունը, բայց սխալվում էի: Որքան շատ էի ընկղմվում երաժշտության աշխարհի մեջ, այնքան ուժգնանում էր դատարկությունը, իսկ կյանքս, ասես, գլորվում էր ցած:

Աստիճանաբար ես հեռացա Աստծուց ու մոռացա այն ամենը, ինչ սովորեցրել էին ծնողներս: Մի քանի տարի անց գիտակցեցի, որ մեղքը տիրապետում է ինձ ու խորը արմատներ գցում շնչիս մեջ: Ներսիս դատարկությունն ավելի զգալի էր դառնում, և առանց Աստծո ինձ որբ էի զգում:

Ես շատ ընկերներ ունեի, մենք հաճախ հավաքվում և ուրախ ժամանակ էինք անցկացնում: Բայց ամեն անգամ տուն էի վերադառնում նույն դատարկության ու միայնության զգացումով: Երեկույթներից մեկը առանձնահատուկ տպավորվել էր: Ընկերներով կանգնած էինք, երբ հնչեց դռան զանգը: Շրջվելով՝ տեսա մի աղջկա: Երբ նա մտավ տուն, շունչս սկսեց կտրվել: Նա իմ տեսած ամենասիրուն աղջիկն էր, նրանով հիացած՝ հայացքս չէի կարողանում կտրել: Այդ պահին ինքս ինձ խոստացա, որ կանեմ ամեն հնարավոր բան, որպեսզի գրավեմ նրա ուշադրությունը: Ջենտլմենի պես մոտեցա ու ներկայացա, իսկ որոշ ժամանակ անց մենք արդեն տարված էինք զրույցով:

Վերջին հույսը

Մեր ընկերությունն օր օրի ամրանում էր, մենք կարող էինք ժամերով զրուցել ու չնկատել, թե ինչպես է ժամանակը թռչում: Այդպես անցավ մի քանի տարի, ու մի երեկո ես վերջապես Նատաշային ամուսնության առաջարկություն արեցի: Արդեն հարսանիքի օրը նշանակված էր, թվում էր՝ ամեն բան ընթանում էր՝ ինչպես հարկն է: Սակայն մի անկանթարթում ամեն ինչ փոխվեց: Մեր հարսանիքից մեկ ամիս առաջ իմ լավագույն ընկերը հանդիպեց Նատաշային ու պատմեց իմ կյանքի այն բնագավառի մասին, որից նա տեղյակ չէր: Նատաշան հասկացավ, որ ես թաքնված կեղծավոր եմ:

Այո՛, դա այդպես է, ես հմտորեն ձևացնում էի և կարող էի դերեր խաղալ, քանի որ բեմն ինձ համար սովորական վայր էր: Եվ շուտով արտաքին բեմը ստեղծեց ներքին բեմ, որտեղ ես դերասան էի, և այլևս չէի հասկանում, թե ով եմ իրականում: Ես վստահաբար շարունակում էի իմ շոուն՝ ձևացնելով թե կենդանի եմ, բայց մեռած էի: Սակայն, վաղ թե ուշ, ամեն գաղտնի բան դառնում է հայտնի:

Հետո ամեն ինչ ընթացավ այնպես, ինչպես վատ երազում է լինում: Նատաշան եկավ իմ տուն, մոտեցավ շեմին, հանեց մատանին ու շպրտեց դեմքիս՝ ասելով. «Ես երբե՛ք չեմ կառուցի իմ կյանքը մեկի հետ, ով այդքան հեշտ խաբում է ինձ»: Ասելով այս ամենը՝ նա վերադարձավ իր մեքենայի մոտ: Ես քարացած նայում էի, թե ինչպես էր նա հեռանում: Իմ ներսում ամեն ինչ փշուր-փշուր եղավ. փլվեց իմ վերջին հույսը...

Սա իմ կյանքի ամենաստորին կետն էր, և ես, վերջին ուժերս լարելով, փորձում էի դիմանալ: Ահա արդեն մի քանի տարի էր՝ իմ կյանքը գլխիվայր սահում էր ներքև: Սատանային հաջողվել էր գայթակղել ինձ, խլել և այրել ամեն ինչ: Ես այլևս ոչինչ չունեի՝ ոստիկանությունը խլել էր մեքենաս, շատ արագ ահռելի պարտքեր էի կուտակել, տան վարձն էլ չէի կարողանում վճարել: Երաժշտական խումբը բաժանվեց, միաժամանակ կորավ նաև երաժշտություն գրելու ցանկությունը: Ես սկսեցի հաճախակի խմիչք օգտագործել՝ հույս ունենալով, որ կբթացնեի վախերս ու ցավս. իմ վերջին հույսը Նատաշան էր:

Ես մտածում էի, որ նա է այն դուռը, որով ես կարող եմ դուրս պրծնել և հեռանալ իմ խնդիրներից: Նատաշան իմ լույսն ու հենարանն էր, բայց եկավ այն օրը, երբ Աստված քանդեց իմ վերջին հենարանը: Ինձ այլևս ոչինչ չմնաց: Բոլոր երազանքներս փլվեցին, ես կոտրված էի և ոչ ոքի չէի կարող վստահել: Նատաշայի բառերն անընդհատ պտտվում էին մտքումս՝ ստիպելով ինձ ցավից կծկվել: Այդ գիշերն ինձ համար դարձավ ճակատագրական: Երբեք չեմ մոռանա այդ գիշերը: Ես ոչ սթափ վիճակում մեքենա էի վարում քաղաքով մեկ, չգիտեի՝ ինչ անեի, որ ցավը մեղմեի ու ինքս ինձ գայի: Ես չէի հասկանում՝ ինչ էր կատարվում: Երբ վերադարձա տուն, ամոթով ու միայնությամբ լցված՝ ընկա անկողնուս վրա:

Ղազարոսը

Հաջորդ օրը՝ ապրիլի 1-ին, Զատկի տոնն էր: Արթնանալով՝ եկեղեցի գնալու անբացատրելի մղում զգացի: Դա ինչ-որ գրավող ձգողություն էր, որն արդարացնում էի ընկերներիս փառաբանության ծառայության մեջ օգնելու անհրաժեշտությամբ, և, ի վերջո, Զատկի տոնին բոլորն են եկեղեցի գնում: Քիչ անց մտքերս կրկին կենտրոնացան երաժշտության վրա: Ես չէի հասկանում, որ Աստված Ինքն էր Իր Սուրբ Հոգով մղում ինձ դեպի այդ օրվա հավաքույթը. Նա համբերատար սպասում էր ինձ այնտեղ:

Երբ ներս մտա, ընկերներս ասացին, որ այդ օրը քարոզելու է Աֆրիկայից ժամանած ճանապարհորդող քարոզիչ: Ավարտելով փառաբանությունը՝ իջա բեմից ու անկյունում կծկվելով՝ նստեցի նստարանի ծայրին: Լսելով Աֆրիկայից եկած ավետարանչի քարոզը՝ միաժամանակ մտորում էի անցյալ գիշերվա շուրջ, նաև՝ թե ինչի է վերածվել իմ կյանքը: Նա խոսում էր Ղազարոսի մասին, ով մահացել էր և չորս օր դագաղի մեջ մնացել: Երբ Հիսուսն եկավ նրան հարություն տալու, քույրերը համոզում էին չբացել դագաղը, քանի որ մահացած մարմնից արդեն գարշահոտ էր գալիս (տե՛ս Հովh.11.39):

Լսելով պատմության այդ հատվածը՝ ես իրական տագնապ զգացի: Հանկարծ Սուրբ Հոգին ցույց տվեց, որ այդ Ղազարոսը ես եմ. դա ե՛ս էի: Մեղքն ամուր շղարշապատել էր ինձ, ես մահացած էի, ինձնից մեղքի գարշահոտ էր գալիս: Ավետարանիչը շարունակում էր խոսել Հիսուսի մասին, Ով ստիպեց բոլորին լռել, ու գերեզմանից դուրս կանչեց մահացած Ղազարոսին: Ներսումս ամեն բան դղրդաց, կարծես սրտիցս գլորեցին այդ քարը, և ես տեսա ելքը ու լույսի շողը. «Աստվա՜ծ, եթե կարող ես, հարությո՜ւն տուր ինձ»,- ճչացի ես: Հանկարծ լսեցի Աստծո ձայնը ու գիտակցեցի, որ նույն Հոգին, որ մեռելներից հարություն էր տվել Հիսուսին, հիմա իջել էր ինձ վրա ու կանչում էր: Սուրբ Հոգին դիմում էր անձամբ ինձ. *«Անդրեյ, դո՛ւրս արի այդ մեղավոր կյանքից»:* Հենց այն ժամանակ՝ Զատկի տոնին, երբ բոլորը տոնում էին Հիսուս Քրիստոսի հարությունը, Նա անձամբ հարություն տվեց ինձ: Այսօր Տերն ունի հարության նույն զորությունը, որպեսզի մեռածին կյանքի կոչի:

Ավետարանիչը կոչ արեց մարդկանց առաջ գալ ու ընդունել Հիսուսին: Հասկացե՛ք, ես խորանի առջև եղել էի ու ապաշխարել էի շատ անգամներ, բայց ժամանակ անց կրկին վերադարձել էի իմ հին կյանքին: Սակայն այդ կոչը առանձնահատուկ էր, և ես համոզված էի, որ ամեն ինչ այլ է լինելու: Արցունքներս հոսում էին, ես պարզապես թռա բեմի վրա, ծնկեցի ու լիովին հանձնվեցի Բարձրյալ Աստծուն:

Այնտեղ՝ խորանի առջև, ես վերապրում էի երկնային Հորս սերը, ես զգում էի՝ ինչպես էր Սուրբ Հոգին ծառայում ինձ ու վիրակապում վերքերս: Չեմ հիշում, թե որքան ժամանակ մնացի այնտեղ: Նայելով վերև՝ ասացի. *«Աստվա՛ծ, 22 տարի ես միայն լսել եմ Քո մասին, բայց երբեք անձնապես չեմ ճանաչել Քեզ: Այսօրվանից ես կանեմ ամեն հնարավոր բան, որ պարզեմ, թե Ով ես Դու իրականում»:* Դա իմ որոշումն էր ու իմ ընտրությունը: Այդ ժամանակ ես չէի գիտակցում, որ իմ բառերը, որպես երազանք՝ ծնված իմ ներսում, ինձ կներքաշեն Սուրբ Հոգու հետ խորը ու զարմանալի ճանապարհորդության մեջ: Այդ ժամանակ չէի պատկերացնում, որ Աստված քայլ առ քայլ, ինչպես աստիճաններով, տանելու էր դեպի՝ նախկինում ինձ համար անհասանելի բարձունքներ:

Ես մեծացել եմ քրիստոնեական ընտանիքում, որտեղ ծնողները սնում ու աճեցնում են հավատքը երեխաների մեջ, բայց այն ժառանգաբար չի՛ փոխանցվում: Ես պետք է անեի իմ սեփական ընտրությունը և անձամբ որոշում կայացնեի: Հայրս ու մայրս ամբողջ սրտով սիրում էին Աստծուն: Մայրս ողջ է և մինչև այսօր ամբողջ սրտով ծառայում է Աստծուն: Սակայն, յուրաքանչյուր մարդ պետք է անձամբ հանդիպի Աստծուն:

Ամենակարևոր որոշումը

Այդ ապաշխարության աղոթքից անցել էր մի քանի ամիս, բայց իմ տեսանելի հանգամանքներն այդպես էլ չէին փոխվել: Թվում էր, որ ընդհանրապես ոչինչ չէր էլ պատահել: Ես առանձին էի ապրում, իմ տանը առաջվա պես շարունակում էին հավաքվել երիտասարդներ, որոնք վարում էին սովորական, բայց ինձ համար արդեն օտար կենսակերպ: Ամեն ինչ ընթանում էր առաջվա պես՝ անընդհատ հիշեցնելով իմ անցյալը: Ամեն օր ես որոշում էի կայացնում հավատարիմ լինել Աստծուն և խնդրում էի, որ տա ինձ ուժ՝ չվերադառնալու նախկին կյանքին:

Հետո ես այգի էի գնում, որպեսզի առանձնանամ ու ժամանակ անցկացնեմ աղոթքի մեջ, բայց դա ընդամենը խնդրի ժամանակավոր լուծում էր: Անձամբ Աստծուն փնտրելու համար ինձ անհրաժեշտ էր լռություն: Ժամանակը թռչում էր աննկատ, ես տարված էի Աստվածաշնչի ընթերցանությամբ, սակայն հասկանում էի, որ անհրաժեշտ էր ինչ-որ բան փոխել, քանի որ չէի կարող անընդհատ փախչել սեփական տնից՝ Աստծո հետ առանձնանալու համար:

Մի օր որոշեցի, որ այլևս ոչ մի տեղ չեմ գնալու և աղոթելու եմ տանը, այնպես որ, ընկերներս ստիպված են լինելու կամ մնալ ու ընդունել Հիսուսին, կամ լքել իմ տունը: Ես, վերադառնալով տուն, փակվեցի սենյակում ու սկսեցի բարձրաձայն աղոթել: Իմ աղոթքը շատ ջերմեռանդ էր ու հետզհետե ավելի էր բարձրանում և ուժգնանում: Արդյունքում, բոլորը դուրս թռան տնից՝ մտածելով, որ խելքս գցել եմ: Համենայնդեպս, դա ինձ օգնեց ազատել իմ բնակարանը: Հիմա ես իմ տան մեջ կարող էի հանգիստ փնտրել Աստծուն և հասակ առնել Նրա մեջ:

...Ես կրկին, միայնության մեջ նստած, նայում էի առջևիս աստիճաններին. իմ աղոթքները Աստծուն՝ շարունակվում էին՝ *ո՞վ եմ ես, Տե՛ր, և ինչո՞ւ եմ այստեղ, ի՞նչ ճանապարհ ես պատրաստել ինձ համար:* Նմանատիպ հարցեր էին ծագում ու անհետանում Աստծո հետ իմ ճանապարհորդության ընթացքում:

ԳԼՈՒԽ 2

ՀԱՆԴԻՊՈՒՄ

Խոր գիշեր էր, իսկ ես դեռ նստած էի աստիճաններին, և իմ ներսի պայքարը շարունակվում էր: Նայելով ժամացույցին՝ գիտակցեցի, որ ժամանակը տեղում չի մնում, սլաքի ամեն շարժումը նշանակություն ունի, և իմ կյանքի ամեն վայրկյանը մոտեցնում է հավերժությունը: Հանկարծակի ներսումս ձայն լսեցի. *«Անդրե՛յ, առաջ շարժվելու ժամանա՛կն է: Թույլ մի՛ տուր անցյալին՝ հետ պահի քեզ ապագայից: Գաղտնիքը մտածելակերպի մեջ է: Հենց մտածելակերպն է որոշում, թե ով կդառնաս դու իրականում»:*

Ես լիարժեք չկարողացա հասկանալ այդ բառերի իմաստը: Բայց հանկարծ հիշողությանս մեջ եկավ Սուրբ Գրքից մի խոսք. «Որովհետև միայն Ես գիտեմ այն խորհուրդները, որ խորհում եմ ձեր մասին,- ասում է Տերը,- բարօրության խորհուրդներ, և ոչ թե չարիքի, որ ձեզ տամ ապագան և հույսը» (Երեմիա 29.11): Այս խոստումը, ինչպես երկար սպասված պատասխան, խորը թափանցեց շնչիս մեջ, ու սիրտս սկսեց արագ բաբախել: Ես տեսա Աստծո ահռելի խորությունն ու մեծությունը, Ով արարել է երկինքն ու երկիրը, ամեն ինչ՝ տեսանելի ու անտեսանելի: Նա այն լիությունն է, որ լցնում է ամեն ինչ: Նա իմաստության ու հայտնության անդունդն է, և Նրա միտքն անհասանելի է (Հռոմ. 11.33,34):

Ես մտա տուն, առանձնացա և ծնկի իջա: Ես ոչ միայն աղոթեցի, այլ գոռացի դեպի երկինք. «Աստվա՛ծ, ես այլևս չեմ կարող այսպես ապրել, ես փնտրո՛ւմ եմ Քեզ, ես ծարա՛վ եմ Քեզ: Հայտնի՛ր ինձ Քեզ»: Ես իսկապես ուզում էի իմանալ՝ Ով է Նա: Սա դարձավ իմ ամբողջ կյանքի նպատակը, իմ ընտրությունը, չնայած շուրջս ամեն ինչ պնդում էր. «Դու չե՛ս կարող հաղթել»: Ես երբեք չեմ մոռանա այն աղաչանքի աղոթքը: Արցունքները շարունակում էին գլորվել այտերովս, ես էլ շարունակում էի աղաչել Աստծուն, որ հայտնի ինձ՝ հասարակ մահկանացուիս, Իր սիրտը:

Գերբնական հանդիպում

Գիշերվա ժամը 2:00-ին վեր կացա հատակից ու պառկեցի անկողնուն: Քնել չէի ուզում, պարզապես պառկել ու նայում էի առաստաղին՝ շարունակելով աղոթել Հոգով: Ինչ-որ պահի սենյակի մթնոլորտը փոխվեց: Ես զգում էի, թե ինչպես է իմ շուրջը օդը թանձրանում ու սեղմում մարմինս: Ապա մարմինս սաստիկ ցնցվեց այնպես, որ իսկապես վախեցա: Գիտակցությունս լիովին տեղում էր, դա երազ չէր: Միտքս անհույս ուզում էր հասկանալ՝ ինչ է կատարվում. մի՞թե խելագարվում եմ:

Հանկարծ նուրբ ձայնը ցրեց իմ տագնապը. *«Դու քո կյանքը նվիրել ես Աստծուն, այնպես որ, մի՛ վախեցիր»:* Ես պատասխանեցի. «Աստվա՛ծ, եթե Դու ես, արա՛ այն, ինչ ուզում ես»: Բառերը դեռ շուրթերիս էին, երբ մրրիկի պես նետվեցի ու թռա: Մինչև այսօր վստահ չեմ՝ այդ ամենը կատարվեց մարմնի մե՞ջ, թե՞ մարմնից դուրս: Ես հիշում եմ, որ աչքերս ամուր փակել էի և ուժեղ կծկվել էի՝ հասկանալով, որ ինչ-որ տեղ եմ թռչում:

Ապա կտրուկ կանգ առա և զգացի, որ մտել եմ ինչ-որ մթնոլորտ: Ինչ-որ մեկը անմիջապես պինդ բռնեց ձեռքս, և ամբողջ մարմնովս անհավանական զգացմունքների ալիք անցավ: Տագնապն անմիջապես անցավ, և ես համակվեցի անհավանական խաղաղությամբ: Զգում էի ջերմություն, սեր ու զարմանալի բարություն, ասես ընկղմվել էի խաղաղության ու լույսի Արքայության մեջ, որտեղ ամեն մի բջիջը երգում էր ու ցնծում: Այն հնարավոր չէ նկարագրել բառերով, այն կարելի է միայն վերապրել:

Ես այլևս չէի կարող փակ պահել աչքերս: Ինձ հետաքրքիր էր՝ ո՞վ էր այդքան ամուր բռնել ձեռքս. հենց Ինքը, Հիսուս Քրիստոսն էր: Նրա դեմքին արտացոլվում էր այն ամենը, ինչը ես ապրում ու զգում էի ֆիզիկապես: Նա նրբորեն մոտեցրեց ինձ իրեն, և մենք գնացինք: Հիսուսը ձեռքիցս բռնած տանում էր, ինչպես հայրը կառաջնորդեր իր որդուն: Հետո Նա նստեցրեց ինձ ծնկներին ու սկսեց խաղալ: Միայն ավելի ուշ գիտակցեցի այդ պահի կարևորությունը. Նրա գործողությունները ցույց էին տալիս, թե Ով է Նա: Ես երբևէ նման բան չէի վերապրել ու չգիտեի, թե ինչ է հայրական սերը:

Առանց հոր

Երբ հինգ տարեկան էի, ծնողներս որոշեցին տեղափոխվել ուրիշ քաղաք: Օգոստոս ամիսն էր, նրանք մոտոցիկլետով գնացին Դոնեցկի շրջանի Սլավյանսկ քաղաք՝ մեզ համար նոր տուն փնտրելու: Միմյանց հրաժեշտ տվինք՝ չկասկածելով, որ տեսնում ենք հորս վերջին անգամ: Հենց որ ծնողներս հեռացան տեսադաշտից, ես դուրս վազեցի փողոց ու սկսեցի խաղալ: Այնպես ստացվեց, որ պատահաբար քարը դիպավ պատուհանին, ու ապակին կոտրվեց: Ես գիտեի, որ կպատժվեմ, երբ նրանք վերադառնան:

Անցավ մի քանի օր, իսկ նրանք չէին վերադառնում: Հետո մեզ շտապ հեռագիր բերեցին. ծնողներս ավտովթարի էին ենթարկվել, կենդանի մնացածներ չկային: Մեզ պարուրեց սոսկալի տագնապը: Ընտանիքում մենք յոթ երեխա ենք՝ չորս աղջիկ և երեք տղա: Ես հինգերորդ երեխան էի ու շուտով վեց տարեկան էի դառնալու: *Ինչպե՞ս էր հնարավոր, որ մայրս ու հայրս մահանան: Ինչպե՞ս կարող էր դա ճշմարիտ լինել:* Մենք չէինք կարողանում հավատալ ու լաց էինք լինում վախից: Իմ փոքրիկ մարմինը դողում էր, իսկ արցունքներս գլորվում էին այտերովս, ես հիշում եմ՝ ոնց էի աղոթում. *«Աստված, վերադարձրո՛ւ իմ հորը: Թո՛ղ նա գա ու պատժի ինձ ջարդած ապակու համար: Մի՛ խլիր նրան ընդմիշտ ինձնից: Խնդրո՛ւմ եմ, թո՛ղ նա տուն գա»:* Հայրս երբեմն խիստ էր, բայց շատ էր սիրում մեզ: Ես ուզում էի տեսնել հայրիկիս, բայց հասկանում էի, որ երբեք նրան չեմ տեսնելու:

Այդ գիշերը իմ կյանքի ամենաերկար գիշերն էր: Մենք ոչ միայն աղոթում, այլև գոռում էինք դեպի երկինք՝ աղաչելով Աստծուն հրաշք գործել: Առավոտյան մենք մի հաղորդագրություն էլ ստացանք, որտեղ ասվում էր, որ մայրս ողջ է, բայց գտնվում է վերակենդանացման բաժանմունքում շատ ծանր վիճակում: Ավտովթարի ժամանակ նա դուրս է թռել մոտոցիկլետից՝ ստանալով բազմաթիվ փշրվածքներ, ուղեղի ցնցում. նրա կյանքը մազից էր կախված: Բժիշկները նախապես հայտնել էին, որ նա մահացել է, ու փակել էին սպիտակ սավանով, բայց Աստված գերբնականորեն կյանքի վերադարձրեց նրան: Մայրս ստացավ երկրորդ հնարավորություն, որպեսզի կարողանար ամենամեծ ազդեցությունն ունենալ մեր ճակատագրի վրա: Թաղման արարողությունն ավարտվեց. ես մնացի առանց հոր:

Տարիներն անցնում էին, իսկ ես այդպես էլ չվայելեցի հայրական սիրո լիությունը: Ոչ ոք չտվեց ինձ դա, ոչ ոք չկարողացավ լրացնել այդ բացը: Ես չգիտեի՝ ինչպիսին են լինում հայր-որդի հարաբերությունները: Իմ կյանքում շատ էին պահերն ու հանգամանքները, որոնք ստիպված մենակ էի անցնում. հայրս չկար, որ խոսեր ինձ հետ և ուղղություն ցույց տար: Դեռ հիշում եմ, որ լուռ հետևում էի ուրիշների հայրերին, թե ինչպես էին խաղում և օգնում իրենց որդիներին: Յուրաքանչյուր հայր կյանքում ժայռ էր, որի վրա երեխաները կարող էին հենվել: Ես չէի նախանձում, պարզապես սփոփանք էի գտնում՝ իրենց հայրերի հետ ընկերներիս հարաբերություններին հետևելով: Ես ուրախ էի նրանց համար, չնայած հասկանում էի, որ իմ կյանքում այդպիսի բան երբեք չի լինելու, ինձ ոչ ոք չի օգնելու, ես երբեք հայր չեմ ունենալու:

Երկնային Հոր սերը

Հիսուսի հետ հանդիպման ժամանակ, Նա փոխանցում էր ինձ հայրական իսկական սերը: Նա նստեցրեց ինձ ծնկներին ու խաղում էր ինձ հետ այնպես, ինչպես միայն հայրը կարող էր խաղալ իր սիրելի որդու հետ: Այդ պահին ես չէի հասկանում՝ ինչու է Նա այդպես վարվում, բայց Հիսուսը գիտեր իմ ապագան, Նա գիտեր բոլոր նպատակները, որ ուներ իմ կյանքի համար: Տերը տեսնում էր շատ տարիներ առաջ ու գիտեր, երբ գնամ ժողովուրդների մեջ, նրանց ծառայելու համար անհրաժեշտ է, որ ինքս հայրական սերը զգամ: Այնպես որ, Նա ինձ ծառայեց այնպես, ինչպես հայրն է ծառայում իր երեխային: Հիսուսն ինձ փոխանցեց Հոր սերը: Այդ սերը ներթափանցում էր շնչիս խորքերը ու անջնջելի հետք թողեց իմ սրտում: Ամենամեծ ուժը՝ Նրա սիրո ուժն է. հենց նա է ստիպում ինձ ամեն օր վստահաբար ապրել հանուն Աստծո: Աստծո սերը անհատական է ու յուրօրինակ յուրաքանչյուրի համար: Դուք կարող եք զգալ, ապրել Նրա սերը: Ձեզ պետք է մտնել Նրա ներկայության մեջ, և երբ կդիպչեք

Նրան, դուք կդիպչեք Սիրուն, չէ՞ որ Սերը Նրա էությունն է:

Իմ երկնային Հայրը գիտեր, որ կգա ժամանակ, երբ դեպի բոլոր ազգերը տանող դուռը կբացվի իմ առջև, և ես կմտնեմ իմ կոչման մեջ՝ գիտակցելով, թե ով եմ իրականում, և որն է իմ կյանքի նպատակը: Նա կանխորոշել էր իմ ճակատագիրը՝ մինչև այս աշխարհը ստեղծելը: Աստված գիտեր, որ ինձ պետք է լինելու Նրա Սերը իսկայական քանակությամբ, որպեսզի հասցնեմ Նրա Արքայության ուղերձը յուրաքանչյուր մայրցամաք և երկիր ու կատարեմ Նրա կամքը: Մենք ոչինչ չենք կարող անել առանց Նրա սիրո: Ինչքան էլ տաղանդավոր ու շնորհալի լինես, մարդկանց ծառայելու միակ միջոցը՝ անկեղծ սերն է: Նրա սերը ամենաhզոր ուժն է: Ես հավատում եմ, որ ամեն ինչ մեր քրիստոնեական կյանքում պիտի բեկվի մեր Տեր Հիսուս Քրիստոսի սիրո միջով: Ամեն ինչ կառուցվում է սիրո վրա, սերն այն հիմքն է, որի վրա ես գործում եմ: Ինձ դուր է գալիս Աստծո կրակը և Նրա ուժը, բայց Նրա սերը վեր է այն ամենից, ինչ երբևէ զգացել եմ:

Աստծո շունչը

Երբ նստած էի Նրա ծնկներին, ինչ-որ պահի շրջվեցի ու ափերով գրկեցի Նրա դեմքը, և Նա սկսեց լցնել իմ ներսը Իր շնչառությամբ, ու երբ Նա լցնում էր ինձ, Սուրբ Հոգու կրակը անցավ մարմնովս, Նրա կյանքն ու օծությունը պարզապես հոսում էին մարմնովս: Ես ամբողջությամբ դողում էի: Չգիտեմ՝ որքան դա տևեց, ժամանակն այնտեղ լիովին այլ կերպ է: Հիսուսը երկարատև շնչում էր իմ մեջ, միաժամանակ լսում էի Նրա բառերը. *«Ժամանակը կգա, ես կուղարկեմ քեզ ամբողջ երկրով, դու Իմ փված օծությունով կգնաս Իմ մարմնի մեջ: Իմ շնչառությունը քո մեջ է, ու դու այն կներշնչես Իմ ժողովրդի մեջ»:* Հիսուսը ցույց տվեց, որ ժամանակների վերջում Նա զորացնելու է Իր ժողովրդին: Նրա հարսնացուն լինելու է փառավոր, օծված ու Աստծո կրակով բոցավառվող: Նա անելու է այն, ինչի համար նախասահմանված է որպես Էկլեսիա, և ճանապարհ է պատրաստելու Հիսուս Քրիստոսի Երկրորդ գալուստի համար: Վերջին ժամանակների եկեղեցին հասնելու է այնպիսի վիճակի, որ վստահաբար կկանչի. «Արի՛, Տե՛ր»:

Ես լսում էի Հիսուսին ու ընդունում էի Նրա սերը: Այդ հանդիպման ընթացքում նրանից չխնդրեցի ո՛չ իմ խնդիրների հարցում օգնություն, ո՛չ փառք, ո՛չ հարստություն, նույնիսկ իմաստություն չխնդրեցի: Գլխումս միայն մի միտք էր պտտվում. իմ նախկին հարսնացուն շպրտել է մատանին ու ասել, որ մենք երբեք միասին չենք լինի: Այդ պատճառով, բառերն ինքնըստինքյան դուրս թռան. *«Հիսո՛ւս, վերադարձրո՛ւ Նապաշային»:* Իմ բառերով ես իսկապես ծիծաղեցրի Նրան: Նա գլխով արեց ու ժպիտով ասաց. «Ժամանակը կգա, ես դա կանեմ, ու դու կփառաբանես Ինձ: Ես նրան կանխորոշել եմ քեզ համար, նա քոնը կլինի: Ես այդ ամենը թույլ տվեցի ու թողեցի, որ ամեն բան փլվի, որպեսզի հասնեմ սրտիդ: Մի՛ վախեցիր, եթե նույնիսկ ինչ-որ մեկը ցանկանա ամուսնանալ նրա հետ, ոչինչ չի ստացվի: Նա քոնը կլինի, ես ամեն ինչ կկարգավորեմ, դու կտեսնես Իմ փառքը»:

Այս բառերից հետո Հիսուսը բռնեց թևերիցս ու թռցրեց վեր, ես ամուր փակեցի աչքերս, և երբ բացեցի, արդեն իմ սենյակում էի: Ժամացույցի սլաքները ցույց էին տալիս առավոտվա չորսը: Այդ ապրումներից հետո չէի կարողանում քնել: Աստված ավելի իրական էր դարձել ինձ համար, քան կյանքն ինքնին: Առաջին մի քանի շաբաթվա ընթացքում, աղոթքի ու երկրպագության ժամանակ, երբ Հիսուսը գալիս էր, դեռ շարունակում էի զգալ երկնքի բույրը: Երբեք չեմ մոռանա այդ բույրը, այն մնացել է իմ ներսում:

Հիմա ինձ չեն կարող կանգնեցնել

Հաջորդ օրը ինձ կանգնեցնել չէր լինում, ես չէի կարողանում լռել: Այնպիսի ուրախությամբ էի գերլցված, որ ուր էլ լինեի՝ խանութում, մարզադահլիճում, բենզալցակայանում, ես ամենուր քարոզում էի: Իմ վկայությունը լսեց ճանապարհիս հայտնված ամեն մարդ ու կենդանի արարած: Ես բոլորին պատմում էի, որ Հիսուսը կենդանի է, որ ես Նրան տեսել եմ, Նա իրական է, ավելի իրական՝ քան այն օդը, որը շնչում ենք: Ես կիսվում էի մարդկանց հետ Նրա սիրով: Ես ասում էի, որ նրանք կարող են ընդունել Հիսուսին իրենց սրտի մեջ ու ապրեն, զգան Նրա սերը: Եթե միայն մարդիկ կարողանային զգալ Հիսուսի սերը, նրանց կյանքը հավիտյան կփոխվեր:

Աստված այնքա՜ն իրական է, Նրա սերն այնքա՜ն հզոր է: Նա կրոն չէ ու հորինվածք էլ չէ: Աստվածաշունչը պարզապես պատմություն չէ: Հիսուսը կենդանի է, Նրա ներկայությունը ավելի իրական է, քան որևէ տեսանելի բան: Մի ակնթարթում Աստված դարձավ իմ Հայրը, իսկ ես՝ Նրա որդին: Նրա սերն ընդմիշտ մնաց գիտակցությանս մեջ: Երբ վերապրես Նրան, որպես Հոր, դու մշտապես կվերադառնաս Նրա մոտ: Ես կրկնում էի. «Աստվա՛ծ, ես ուզում եմ վերադառնալ Քո ներկայության մեջ»: Տերը պատասխանեց. *«Դա հնարավոր է, փնտրի՛ր Իմ երեսը ամեն օր և կմտնես Իմ ներկայության մեջ»:* Նա ինձ սիրող Հայրն է, Նա իմ կյանքի աղբյուրն է: Այդ իմացությունը, գիտելիքը պահպանում է ինձ մինչև այսօր: Աստված դարձավ իմ «Հայրը», Ում մոտ ես վազում եմ, անկախ իրավիճակից: Միայն Նա կարող է ինձ հասկանալ ու գրկել, ոչ մի երկրային հայր չէր կարող օրհնել ինձ այնպես, ինչպես իմ երկնային Հայրը: Նրա հետ իմ հանդիպումը ընդմիշտ մնաց իմ սրտում:

Իմ ինքնակենսագրությունը հերթական պատմությունը չէ, որ կիսվում եմ: Ո՛չ, ես հավատում եմ, որ իմ ուղին կօգնի քեզ տեսնել, թե որքան կարևոր է փնտրել հենց Իրեն՝ Աստծուն, և նորոգել մտածելակերպը: Ես երբեք չեմ փնտրել ոչ մի գերբնական բան և նախկինում երբևէ նման վերապրում չեմ ունեցել: Ես պարզապես փնտրում էի Աստծուն՝ հասկանալով, որ Նրա ձեռքում է իմ ապագան: Ես գիտեի, որ Նա արդեն ամեն բան նախապատրաստել է իմ կյանքի համար ու միայն Նրա կարիքն է, որ ունեմ: Ես միայն մի նպատակ ունեի՝ իմանալ, թե Ով է Աստված: Ես չգիտեի, որ այդ նպատակը ինձ կհանի խորը փոսից ու օրհնություն կբերի իմ կյանքի բոլոր ոլորտներում: Ես պարզապես ամեն օր փնտրում էի Նրա երեսը ու նվիրում էի կյանքս Աստծուն:

Տերն ուզում է քո կյանքում անել ավելին, քան մտածում ես: Նա է քեզ ստեղծել ու կատարելապես գիտի քեզ: Աստված չի սխալվել, երբ կանխորոշել է քո ծննդյան ճշգրիտ ամսաթիվը ու վայրը: Նա դրոշմել է այն հոգևոր օրացույցի վրա՝ որոշելով քո ճակատագիրը՝ դեռ դու չծնված: Նրա մոտ քեզ համար նշանակված բոլոր օրերը գրանցված էին, երբ դեռ դրանցից ոչ մեկը չկար: Նրա մտադրությունները բարի են, հաճելի ու կատարյալ: Նրա ծրագիրը յուրաքանչյուրիս համար եզակի է:

Կմտնես Աստծո կողմից քո կյանքի համար նախասահմանված նպատակի մեջ, թե՛ ոչ, կախված է քեզնից: Ես ուզում եմ օգնել քեզ այդ հարցում և աղոթում եմ, որ Սուրբ Հոգին լուսավորի, բորբոքի սիրտդ ու տանի ավելի խոր աստվածաճանաչողության ու Նրա կամքը կատարելու մեջ՝ օգտագործելով իմ կյանքի պատմությունն ու վերելքի ճանապարհը:

ԳԼՈՒԽ 3

ԱՌՃԱԿԱՏՈՒՄ

Քո կյանքի համար աստվածային նպատակը Սուրբ Հոգու հետ հետաքրքրաշարժ ճանապարհորդությունն է: Հիսուսի հետ իմ հանդիպումից հետո ինձ համար հոգևոր աշխարհը հանկարծ շատ ավելի իրական դարձավ, քան ֆիզիկականը: Միտքս գրավված էր Նրա մեծությամբ: Նրա փառքը հորդորում էր ինձ փնտրել ավելին, քանի որ այն, ինչ գիտեի Նրա մասին, բավարար չէր. ես ավելին էի ցանկանում: Հանկարծ գիտակցեցի, որ հոգու աշխարհը սահմաններ չունի՝ չկա ո՛չ սկիզբ, ո՛չ վերջ: Աստված այնքա՜ն մեծ է, որ հենց *«մեծ»* բառը սահմանափակում է Նրա էությունը: Մարդկային միտքն ի զորու չէ ըմբռնել Նրա Մեծությունը, որովհետև Նրա էության լիությունը սահմաններ չունի: Աստված բնակվում է հավերժության մեջ, որն անչափելի է: Եվ հավիտենությունն ինքնին Նրա մեջ է, իսկ Նա լիություն է, որ լցնում է ամեն ինչ, ամեն ինչում: Նա և՛ սկիզբն է, և՛ վերջը: Նա երբեք չի ծնվել, Նա երբեք չի մահանում: Նա Հոգի է, որում չկա սահմանափակում: Նա նաև Լույս է, որում ոչ մի խավար չկա: Ես կլանված էի Աստծո կյանքով ու էներգիայով:

Բախում իրականության հետ

Մի գեղեցիկ օր համարձակվեցի այցելել Նատաշային ու պատմել Հիսուսի հետ իմ հանդիպման մասին: Ներսումս պտտում էի Աստծո կողմից ինձ տրված խոստումը: Հիսուսն ասել էր, որ Նատաշային կանխորոշել է ինձ համար: Այդ խոսքերն ինձ ուժ էին հաղորդում, որ հաղթահարեմ վախը ու գնամ նրա մոտ: Ես ուզում էի պատմել նրան, որ Տերը լիովին փոխել է ինձ, ու ես այլևս չեմ վերադառնա նախկին կենսակերպին: Ես վստահ էի, որ նա կհասկանա ու կների ինձ, և մենք կվերսկսենք հարսանիքի պատրաստությունը:

Գեղեցիկ ծաղկեփնջով եկա նրա աշխատավայրը ու

խնդրեցի, որ նրան կանչեն: Ես սպասում էի, իսկ րոպեները հավերժություն էին թվում: Հենց որ Նատաշան մոտեցավ, բառերն ինքնըստինքյան հորդեցին: Ես պատմեցի նրան, որ հանդիպել եմ Հիսուսին, որ Աստված թույլ է տվել վերապրել Իր սերը, ես խնդրեցի նրան, որ ների ինձ, ասում էի, որ փոխվել եմ, որ Աստված իմ կյանքի համար նախասահմանություն ունի, և Նա ուզում է տանել ինձ ազգերի մեջ ծառայելու:

Սակայն, հաջորդ ակնթարթը հարվածեց ինձ: Չեմ մոռանա նրա հայացքը, երբ նայեց ուղիղ աչքերիս մեջ ու ասաց. «Անդրեյ, ես քեզ արդեն ասել եմ, որ մենք երբեք միասին չենք լինելու»: Հետո շրջվեց ու վերադարձավ իր աշխատանքին, իսկ նրա խոսքերը մխրճվեցին գիտակցությանս մեջ: Ինձ թվաց, որ աշխարհը փուլ եկավ, ու հողը փախավ ոտքերիս տակից:

Ես քայլում էի դեպի մեքենան՝ զգալով անհավանական հոգևոր ճնշում: Շատ դժվար է ընդհանրապես նկարագրել այն, ինչ զգում էի այդ պահին: Թվում էր, ամբողջ դժոխքն իմ դեմ է դուրս եկել: Սատանան ծիծաղում էր վրաս ու գոռում. «Որտե՞ղ է քո Աստվածը: Հիսուսը խաբել է քեզ: Նա չկարողացավ պահել Իր խոստումը»: Ես կանգնած էի կործանման ու պարտության եզրին: Շպրտելով փունջը նստարանին՝ զգացի, որ մթնոլորտը մեքենայում դարձավ հեղձուցիչ…

Ճիշտը և ճշմարտությունը

Հասկացե՞ք, երբ կյանքի բոլոր հանգամանքները ձեր դեմ են, ու դուք չեք լսում այն, ինչը ուզում էիք լսել կամ ինչին հավատում էիք, երբ հողը փախչում է ձեր ոտքերի տակից, անհրաժեշտ է կառչել Աստծո բերանից դուրս եկած Խոսքից: Դա ձեր ամուր հիմքն է: Չէ՞ որ գրված է.

> «Ոչ միայն հացով է մարդն ապրում, այլև ամեն Խոսքով, որ Աստծո բերանից է ելնում» (Մատթեոս 4.4):

Մենք պետք է մեկընդմիշտ հիշենք մի կարևոր ճշմարտություն. սատանան հանդիսանում է ստի հայրը: Ի սկզբանե *հայր* ասելով՝ ենթադրվում է *աղբյուր:* Այսպիսով, կյանքի *աղբյուրը* Աստված է, իսկ ստի *աղբյուրը* սատանայի մեջ է:

Ցանկացած սուտ, անճշտություն ու խաբեություն սկիզբ են առնում սատանայի մեջ, դրանում է նրա էությունն ու բնությունը: Ինչպես նաև, սուտն ու անճշմարտացիությունը հանդիսանում է սատանայի ամենաhզոր զենքը, որը նա անընդհատ օգտագործում է մարդկության դեմ: Սատանան ամեն կերպ փորձում է թաքցնել ճշմարտությունը, հետ պահել մարդկանց լուսավորվելուց: Նա փորձում է սահմանափակել մեր հայացքը նրանով, ինչ տեսնում են մեր ֆիզիկական աչքերը:

Տեսանելի ֆիզիկական աշխարհի սահմաններից դուրս գոյություն ունի Աստծո կամքն ու Նրա ճշմարտությունը, որոնք հնարավոր է տեսնել միմիայն հոգու աչքերով, հայտնության ու լուսավորման միջոցով: Սակայն դրա համար հոգևոր ճակատամարտ է ընթանում երկու աշխարհների միջև՝ լույսի ու խավարի: Սատանան բերում է բացասական մտքեր ու ամեն հնարավոր բան անում է, որպեսզի ստիպի մարդկանց հավատալ տեսանելի հանգամանքներին, ասես դա միակ տեսակետն է: Հասկացեք, մեծ տարբերություն կա ճշտի ու ճշմարտության միջև: Ճիշտը ֆիզիկական իրականությունն է, այսինքն՝ ակնհայտ տեսակետը: Իսկ ճշմարտությունը՝ Աստծո աշխարհի իրականությունն է, Նրա հայացքը՝ իրավիճակին: Ճշմարտությունը գալիս է ի վերուստ լուսավորման միջոցով:

Սատանան փորձում է ձեր հայացքը սահմանափակել տեսանելի իրականությամբ: Օրինակ, մարդու մոտ հայտնաբերել են ուռուցք, որը նա զգում է ֆիզիկապես: Բժիշկը հետազոտությունից հետո հաստատում է ուռուցքի գոյությունը: Տվյալ դեպքում բժիշկը ճիշտն է ասում, սա ֆիզիկական տեսակետ է: Սատանան ամեն ջանք անում է, որպեսզի մարդը ճիշտը ընդունի որպես բացարձակ ճշմարտություն և նրա մեջ սխալ զգացմունքներ ու մտքեր առաջացնի: Սատանան օգտագործում է բժշկի խոսքերը՝ մտածելակերպի վրա ազդելու համար՝ սրելով իրավիճակը ու բացասական մտքեր ուղարկելով, այդկերպ նա փակում է Աստծո իրականությունը ու Նրա կամքը: Սա ստի մարտավարությունն է: Հասկացեք, բժիշկը պատկերեց իրականությունը և ասաց ճիշտը, բայց ոչ՝ ճշմարտությունը: Ճիշտն այն է, որ մարմնում կա ուռուցք, իսկ ճշմարտությունն այն է, որ երկու հազար տարի առաջ Հիսուսն Իր վրա վերցրեց մեր բոլոր տկարությունններն ու հիվանդությունները: Նրա մարմինը ստանում էր հարված՝ հարվածի հետևից, այն պատճառով, որ Նրա վերքերով մենք բժշկվենք:

Կյանքում պետք է սովորել լսել ճիշտը, բայց գտնել ճշմարտությունը: Մեզ շատ անհրաժեշտ է Աստծո ճշմարտությունը, որովհետև նրանում է պարփակված մեր կյանքը: Ճանաչելով ճշմարտությունը՝ մարդն իսկապես ազատ է լինում, ու նրա կյանքը փոխվում է: Երբ Նատաշան ասաց, որ երբեք իր կյանքն ինձ հետ չի կառուցի, նա տեսնում էր իրականությունը և ասում էր ճիշտը: Սակայն այն, ինչ նա զգում ու տեսնում էր ֆիզիկական աչքերով, ճշմարտությունը չէր: Ճշմարտությունն այն էր, որ Աստված մտադրություններ ուներ թե՛ նրա կյանքի համար, թե՛ մեզ համար:

Նրա ծրագրում

Ես տուն էի գնում ու լսում էի սատանայի բարձր ծիծաղն ու նրա սուտը. «Հիսուսն ի զորու չէ փոխելու որևէ բան, Աստված չպահեց Իր Խոսքը»: Ես ինձ պարտված էի զգում... Բայց հանկարծ կրկին տեսա Հիսուսի հետ հանդիպման պատկերները և լսեցի Սուրբ Հոգու ձայնը. «Մի՛ վախեցիր: Նա քո կինն է լինելու, ինչպես խոստացել եմ»: Ես կառչեցի այդ բառերից, կարծես նրանցից էր կախված իմ բախտը: Եվ հենց մեքենայի մեջ սկսեցի գերել ամեն բացասական միտք ու սատանայի սուտ: Բոլոր տեսանելի հանգամանքներից ու Նատաշայի կտրուկ պատասխանից անկախ՝ իմ զգացմունքներից ու սպասումներից վեր որոշում ընդունեցի հավատալ Հիսուսի խոսքերին: Աստծո ձայնը իմ ներսում հույս էր տալիս: Աստվածաշունչը այդպես էլ ասում է, որ մարդը կապրի Աստծո բերանից դուրս եկող ամեն խոսքով (տե՛ս Ղուկ. 4.4):

Տուն մտնելով՝ անմիջապես բացեցի Աստվածաշունչը և սկսեցի կարդալ: Թերթելով էջերը՝ զգում էի, թե ինչպես են Սուրբ գրությունները կենդանանում իմ առջև: Ես սկսեցի մտորել այն ամենի շուրջ, որ Աստված մեր մեջ գործող զորությունով կարող է անել ավելին, քան խնդրում ենք կամ մտածում (տես Եփես. 3.20): Իմ մեջ հնչում էին Նրա բառերը, որ՝ առանց գործերի հավատքը մեռած է (տես Հակոբ. 2.17): Այնուհետև սկսեցի խնդրել Աստծո առաջնորդությունը իմ կյանքում, և որ ցույց տա ինձ՝ ինչպես վարվեմ: Հանկարծ իմ ներսում մի հստակ միտք հայտնվեց. «Սկսի՛ր ամեն օր ծաղիկներ ուղարկել հարսնացուիդ»: Չէի համարձակվում ընդունել այդ միտքը ու երկար ժամանակ պայքարում էի դրա դեմ, քանի որ ես գումար չունեի, և ամեն դոլարը հաշված էր: Ես կորցրել էի աշխատանքս և, ընդհանրապես, ամեն ինչ էի կորցրել. ես շատ լուրջ խնդիրների մեջ էի: Սակայն, չնայելով հանգամանքներին, որոշում ընդունեցի ամեն օր գնել ծաղկեփունջ և նվիրել իմ հարսնացուին: Ի վերջո, եթե այդ խոսքն Աստծուց էր, ապա Նա կօգնի ֆինանսապես: Այդպիսով, սկսվեցին իմ ամենօրյա ծաղկեփնջերի առաքումները:

Զարմանալի էր, բայց երբ այդ որոշումը կայացրի, դռներ բացվեցին. ընկերներս զանգեցին ու կողմնակի աշխատանքներ առաջարկեցին, հարազատներն ու ծանոթները սկսեցին օրհնել ինձ ֆինանսներով: Ոչ ոք չգիտեր իմ՝ Նատաշային թանկարժեք ծաղիկներ նվիրելու որոշման մասին: Ամեն երեկո ես անցկացնում էի Աստծո հետ աղոթքի մեջ, հետո գնում էի ծաղկի խանութ: Ես արդեն դարձել էի նրանց մշտական հաճախորդը: Գիշերվա ժամը 3:00-ին արթնանում էի և աղոթում, ապա գնում էի Նատաշայի տան մոտ ու թողնում ծաղիկները դռան շեմին: Այդպես շարունակվեց մեկ ամիս: Ամեն օր Աստված տալիս էր ինձ անհրաժեշտ գումարը, որպեսզի գնեմ ամենագեղեցիկ ծաղկեփունջը:

Մեկ ամիս անց ես հայտնվեցի մի համաժողովում: Այնտեղ ինձ հնարավորություն տվեցին ծառայել և կատարել Հիսուսի արյան մասին երգը: Երբ երգում էի, դահլիճ մտավ Նատաշան: Նա չպիտի լիներ այդտեղ, քանի որ գնում էր այլ ուղղությամբ, սակայն ինչ-ինչ պատճառով հայտնվել էր այնտեղ ու մտավ դահլիճ հենց այն պահին, երբ երգում էի: Ես հավատում եմ, որ Սուրբ Հոգին այդ պահին հպվեց նրան, որովհետև նա կանգ առավ ու սկսեց ուշադիր լսել: Նա լսում էր իմ երգի ամեն բառը:

Այդ երեկո, երկարատև բաժանումից հետո, մենք, ի վերջո, կարողացանք խոսել ու լսել միմյանց: Աստված ապացուցեց Իր հավատարմությունը. Նրա Խոսքերը ճշմարիտ են: Մեկ ամիս անց, 2002թ.-ի հուլիսի 27-ին, համախմբվեցին մեզ համար շատ թանկ մարդիկ, ամենուր ծաղիկներ էին, հնչում էր երաժշտությունը. հովիվը պսակադրում էր մեզ: Ի վերջո, ես կարողացա Նատաշային կոչել իմ կինը և իմ ամբողջ կյանքի սերը:

ԳԼՈՒԽ 4

ՎԵՐԱԿԱՆԳՆՈՒՄ

Անմիջապես հարսանիքից հետո Նատաշայի հետ որոշում կայացրինք մեր ընտանիքը, մեր մարմինը ու մեր ամբողջ կյանքը նվիրել Աստծուն լիակատար ծառայելուն: Մենք չգիտեինք, թե ինչպես կընթանար մեր հետագա կյանքը, բայց վստահում էինք Աստծուն ու ամեն օր փնտրում Նրա ներկայությունը: Մենք խնդրում էինք, որ Նա առաջնորդեր մեր ընտանիքը Իր կամքի համաձայն և օգներ շարժվելու մեր կոչման ուղղությամբ:

Հիսուսի հետ իմ հանդիպման ժամանակ ես չխնդրեցի Նրանից փառք, զորություն, փող և նույնիսկ՝ իմաստություն, չնայած Աստված օրհնեց ինձ այդ ամենով ավելի, քան կարող էի պատկերացնել: Միակ բանը, որ խնդրեցի Նրանից, Նատաշային վերադարձնելն էր: Ես հավատում եմ, որ խնդրեցի լավագույնն ու թանկարժեքը, քանի որ Նատաշան կապված էր իմ կոչման հետ, նաև Աստծո ցանկությունն էր: Դա ճիշտ ընտրություն էր, որը վերաբերում էր իմ ճակատագրին: Իմ ծառայության տարիներին ես հանդիպել եմ շատ մարդկանց: Շատ տղամարդիկ կիսվում էին ինձ հետ իրենց ցավով՝ բացելով իրենց սրտերը: Նրանք պատմում էին, որ իրենց կանանց պատճառով չեն կարողացել իրականացնել այն, ինչի համար կանչված են, և կատարել այն, ինչը Աստված խոսում է նրանց սրտերի մեջ: Նրանց կանայք չէին կիսում նրանց տեսիլքը, համաձայն չէին նրանց հետ ու չէին խրախուսում: Այդ եղբայրների պատմությունները լսելով և հետևելով ուրիշների կյանքերին՝ ես գիտակցեցի, թե ինչ օրհնություն ունեմ իմ կյանքում: Նատաշան միշտ ինձ հետ է եղել, կյանքիս յուրաքանչյուր պահին, ծառայության ժամանակ խրախուսել է ինձ ամեն ինչում: Ինձ համար ամենաճիշտ որոշումն էր՝ խնդրել Աստծուց ճիշտ մարդու, որը կդառնար հավատարիմ օգնական, ում Աստված նախասահմանել էր:

Մեզ պատվիրված է իշխել

Ուսումնասիրելով Սուրբ Գիրքը՝ բացահայտեցի շատ հետաքրքիր հասկացություն մարդուն նախասահմանելու և ընտանիքի վերաբերյալ: Աստված մարդուն ստեղծեց Իր պատկերով, և առաջինը, ինչ ասաց նրանց մասին. «Թո՛ղ նրանք իշխեն»: Սա գրված է Ծննդոց գրքում.

> «Մեր պատկերով ու Մեր նմանությամբ մարդ արարենք, որպեսզի իշխի ծովի ձկների, երկնքի թռչունների, անա սունների ու ամբողջ երկրի վրա սողացող բոլոր սողուննե րի վրա» (Ծննդոց 1.26):

Երբ Տերն ասաց՝ թող նրանք իշխեն, նկատի ուներ նաև ինձ ու քեզ: Ադամի սերմի մեջ էր ամբողջ մարդկությունը, հետևաբար, տալով առաջին մարդու նախասահմանությունը՝ Աստված դիմում էր ամբողջ մարդկությանը: Ադամի մեջ Նա տեսնում էր յուրաքանչյուր մարդու, որը մի օր գալու էր այս աշխարհ, այդ պատճառով Աստված, ի դեմս Ադամի, փոխանցեց իշխելու իրավունքը՝ տալով մեզ ամբողջ աշխարհի կառավարումը: Այդ մասին գրված է Սաղմոսներում.

> «Երկինքների երկինքը Տիրոջն է, և Նա երկիրը տվեց մարդկանց որդիներին» (Սաղմոս 115.16):

Այլ խոսքով՝ Աստված մարդուն դրեց, որպեսզի կառավարի երկրի վրա:

Երբ Աստված ստեղծեց մարդուն, դրեց նրա մեջ ամբողջ անհրաժեշտ ներուժը, որ նա կարողանա կատարել այն, ինչի համար նախասահմանված է: Այդ ներուժը աստվածային սերմն է մարդու մեջ, և այդ սերմին պետք է հնարավորություն տալ, որ աճի: Դու ծնվել ես միայն այն պատճառով, որ նախասահմանված ես, որպեսզի կատարես քո դերն ու առաքելությունը այս երկրի վրա: Քո պարգևը և այն, ինչի համար նախասահմանված ես, աստվածային պատասխանն է քո սերնդի կարիքներին: Ամեն մարդ նախասահմանված է, որ իշխի: Ես ամբողջ սրտով հավատում եմ, որ մեզնից յուրաքանչյուրը կանչված է առաջնորդելու և կառավարելու իր պարգևի ու կոչման տարածքում:

Աստվածաշունչը սովորեցնում է, որ յուրաքանչյուրս ծառայենք մեր ստացած պարգևով (տես Ա Պետր. 4.10): Յուրաքանչյուրիս տրված է շնորհք՝ Քրիստոսից ստացած պարգևի չափով: Քո պարգևը կապված է նախասահմանությանդ հետ, դա քո *էրգոնն (ergon)* է՝ հունարեն բառ է, որը նշանակում է *զբաղմունք և գործողություն՝ մշակելու, բացելու և դառնալու համար:* Եթե մարդը չի օգտագործում իր պարգևը՝ *էրգոնը,* և չի իրականացնում այն, ինչի համար նախասահմանված է, ապա նա չի իրականացնում այս երկրի վրա իր ֆունկցիան Հիսուս Քրիստոսի մարմնում, որի պատճառով ամբողջ օրգանիզմում առաջանում են խափանումներ ու դադարներ: Միանշանակ, դա վատ հետևանքներ է ունենում մեզնից հետո եկողների վրա՝ մեր երեխաների ու հաջորդ սերունդների: Ի վերջո, հենց մե՛նք ենք հանդիսանում որոշակի ժամանակահատվածում Աստծո կողմից ուղարկված պատասխանը: Գոյություն ունի ուղղակի կապ քո ժամանակահատվածի ու այն բանի միջև, ինչի համար նախասահմանված ես: Աստված կանխորոշել է ինչպես քո ծննդյան օրը, այնպես էլ այս աշխարհից քո հեռանալու օրը: Հետևաբար, քո պարգևի մեջ կայանալու համար և կատարելու այն, ինչի համար նախասահմանված ես, անհրաժեշտ է գնահատել ժամանակը և ճիշտ կառավարել: Ժամանակը անգին ռեսուրս է: Այս օրը ապրելու ուրիշ հնարավորություն չի լինելու, կա քեզ համար անձամբ Աստծո կողմից նշանակված միայն մի կյանք ու մի ժամանակահատված: Տերը որոշեց, որ մարդը ոչ միայն գոյություն ունենա երկրի վրա, այլև ապրի լիարժեք կյանքով: Ես հավատում եմ, որ գոյություն ունի կյանք, որն իրական բավարարվածություն, հզոր ներուժ և ուրախություն է հաղորդում, և այդ կյանքը քո կոչման տարածքում է:

Կա աշխատանք, կլինի և օգնական

Նկատի ունեցեք, որ հենց սկզբից Աստված Ադամին դրեց Եդեմի պարտեզում: Հենց Եդեմի պարտեզից մարդը պիտի իրականացներ կառավարումը: *«Եդեմ»* բառը նշանակում է բաց երկինք կամ վայր, որտեղ Աստծո ներկայությունը հանդիսանում էր բաց դուռ դեպի երկինք: Աստված մարդուն դրեց Իր ներկայության մեջ, որպեսզի նա կարողանա Աստծո բնությունից կառավարել Նրա Արքայությունում երկրի վրա:

Մարդը վերցված էր Աստծո Հոգուց և ստեղծված էր Նրա պատկերով: Տերը Հոգի է, հետևաբար, մարդը ամենից առաջ հոգևոր անձ է: Աստված լցված չէ Հոգով, Նա Հոգի է: Աստված լցված չէ ուրախությամբ, Նա հենց ուրախությունն է: Նա լցված չէ սիրով, Նա հենց սերն է: Աստված լցված չէ խաղաղությամբ, Նա հենց խաղաղությունն է: Նկատի ունեցեք, որ սերը այն չէր, ինչի համար մարդը նախասահմանված էր: Տերը մարդուն չստեղծեց, որպեսզի միայն փառաբանի ու երկրպագի Արարչին: Չնայած որ այդ ամենը անհրաժեշտ է: Աստծո առաջնային կարգադրությունը մարդուն՝ իշխելն ու կառավարելն էր: Իսկ սերը այն մթնոլորտն է, որտեղ մենք պիտի իշխենք: Աստված Ադամին դրեց Իր ներկայության մեջ, որպեսզի նա Աստծո Հոգու հետ միասին կարողանար կառավարել Աստծո բնությունից: Իսկ Աստծո բնությունը սերն է, խաղաղությունը և ուրախությունը... Այդպիսով, մարդու կառավարումը չի վնասի ու վտանգավոր չի լինի, այլ կբերի բարգավաճում և օրհնություն:

Այսպիսով, Ադամը գործ էր անում Եդեմի պարտեզում՝ իրականացնելով այն, ինչի համար նախասահմանված էր: Եվ միայն հետո Աստված ասաց. «Լավ չէ, որ մարդը միայնակ լինի. նրա համար մի օգնական շինեմ իրեն հարմար» (Ծննդոց 2.18): Այս խոսքում գրված է ընտանիքի դերը, գործառույթը: Նկատի ունեցեք, որ Աստված սկզբում մարդուն տեղադրեց Իր ներկայության մեջ՝ տալով պատասխանատվություն և հասկացողություն, թե ինչի համար է նախասահմանված: Միայն դրանից հետո նրան տվեց օգնական: Օգնականը հստակ դեր ունի. օգնել, աջակցել, համագործակցել:

Կինը արարչագործության պսակն է: Աստված զինել է նրան անհրաժեշտ ամեն ինչով՝ ուժով, ունակություններով, իմաստությամբ, հասկացողությամբ, արարելու ներուժով և այլ հատկանիշներով, որպեսզի նա դառնա Ադամի աջակիցը: Նրա դերն այն էր, որ դառնար առաջին մարդու օգնականը, ով նախասահմանված էր կոնկրետ բանի համար: *Հակառակ դեպքում, նրա ինչի՞ն էր պետք օգնականը, եթե նա ոչնչով զբաղված չէր:*

Այսօր ընտանեկան խնդիրների մեծ մասը տեսիլքի բացակայության կամ պակասի հետևանք է, որի պատճառով մարդիկ տառապում են: Ես մշտապես երիտասարդներին խորհուրդ եմ տալիս ամուսնությունից առաջ միմյանց ճիշտ հարցեր տալ: Երբ տղան առաջարկություն է անում, աղջիկը պետք է պարզի. բացի իրեն շատ սիրելուց՝ էլ ինչի՞ համար է նա նախասահմանված այս կյանքում:

Թանկագին աղջիկնե՛ր, հարցրե՛ք ձեր ընտրյալներին, թե ինչ պիտի անեք միասին առաջիկա 50, 60, 70 տարվա ընթացքում: Շատ կարևոր է հասկանալ ձեր տղամարդու տեսիլքը. *ո՞վ է նա իրականում: Ինչի՞ համար է նախասահմանված: Ի՞նչ նպատակներ ունի կյանքում: Ինչի՞ համար է նրան օգնական պետք: Կոնկրետ ո՞ր հարցում եք նրան օգնելու:* Քանի որ կինը օգնական է, և նրա դերը՝ տեսիլքին հասնելու գործում աջակցելն է:

Ես հավատում եմ, որ իմ պարագայում Աստված թույլ չտվեց անմիջապես ամուսնանալ, քանի որ ես չէի հասկանում գոյության նպատակը, նաև՝ թե ինչի համար եմ նախասահմանված: Ես շնորհակա՛լ եմ Աստծուն, որ միջամտեց իմ իրավիճակին: Միայն ավելի ուշ հասկացա, թե որքա՜ն ողորմած էր Աստված իմ նկատմամբ: Նախ, մինչ մեզ միաբանելը, Տերը թույլ տվեց Նատաշային տեսնել ինձ Իր ներկայության մեջ, Իր փառքի մթնոլորտում, ապա՝ ես անում էի այն, ինչի համար Աստված նախասահմանել էր ինձ: Ես ծառայում էի Նրան և զբաղված էի գործով՝ լիովին տարված երկրպագությամբ: Երբ Աստված միաբանեց ինձ կնոջս հետ, մենք համաձայնեցինք մեր ընտանիքը լիովին հանձնել Աստծուն. մեր բոլոր օրերը, ուժերը, ունակությունները, ֆինանսները և պարգևներն ուղղորդված էին Նրա ցանկությունները կատարելուն: Սկսվեց հետաքրքրաշարժ գործընթաց, որը շարունակվում է մինչև այսօր:

Նոր աշխատանք և աղոթք

Որոշ ժամանակ անց սկսեցի աղոթել մշտական աշխատանքի համար: Ես խնդրում էի Աստծուց այնպիսի աշխատանք, որը թույլ կտար ինձ աղոթքի մեջ հնարավորինս շատ ժամանակ անցկացնել, քանի որ իմ կյանքը նվիրել էի Աստծուն ճանաչելուն, ու Նրան ճանաչելու ցանկությունը հետզհետե մեծանում էր: Երբ մտածում էի, որ ճանաչում եմ Նրան, Նա բացահայտում էր ինձ մի նոր բան, և ես հասկանում էի, թե իրականում որքա՜ն քիչ բան գիտեմ Աստծո մասին:

Աստված վերջ չունի. Նա հարստության, իմաստության, զորության, իշխանության ու մեծության անդունդ է, իսկ ես այնքա՜ն քիչ էի հասկանում ու ճանաչում Նրան: Հավիտենության հայտնությունն ինձ առաջ էր մղում: Նրա մեծության մասշտաբներն անչափելի են, դա ինձ ուժ էր տալիս փնտրել Աստծո երեսը: Ցավոք, շատերն ինչ-որ փուլից կանգ են առնում ու դադարում են փնտրել Աստծուն: Նրանք ավելի շատ բավարարվում են Աստծուն ծառայելով, քան հե՛նց Աստծով: Նրանք գտնում են բավարարվածություն ծառայության նպատակներին հասնելու մեջ՝ դրանով իսկ աստվածացնելով ծառայությունը:

Ես մշտապես ցանկացել եմ իմանալ Աստծո սիրտը, Նրա կամքը՝ ըստ իմ ժամանակի: Քանի որ մարդիկ են եղել ինձնից առաջ, կլինեն նաև ինձնից հետո, և Աստծո կամքը շատ ավելի մեծ է, քան իմ կյանքի ժամանակահատվածը երկրի վրա: Մտքերն ինձ հանգիստ չէին տալիս. *Աստված, ինչպե՞ս ես տեսնում այս ժամանակը: Ո՞րն է իմ դերը: Ի՞նչ կարող եմ անել.* Նրա կամքը իմ մասին անհանգստացնում էր ինձ ավելի, քան մարդկանց կարծիքը: Ես չէի ցանկանում, որ մարդիկ որոշեին իմ ճակատագիրը: Ես հասկանում էի, որ Նրա մեջ են բոլոր պատասխանները: Ես ուզում էի նվիրել Աստծուն իմ ամբողջ ժամանակը, այդ պատճառով փնտրում էի այնպիսի աշխատանք, որ կարողանամ միաբանվել Աստծո հետ ու շատ աղոթել:

Կարճ ժամանակ անց ընկերներիցս մեկը պատմեց ինձ, որ մի ընկերությունում վարորդի թափուր աշխատատեղ կա ու առաջարկեց լրացնել հարցաթերթիկը: Դա խանութներին դեղորայք հասցնելու վարորդ-առաքիչի պաշտոն էր: Երբ սկսեցի լրացնել հարցաթերթիկը, հասկացա, որ փակուղում եմ: Ես վարորդական իրավունք չունեի, զրկել էին իմ նախկին կենսակերպի պատճառով: Սատանան կործանել էր կյանքս, չնայած որ ես էի նրան թույլ տվել իմ ընտրությամբ ու կենսակերպով:

Սակայն հիմա այլ ժամանակներ էին: Ես ուզում էի պատասխանատվություն վերցնել իմ արարքների համար ու թույլ տալ Աստծուն վերականգնել կյանքս: Իմ կողմից ամեն հնարավոր բան անում էի, իսկ Աստված արեց մնացածը: Ներքուստ զգում էի, որ այդ աշխատանքը օրհնություն կլիներ ինձ համար, ինչպես նաև իմ շրջապատի մարդկանց համար: Ես համարձակ քայլ արեցի ու դիմեցի այդ պաշտոնի համար: Շատ քիչ ժամանակ էր անցել, ինձ զանգեց ընկերության ղեկավարը ու տեղեկացրեց, որ ընդունված եմ աշխատանքի: Դրանից հետո Աստված մարդկանց սրտերում դրեց, որ օգնեն ինձ՝ աշխատանքի համար միկրոավտոբուս վարձակալեմ:

Ես Աստծուն խոստացա, որ բոլոր աշխատանքային ժամերս նվիրելու եմ օտար լեզուներով աղոթքին: Անկեղծ ասած, սկզբում հեշտ չէր, բայց ժամանակի ընթացքում սովորություն դարձավ: Աստծո շնորհքով ես ղեկի վրա անցկացնում էի օրական 7-8 ժամ ու ամբողջ ընթացքում աղոթում էի Սուրբ Հոգով: Աղոթքը դարձել էր իմ կյանքի բնական մասը: Իսկ երբ վերադառնում էի աշխատանքից, ապա մի քանի ժամ Աստվածաշունչ էի կարդում՝ սպասելով Նատաշային: Նա մի քանի ժամ ուշ էր վերադառնում: Ես ոչ մի դեպքում խորհուրդ չեմ տալիս նույնկերպ վարվել, սա չափանիշ չէ, ընդամենը իմ անցած ուղին է:

Երբ Նատաշան վերադառնում էր, մենք միասին գնում էինք եկեղեցի ու ծառայում էինք՝ ինչով կկարողանայինք: Դա նույն եկեղեցին էր, որտեղ ես ապաշխարել ու կյանքս նվիրել էի Հիսուսին: Այդ եկեղեցին դարձել էր իմ երկրորդ տունը: Մենք մեր կյանքը նվիրում էինք, որպեսզի պատասխան դառնայինք եկեղեցու կարիքներին: Երբ մարդիկ հարցնում էին՝ արդյո՞ք մենք երբևէ վիճում ենք, մենք ասում էինք, որ դրա ժամանակը չունենք. մենք զբաղված էինք գործով: Ես մոտենում էի հովվին ու պարզապես հարցնում էի, թե ինչով կարող եմ օգնել, կամ՝ ինչ կարող եմ անել: Ես անում էի ամեն ինչ: Ոչ մի հանձնարարական ինձ անկարևոր չէր թվում: Ես հիշում եմ, թե ինչպես մեկ օր՝ հերթական հարցից հետո, նա ցույց տվեց այն հատվածը, որտեղ հարվածային գործիքներն էին. այդ տեղը դատարկ էր: Չնայած ես երաժիշտ էի, բայց նախկինում երբեք թմբուկ չէի նվագել, սակայն շուտով ստիպված էի դրանից էլ գլուխ հանել: Նատաշայի հետ մենք մինչև վերջ գլուխ չէինք հանում, թե Աստված ինչ է ուզում մեզնից, այդ պատճառով գալիս էինք եկեղեցի ու ծառայում էինք. մենք անում էինք այն, ինչ կարողանում էինք:

Մենք տուն էինք վերադառնում բավականին ուշ, կինս սովորաբար գնում էր քնելու, իսկ ես մնում էի հյուրասենյակում, որպեսզի մի քիչ էլ ժամանակ անցկացնեմ՝ շփվելով Սուրբ Հոգու հետ: Այնուհետև գնում էի քնելու, բայց գիշերվա ժամը 3:00-ի համար զարթուցիչ էի դնում: Բանն այն էր, որ ես որոշել էի ընդհատել քունս և հավելյալ 30 րոպե անցկացնել գիշերային աղոթքի մեջ: Այդ ժամանակն ինձ համար մեծ զոհաբերություն էր, քանի որ ուշ էի քնում և շուտ արթնանում էի, որպեսզի աշխատանքի գնամ: Այդ 30 րոպեն ցուցանիշ էր, թե որքա՜ն շատ էի ցանկանում Աստծուն:

Ես որոշեցի, որ գիշերը ոչ մի կարիքի համար չեմ աղոթելու, միայն փնտրելու եմ Աստծուն ու խնդրելու եմ Նրան, որ բացի Իր սիրտը՝ ուղղորդելով ինձ ճշմարտության շավիղներով՝ հանուն Իր անվան: Երբեք չեմ մոռանա, երբ մեկ անգամ կարդում էի Եսայի մարգարեության գրքից այն հատվածը, որ ասում է. «...Ո՞ւմ ուղարկեմ, ո՞վ կգնա Մեզ համար...» (Եսայի 6.8): Սկսեցի բղավել դեպի երկինք. *«Աստվա՛ծ, դադարի՛ր փնտրել, այլևս ոչ ոքի մի՛ փնտրիր, դու արդեն գտել ես այդ մեկին. ահա՛ ես, վերցրո՛ւ ինձ ու արա՝ ինչ ուզում ես»:* Ես հանձնվում էի Աստծուն, չնայած որ գաղափար չունեի, թե ինչին սպասեի այդ աղոթքից հետո...

Ամեն գիշեր ես կանոնավոր զոհաբերում էի քունս՝ Աստծուն վկայելով այն մասին, թե որքա՜ն շատ եմ ուզում ճանաչել Իր սիրտը: Այնուհետև պառկում էի քնելու, մի քանի ժամ հետո վեր էի կենում, գնում աշխատանքի ու կրկին աղոթում էի: Աշխատանքի ընթացքում միայն օտար լեզուներով էի աղոթում, չէ՞ որ այն ամենաարդյունավետ աղոթքն է՝ այն լեզու է, որը հայտնի է միայն երկնքին: Աստված գիտի ինչ միտք ունի Հոգին, որովհետև Նա բարեխոսում է սուրբերի համար Հոր կամքի համաձայն:

Բայց ձեր խոսքը լինի՝ այոն՝ այո, և ոչը՝ ոչ

Մի անգամ այնպես էի տարվել աղոթքով ու Աստծո հետ շփումով, որ չնկատեցի «կանգ առ» նշանը և անցա խաչմերուկն՝ առանց կանգնելու: Ես չեմ արդարանում և ընդունում եմ իմ մեղավորությունը: Անմիջապես նկատեցի արդեն լավ ծանոթ ոստիկանության լույսերը և կանգնեցի: Այդ պահին հստակ հասկանում էի, որ հայտնվել եմ անախորժության մեջ. ես չունեի ո՛չ վարորդական իրավունք, ո՛չ ապահովագրություն, ո՛չ մեքենայի գրանցում, որովհետև այն գրանցված էր ուրիշի անունով, իմիջիայլոց, ես հարուստ անցյալ ունեի ոստիկանության հետ կապված: Ես շատ լավ հասկանում էի, որ ինձ հիմա կբանտարկեն, ավտոբուսը ձեռքիցս կվերցնեն, ու ես կմնամ առանց աշխատանքի:

Երբ սպան մոտեցավ իմ պատուհանին, ես ծանր հոգոց հանեցի ու գլուխս կախեցի: Սովորաբար, ոստիկանները պահանջում են տրամադրել փաստաթղթերը՝ վարորդական իրավունքն ու գրանցումը: Բայց ստանդարտ պահանջների փոխարեն նա պարզապես հարցրեց. «Դու վարորդական իրավունք ունե՞ս»: Ես, գլուխս թափահարելով, ասացի՝ ո՛չ, բայց լեզվով ասացի՝ այո՛: Սպան զարմացավ ու կրկին հարցրեց. «Դու վարորդական իրավունք ունե՞ս»: Վախեցած՝ ես կրկին գլխով ասացի՝ ո՛չ, բայց քթի տակ մրթմրթացի՝ այո՛: Դա նրան շփոթության մեջ գցեց. «Տո՛ւր ինձ այն, ինչ ունես այդտեղ»: Ձեռքերս դողում էին, երբ նրան էի տալիս անձս հաստատող փաստաթուղթը: Սպան գնաց դեպի իր մեքենան, իսկ ես նստել ու սպասում էի: Երբ վերադարձավ, ասաց. «Դո՛ւրս արի մեքենայից, դու ինձ խաբել ես, դու վարելու իրավունք չունես»: Նա ձեռնաշղթաներ հագցրեց ու նստեցրեց իր մեքենան, այնուհետև իմ միկրոավտոբուսի համար քարշակ կանչեց, ու մենք գնացինք ոստիկանության տեղամաս:

Կատարվածի իրականությունը ցնցեց ինձ, ես մեղադրվում էի ստի մեջ ու հասկանում էի, որ ինձ կարող էին բանտարկել: Ես շատ էի ամաչում. չէ՞ որ կյանքս նվիրել էի Աստծուն, Հիսուսի հետ հանդիպում էի ունեցել, իմ ամբողջ ժամանակը նվիրել էի Նրան, որպեսզի Նա կարողանար ձևավորել ինձ: Չնայած այդ ամենին, ես այնքան հեշտ խաբեցի ոստիկանին ու հայտնվեցի նրա մեքենայում: Ինքս ինձ մտածեցի՝ ես եմ Աստծուն փնտրողը: Ապա լսեցի կամացուկ մի ձայն. *«Եթե դու չստեիր և ասեիր ճշմարտությունը, Ինձ հրաշք գործելու հնարավորություն կտայիր»:*

Մենք պետք է հասկանանք կարևոր ճշմարտություն. Աստված ստի հիման վրա հրաշքներ չի գործում: Ամեն սուտ ունի իր աղբյուրը կամ հայրը: Ցանկացած ստի աղբյուրը սատանան է: Սուտն ի զորու է մարդուն հետ պահել այն նպատակից, ինչի համար նախասահմանված է: Եթե դուք իսկապես ցանկանում եք Աստծո հրաշքները ձեր կյանքում, ապա սովորեք ասել ճշմարտությունը, որովհետև Աստված իր հրաշքները խաբեության հիման վրա չի գործում:

Սիրտս ցավում էր, ես այնքա՜ն վատ էի զգում, որ առաջ թեքվեցի դեպի ոստիկանը ու ներողություն խնդրեցի. «Սպա՛, ներե՛ք ինձ, որ խաբեցի ձեզ»: Ես տեսա, թե ինչպես նա ժպտաց ու որոշ ժամանակ անց շրջվելով իմ կողմը՝ ասաց. «Ես ուզում եմ, որ մի բան իմանաս. եթե ինձ ասեիր ճիշտը, ես քեզ բաց կթողնեի»: Չգիտես ինչու, սիրտս ճզմվեց, ու ավելի վատ զգացի: Բավական չէր, որ ես դա լսել էի Աստծուց, հիմա էլ ոստիկանն էր նույնը ասում: Նա հաստատեց, որ եթե ես ասեի ճիշտը, նա իսկապես ինձ բաց կթողներ:

Պատկերացրեք, դա կդառնար Աստծո հրաշքն ու փառքը, բայց միմիայն ճշմարտության հիման վրա: Այնուհետև սպան շարունակեց. «Ես տեսնում եմ, որ լավ երիտասարդ ես, բոլորս էլ սխալներ անում ենք… Երբ տեղամաս հասնենք, կօգնեմ թղթաբանության հարցում ու ամեն հնարավոր բան կանեմ, որ քեզ անմիջապես ազատ արձակեն»: Ես ծանր հոգոց հանեցի, բայց իմ մեջ մի փոքրիկ հույս եկավ:

Այդպես էլ եղավ: Երբ տեղ հասանք, ոստիկանը սկսեց բարեխոսել ինձ համար, ձևակերպել բոլոր թղթերը և անել ամեն հնարավորը, որ ինձ բաց թողնեն: Բացի այդ, նա տվեց իր հեռախոսը, որ զանգեմ ընկերություն ու խնդրեմ ծանոթներիս՝ իմ փոխարեն ավարտեն առաքումները: Նրանք մեքենայի տիրոջ հետ վերցրին միկրոավտոբուսը և մնացած դեղամիջոցներն առաքեցին խանութներ: Պատկերացնում եք, հաջորդ օրը ես կրկին շարունակեցի իմ աշխատանքը:

Ես աղոթում ու գոհանում էի Աստծուց, որ միջամտեց և ամեն բան հարթեց: Արդյունքում, ես ևս 2 տարի աշխատեցի այդ ընկերությունում, ինչն ինձ թույլ տվեց ֆինանսապես ապահովել ընտանիքս: Ես ոչ ոքի խորհուրդ չեմ տալիս առանց վարորդական իրավունքի վարորդ աշխատեն, պարզապես ես այլընտրանք չունեի: Հաջորդ երկու տարիների ընթացքում Աստծո հրաշքներն էին տեղի ունենում իմ կյան-

քում: Այդ ընթացքում Աստված վերականգնեց իմ բոլոր փաս-
տաթղթերը, այդ թվում նաև վարորդական իրավունքը: Հենց
այդ ոլորտում սատանան մուտք ուներ և անում էր հնարավոր
ամեն բան՝ կործանելու կյանքս: Ու հենց այդտեղ ես տեսնում
էի, թե ինչպես է Աստված միջամտում ու հրաշքներ անում՝
գերբնականորեն վերականգնելով կյանքս: Քայլ առ քայլ
Աստված սովորեցնում էր մնալ Իր մեջ ու վստահել Իրեն, իսկ
ես շարունակում էի փնտրել ու հավատալ Նրան:

ԳԼՈՒԽ 5

ԿԵՐՊԱՐԱՆԱՓՈԽՈՒԹՅՈՒՆ

Կնոջս հետ որոշեցինք ամեն երկուշաբթի ծոմապահություն ունենալ, իսկ երեկոյան հրավիրում էինք մեր ընկերներին՝ միաբան աղոթելու և երկրպագելու Աստծուն: Եկեղեցու ծառայությունից բացի մենք մեծ ցանկություն ունեինք համախմբել երիտասարդներին ու միասին փնտրել Աստծուն: Այդ պատճառով, երկուշաբթի առավոտյան ես շատ մթերք էի գնում, որպեսզի երեկոյան, երբ ավարտենք ծոմապահությունը, կարողանանք կերակրել հյուրերին ու շփվել նրանց հետ՝ կիսվելով մեր վերապրումներից ու հայտնություններից: Դրանից էլ սկսվեց ամեն ինչ:

Շուտով մեր բնակարանը լեցուն էր աղջիկներով ու տղաներով, ովքեր ծարավ էին Աստծուն: Միասին երգում էինք կիթառի երաժշտության ներքո և երկրպագում Աստծուն այնպես, որ երբեմն բնակարանների հարցով պատասխանատուն էր գալիս ու խնդրում լռեցնել թմբուկների ձայնը: Ինչ-ինչ պատճառով մարդկանց թվում էր, թե թմբուկների ձայն է հնչում, բայց մենք թմբուկներ չունեինք, այլ միայն կիթառ ունեինք ու շատ երիտասարդ ձայներ, որ գովերգում էին Տիրոջը: Այդպես սկսվեց դեպի մեր կոչումը տանող ուղին: Դա հրաշալի ժամանակ էր ու կերպարանափոխության զարմանալի ընթացք:

Մի անգամ ոչ ոք չեկավ

Անցնում էին օրերը, թռչում շաբաթները: Մի երկուշաբթի ես կրկին գնացի խանութ ու շատ մթերք գնեցի: Մենք սպասում էինք, որ սովորականի պես շատ մարդիկ կհավաքվեն: Արդեն երեկո էր, բայց ոչ ոք չէր եկել աղոթքի: Ինձ համար շատ տարօրինակ էր, քանի որ անցած երկուշաբթի մեր տանը ասեղ գցելու տեղ չկար: Եվ հանկարծ բոլորը ինչ-որ տեղ կորել էին:

Ես չէի հասկանում, թե ինչ է կատարվում: Զանգեցի մեր ընկերներին, որպեսզի հասկանամ՝ արդյո՞ք ամեն բան լավ է: Բոլորը մի մարդու պես հավաստիացնում էին, որ այս անգամ ուղղակի չի ստացվել գալ, բայց հաջորդ երկուշաբթի անպայման կգան: Մի քանի այդպիսի զանգից հետո մի կողմ դրեցի հեռախոսը ու կնոջս ասացի. «Նատաշա՛, մենք այսօր երկուսով ենք երգելու ու երկրպագելու Աստծուն»: Այդ երեկո երկուսով աղոթեցինք ու երկրպագեցինք Աստծուն:

Մյուս երկուշաբթի ես կրկին շատ մթերք գնեցի և պատրաստվեցի աղոթքին ու երեկոյան հաղորդակցությանը: Բայց, ի զարման ինձ, դարձյալ ոչ ոք չեկավ: Ես կրկին զանգեցի ընկերներիս ու լսեցի միևնույն արդարացումները: Երրորդ երկուշաբթի կրկին նույն բանը: Ես շփոթված էի ու չէի կարողանում հասկանալ, թե ինչ է կատարվում: Թվում էր, որ Աստված փակել էր բոլոր դռները ու չէր թողնում, որ հավաքվեինք. *ինչո՞ւ:*

Չորրորդ երկուշաբթին էր, կրկին ոչ ոք չեկավ: Այդժամ ես փակվեցի իմ սենյակում ու սկսեցի կանչել Աստծուն. «Տե՛ր, հասկացողություն տուր ինձ, ի՞նչ է կատարվում»: Ես երեսնիվայր աղոթում էի: Որոշ ժամանակ անց Աստված սկսեց խոսել. *«Ես ուզում եմ սովորեցնել քեզ ծառայել մեկ մարդու, որպեսզի տեսնես մեկ հոգու կարևորությունը»:* Լսելով այդ բառերը՝ ասացի. «Տե՛ր, արա՛ այն, ինչ ուզում ես, ես իրապես ցանկանում եմ կատարել Քո կամքը»:

Այդպես էլ եղավ. մյուս երկուշաբթի միայն մեկ մարդ եկավ: Բացի դա, այդ մարդը շատ խնդրահարույց էր: Հենց որ նրան տեսա, իսկույն հասկացա, որ գիշերը երկար է լինելու: Աղոթելով Աստծուն՝ կնոջս հետ սկսեցինք ծառայել այդ մարդուն մինչև առավոտ, այնուհետև հրաժեշտ տվեցինք: Քնելու համար այլևս ժամանակ չէր մնացել, ես ստիպված միանգամից գնացի աշխատանքի: Շատ հոգնած էի, բայց միաժամանակ շատ ուրախ էի ու բավարարված: Ես սկսեցի գիտակցել, թե Աստծո համար որքան կարևոր է յուրաքանչյուր մարդը, և տեսա մեկ հոգու կարևորությունը:

Սկսեցի նկատել

Ամբողջ օրը ես դեղորայք էի առաքում խանութներ և Սուրբ Հոգով աղոթում էի: Ի զարման ինձ, սկսեցի նկատել մարդկանց, ովքեր իմ օգնության կարիքն ունեին: Իմ երկնային Հայրը քայլ առ քայլ ուղղորդում էր ինձ՝ բացելով Իր սիրտը: Նրա սիրտը միշտ ուղղված է մարդկանց: Ես մի բան հասկացա. չաղոթող մարդը ունակ չէ նկատել ուրիշների կարիքները, նա միայն իրեն է տեսնում, ու նրան թվում է, որ ինքը միշտ ճիշտ է: Հասկացեք, ես նկատի չունեմ ուտելուց կամ քնելուց առաջ աղոթքի մի քանի րոպեները: Ո՛չ, աղոթքն ավելին է, այն շփում և մեկացում է Աստծո հետ, մենք ժամանակ ենք հատկացնում, որպեսզի իրապես լինենք միայն Նրա հետ:

Երբ աղոթում ենք ու մեկանում Սուրբ Հոգու հետ, սկսվում է ներքին կերպարանափոխության զարմանալի գործընթացը. մենք սկսում ենք ամեն ինչին նայել Աստծո աչքերով: Եվ առաջինը, ինչը մարդը նկատում է՝ իր սեփական թերություններն են ու այն ոլորտները, որտեղ նա Աստծո շնորհքի կարիքն ունի, որպեսզի փոխվի:

Երբ մարդը շարունակում է ջանասիրաբար աղոթել, նա սկսում է հեռուն տեսնել և նկատել իր ընտանիքի, բարեկամների կարիքները, նկատում է ծանոթներին, որոնք օգնության ու աջակցության կարիք ունեն: Հետո սկսում է նկատել անծանոթ մարդկանց կարիքները: Նրա մեջ ուրիշներին օգնելու ցանկություն է առաջանում և ուզում է լույս լինել այս աշխարհի համար:

Երբ մարդը շարունակում է ջանասիրաբար աղոթել, նա սկսում է ավելի հեռուն տեսնել: Նա տեսնում է Աստծո ծրագիրը տեղական եկեղեցու համար: Տեսնում է, որ խնդիրն ամենևին էլ եկեղեցու, վատ հովվի կամ առաջնորդի մեջ չէ, այլ՝ իր մեջ. խնդիրն այն է, որ ինքը չի դառնում պատասխան եկեղեցու կարիքներին, որ ազդեցություն ունենա և օգտակար լինի մարդկանց:

Երբ մարդը շարունակում է ջանասիրաբար աղոթել, նա սկսում է նկատել քաղաքի մյուս եկեղեցիները, որոնք մրցակից կամ հակառակորդ չեն հանդիսանում, նույնիսկ եթե ինչ-որ կարծիքային տարաձայնություններ ունեն: Նա սկսում է տեսնել Աստծո ծրագիրն ու Նրա շնորհիքի բազմազանությունը եկեղեցու մարմնի գործունեության մեջ, որտեղ յուրաքանչյուր տեղական եկեղեցի կատարում է իր գործառույթը և այն, ինչի համար կանչված է:

Երբ մարդը շարունակում է ջանասիրաբար աղոթել, նա սկսում է նկատել իր քաղաքը ու հասկանալ, որ ինքը կանչված է այդտեղ, որպեսզի լուսարձակի այդ հասարակության մեջ: Մենք ձեզ հետ հանդիսանում ենք Հիսուս Քրիստոսի մարմինը այս երկրի վրա. Նրա ձեռքերն ու ոտքերը:

Երբ մարդը շարունակում է ջանասիրաբար աղոթել, նա տեսնում է ավելի հեռուն ու անհրաժեշտություն է զգում աղոթելու իր քաղաքի, նահանգի, շրջանի, երկրի համար:

Հենց դա էլ տեղի ունեցավ իմ կյանքում: Որքան շատ էի աղոթում Սուրբ Հոգով, այնքան շատ էի նկատում մարդկանց, ովքեր իմ կարիքն ունեին: Ես նկատում էի պատահական անցորդներին, ովքեր կանգնած էին ճանապարհին ու օգնության կարիք ունեին: Ես առաջարկում էի իմ օգնությունը, ես նստեցնում էի նրանց ու տեղափոխում իրենց անհրաժեշտ վայրը: Մինչ մենք գնում էինք, ես կիսվում էի իմ վկայությամբ ու պատմում Աստծո մասին, թե ինչ թանկ գին է վճարվել իրենց համար: Ես նրանց ոչ միայն պատմում էի Հիսուսի մասին, այլ նաև առաջնորդում էի Հիսուսի մոտ, որից հետո աղոթում էի կարիքների ու առողջության համար: Եթե ես նկատում էի, որ նրանք ազատագրման կարիք ունեին, աղոթում էի ու հրամայում ամեն տեսակի պիղծ ոգիներին դուրս գալ նրանց կյանքից: Իսկ եթե նրանք ուտելիքի կամ հագուստի կարիք ունեին, ես անպայման աշխատում էի օգնել գործնականում: Այն մարդիկ, ում ես տեղափոխում էի, ընդունում էին Հիսուսին որպես իրենց անձնական Փրկիչ: Միգուցե միայն այն պատճառով, որ իմ մեքենայի մեջ էին ու այլընտրանք չունեին, բայց ես այդ հնարավորությունն էլ էի օգտագործում:

Որքան շատ էի աշխատում ու աղոթում, այնքան շատ հնարավորություն ունեի օգնելու մարդկանց: Ես օգտագործում էի ամեն բան, որ Աստված վստահել էր ինձ՝ աշխատելով ցանկացած պարագայում դրսևորել Աստծո սերը մարդու հանդեպ: Աստծո սիրտը միշտ ուղղված է մարդկանց: Այդ պատճառով, աղոթքը երբեք մեզ չի հեռացնում մարդկանցից, ճիշտ հակառակը՝ մոտեցնում է նրանց:

Կերպարանափոխության ընթացքը

Կերպարանափոխության ընթացքում, երբ մեկանում ենք Աստծո Հոգու հետ, փոխվում է մեր ներաշխարհը, և գալիս են խոր ու հզոր հայտնություններ: Աստծո ծարավը միշտ հանգեցնում է ճանաչողության ավելի խոր մակարդակի:

Ես ուզում եմ ձեր ուշադրությունը գրավել մի ճշմարտության վրա. Աստված չի կարող ավելանալ քո ներսում, Նա արդեն Իր ամբողջ լիությամբ քո ներսում է: Երբ Նրան ընդունեցիր քո սրտի մեջ, դու ընդունեցիր աստվածային ամբողջ լիությունը, որը Սուրբ Հոգու մեջ է: Աստված կարող է մեծանալ քո կյանքում միայն այն դեպքում, երբ դու փոքրանաս: Մարդը, ով աղոթում ու մեկանում է Աստծո Հոգու հետ, սկսում է նկատել այն բնագավառները, որոնք խոչընդոտում են Աստծո էությունը, որ բացվի իրենց ներսում՝ այդկերպ պահելով Աստծո զորությունը:

Թույլ տվեք Աստծուն արմատախիլ անել այն ամենը, ինչը Հայրը չի տնկել ձեր ներսում: Այդ դեպքում Աստված ավելի ուժեղ կդրսևորվի ձեր կյանքում. դուք կկերպարանափոխվեք ու կլուսավորվեք: Աստվածաշունչն այդպես էլ ասում է. «Տերը Հոգի է. որտեղ Տիրոջ Հոգին է, այնտեղ ազատությունն է» (Բ Կորնթ. 3.17): Ազատությունը կգա ձեր հոգու, շնչի ու մարմնի այն ոլորտներում, որտեղ Նա Տեր կլինի:

Կերպարանափոխությունն այն է, որ Սուրբ Հոգուն տեղ հատկացվի յուրաքանչյուր բնագավառում, որպեսզի քայլ առ քայլ Նա դառնա ամբողջ կյանքի Տերը, որ հասունանա այն պահը, երբ ոչ միայն մենք ունենանք Սուրբ Հոգուն, այլ նաև՝ Նա ունենա մեզ: Այլ կերպ ասած, մենք լիովին հանձնում ենք մեզ Նրա տիրապետությանը: Իսկ երբ Նա է քո ամբողջ կյանքի Տերը, ապա Նա տանում է քեզ դեպի արոտավայր, ուղղորդում է, զինում է, սովորեցնում է, տալիս է Իր ուժն ու օծությունը:

Կերպարանափոխության ընթացքում դուք կնկատեք, որ

ձեր մեջ դրսևորվում են աստվածային ունակություններն ու տիրելու Հոգին, որովհետև Սուրբ Հոգին տիրող, իշխող Հոգի է: Եվ որքան խորն են ձեր հարաբերությունները Սուրբ Հոգու հետ, այնքան ավելի շատ կլինեք Սուրբ Հոգու առաջնորդության ներքո: Ես հավատում եմ, որ մենք կարող ենք հասնել այնպիսի վիճակի, որտեղ Աստծո Հոգին կդառնա Տեր և լիովին կտիրի մեզ: Իմ կյանքում հենց այդպես էր:

Հանդիպում սատանայի հետ

Մի անգամ աշխատանքից տուն եկա ծանրության զգացումով: Բանն այն էր, որ այդ օրը ես աղոթել էի մի պատանու ազատագրման համար, բայց զգում էի պայքար ու հոգևոր ուժեղ ճնշում: Ես հասկանում էի, որ իմ հոգևոր ուժը բավարար չէր, քանի որ Աստծո մեջ գոյություն ունի իշխանության և օծության ավելի բարձր մակարդակ: Ես փափագում էի Աստծո զորության հեղումը իմ կյանքում ու խնդրեցի դա Նրանից: Այնուհետև, գիշերվա ժամը երեքին կրկին արթնացա, կես ժամ աղոթեցի ու գնացի քնելու: Հազիվ էի գլուխս դրել բարձին, հանկարծ ինձ տեսա կողքից, ասես տեսիլքի մեջ:

Ես չգիտեմ՝ ինչպես բացատրեմ, բայց դա երազ չէր. ես չէի հասցրել քնել, դա գերբնական վերապրում էր: Չէի տեսնում իմ մարմինը, բայց տեսնում էի, որ կողքս պառկած է իմ կինը: Անցնելով դրսի փակ դռնով՝ ես երկրորդ հարկից աստիճաններով իջա ու դուրս եկա տան առջևի ավտոկայանատեղին: Հորիզոնում երկինքը պատկերվել էր նարնջագույնի ու վարդագույնի վառ երանգներով. սկսվում էր լուսաբացը:

Հանկարծակի, խավարի մեջ, նկատեցի ծերունու կերպարանք, ով գալիս էր իմ ուղղությամբ: Եվ որքան մոտենում էր, այնքան ավելի պարզ էի տեսնում նրան: Նա սովորական ծեր մարդ չէր, թվում էր՝ հազար տարեկան է: Նրա մազերը սպիտակ էին ու հետ սանրած: Գլուխը կախ էր, հոնքերի մազերը դուրս էին ցցված, դրանք շատ երկար ու հաստ էին, և նա խստորեն նայում էր ինձ հոնքերի տակից: Նրա ամեն քայլի հետ զգում էի, որ միաժամանակ ինձ վրա է գալիս վախի ու սարսափի անտեսանելի մի ալիք: Երբ նա մոտեցավ, ինձ պետք չէր բացատրել, թե ով էր իմ առջև. ներքուստ հստակ հասկանում էի, որ սատանան էր: Ես սարսափեցի, ամբողջ մարմնովս դող անցավ:

Նա նայում էր ինձ խոժոռված հոնքերի տակից: Նրա հայացքը լի էր ցասումով ու մահով, իսկ դեմքը շատ չարացած էր: Դա ամենասարսափելի անձն էր, որ երբևէ տեսել էի: Վախից սկսեցի գոռալ. «Հիսուսի անունո՛վ, հեռացի՛ր ինձնից, սատանա՛»: Բայց նա չէր արձագանքում, հակառակը, ավելի էր մոտենում ինձ: Ես կրկին գոռացի. «Հիսուս Քրիստոսի անունո՛վ, հեռացի՛ր ինձնից, սատանա՛»: Նա դարձյալ չարձագանքեց ու ավելի մոտեցավ ինձ:

Ես հանկարծ լսեցի նրա զայրացած ու ծանր շնչառությունը, բայց ամենասարսափելին նրա աչքերն էին: Նա շատ ուշադիր նայում էր ինձ, աչքերում տեսնում էի անհատակ անդունդ, այնտեղ մոլեգնում էր դժոխքը: Ոչ մի սարսափ ֆիլմ չէր կարող փոխանցել այդ տեսարանը: Դժոխքն ու նրա այրող չարիքը շատ ավելի իրական են, քան կարող ենք պատկերացնել: Սարսափած՝ ես երրորդ անգամ ճչացի. «Հիսուս Քրիստոսի անունո՛վ, հեռացի՛ր ինձնից, սատանա՛»: Նա ընդհանրապես բանի տեղ չէր դնում խոսքերիս... հանկարծ ես հայտնվեցի իմ սենյակում:

Նայեցի ժամացույցին. մոտավորապես ժամը 4:00-ն էր: Շուրջս քար լռություն էր: Անսպասելիորեն լսեցի Աստծո ձայնը. *«Շարացրո՛ւ ծոմերդ, որովհետև դու պատրաստ չես դիվային աշխարհի դեմ ճակատամարտի: Ես Ինքս կսովորեցնեմ ու կհայտնեմ քեզ հոգևոր աշխարհի գաղտնիքները: Ես կսովորեցնեմ քո ձեռքերին պայքարել, որպեսզի կարողանաս ոչնչացնել սատանայի գործերը, բայց դու պետք է շարացնես ծոմերն ու աղոթքները»:*

Ծոմեր, աղոթքներ և ազատագրման ծառայություն

Այն ամենից հետո, ինչ տեղի ունեցավ, ես որոշ ժամանակ դադարեցի աղոթել մարդկանց ազատագրման համար: Իմ կյանքում սկսվեց ծոմի ու բուռն աղոթքների յուրօրինակ շրջան: Ամեն շաբաթ ես աշխատում էի ծոմի մեջ լինել գոնե

2-3 օր: Ես ոչ ոքի խորհուրդ չեմ տալիս վարվել նույն կերպ: Հարկ է նշել, որ տվյալ պատվիրանն ինձ եկել էր Աստծուց, ու դա անելու համար ես շնորհք էի զգում: Բայց նույնիսկ, անկախ Աստծո շնորհքից, դուք միշտ ընտրության իրավունք ունեք *(անմիջապես ցանկանում եմ խորհուրդ տալ, որ սովորեք ճիշտ ձևով մտնել ծոմի մեջ ու դուրս գալ)*: Այսպիսով, ես բազմապատկեցի ծոմերն ու աղոթքները իմ կյանքում:

Այնպիսի օրեր էին լինում, երբ ես շփոթմունքի մեջ էի հայտնվում, չէի կարողանում հիշել՝ այդ օրը ծոմի մեջ եմ, թե՝ ոչ: Սակայն ես շարունակում էի հնազանդեցնել իմ մարմինը և նվիրել ինձ Աստծուն: Այդպես շարունակվեց գրեթե մեկ տարի:

Դրանից հետո մի երազ տեսա. 18 տարեկան մի աղջկա: Շատ պարզ կարողանում էի տեսնել նրա դիմագծերն ու արտաքինը: Երազում ես աղոթում էի նրա համար ու տեսա, թե ինչպես նրանից երկու դև դուրս եկավ: Ես շարունակեցի աղոթել, և դևերը շրջվեցին ու հարձակվեցին միմյանց վրա, հետո երկուսն էլ ընկան: Արթնանալով՝ սկսեցի մտորել. որքան ջանասիրաբար էի աղոթում, այնքան ուժեղ էին դևերը միմյանց հարվածում՝ այդկերպ իրար ոչնչացնելով: Ես հասկանում էի, որ Տերը կրկին կանչում է ինձ ազատագրման ծառայության: Աստված քայլ առ քայլ ցույց էր տալիս, թե ինչ է կատարվում հոգևոր աշխարհում:

Մի քանի շաբաթ անց, երեկոյան աղոթքին, մեր տուն եկավ մի աղջիկ: Նա ինձ ծանոթ թվաց, բայց չէի կարողանում հիշել, թե որտեղ եմ տեսել, որտեղից եմ նրան ճանաչում: Մենք երգում էինք ու երկրպագում Աստծուն: Հետո ես սկսեցի ծառայել մարդկանց՝ աղոթելով օրհնում էի յուրաքանչյուրին: Ձեռքս դնելով այդ աղջկա ուսին՝ ես օրհնեցի նրան ու անցա մյուսին: Հանկարծ ընկերներիցս մեկը կանգնեցրեց ինձ ու ասաց. «Տե՛ս, թե ինչ է կատարվում»: Շրջվելով՝ ես ի վերջո ճանաչեցի նրան, կարծես աչքերս բացվեցին. իմ երազի նույն աղջիկն էր: Նրա մոտ դիվային դրսևորումներ էին սկսվել, և ես հասկացա, որ Տերն ինձ կանչում է նրան ծառայելու: Մենք այդ աղջկան տարանք մեկ այլ սենյակ, և երբ աղոթում էի, Աստված լիովին ազատագրեց նրան:

Այդ երեկո ես հանկարծ գիտակցեցի, որ Տերն ինձ բարձրացրել է զորության և իշխանության մեջ ու առաջնորդում է ազատագրման ծառայության մեջ: Աստված սկսեց բացահայտել ինձ հոգևոր աշխարհի գաղտնիքները ու գիտելիք տալ այն մասին, թե ինչ է կատարվում, երբ ձեռքերս դնում եմ մարդկանց վրա ու աղոթում եմ նրանց համար: Կերպարանափոխության ու Աստծո Հոգու հետ մեկանալու ընթացքում Աստված Ինքը սկսեց ուղղորդել ու սովորեցնել ինձ պայքարել: Նրա զորությամբ ես սկսեցի պատերազմել թշնամու դեմ՝ ոչնչացնելով խավարի գործերը:

ԳԼՈՒԽ 6

ԾԱՐԱՎ ԱՎԵԼԻԻ ՀԱՆԴԵՊ

Ես տարված էի Աստծով ու շարունակում էի անդադար փնտրել Նրա երեսը: Երիտասարդական աղոթքները մեր տանը շարունակվում էին, բայց շուտով մենք չէինք կարողանում տեղավորել բոլոր ցանկացողներին: Այդ պատճառով հավաքույթները տեղափոխեցինք եկեղեցու տարածք: Ժամանակ անց Սուրբ Հոգին խոսեց սրտիս այն մասին, որ համախմբենք Սակրամենտո քաղաքի ամբողջ երիտասարդությանը և ծառայենք նրանց: Այդ ժամանակ ես ձևավորել էի մարդկանց մի թիմ, ովքեր օգնում էին ինձ ծառայության մեջ:

Ծառայության արագընթաց աճ

Հենց սկզբից Աստված կենտրոնացրեց իմ ուշադրությունը թիմի զարգացման վրա: Ես ուզում էի օգնել երիտասարդներին բարձրանալ Աստծո մեջ և գործադրել իրենց պարգևներն ու կոչումը: Աստված առաջնորդում էր ինձ այդ ուղղությամբ, որպեսզի ոչ միայն ես կարողանամ բացահայտել իմ ներուժը Աստծո մեջ, այլ նաև օգնեմ ուրիշներին դառնալ Աստծո շարժման մի մասը: *Եթե ուզում ես արագ ընթանալ, գնա՛ մենակ, եթե ուզում ես հեռու գնալ, գնացե՛ք միասին:* Ես հասկանում էի այդ կարևոր սկզբունքը, այդ պատճառով ամեն կերպ աշխատում էի օգնել երիտասարդներին տեսնել, թե ինչի համար են նախասահմանված: Այդ ժամանակ չէի հասկանում, որ Աստված բարձրացնում է ինձ առաջնորդի դիրքի, որպեսզի սովորեցնի կառավարել, տիրել և իշխել:

Իմ շուրջը ձևավորվեց երիտասարդների բավականին մեծ թիմ, որոնք կատարում էին որոշակի գործառույթ ծառայության մեջ: Միասին մենք սկսեցինք պատմություն կերտել: Աստծո Հոգին խոսում էր սրտիս, որ ամեն ամիս կազմակերպենք համաքաղաքային երիտասարդական հավաքույթներ ու հրավիրենք Սակրամենտոյի ամբողջ երիտասարդությանը:

Շուտով մենք նշանակեցինք առաջին ծառայությունը:

Ամբողջ թիմով աշխատում էինք՝ անելով հնարավոր ամեն բան, պատրաստում էինք ծրագիրը, քաղաքում գովազդն էինք տեղադրում, մշակում էինք դիզայնը, պատրաստում էինք տեսանյութեր, ընդգրկում էինք մարդկանց տնային խմբերում, զբաղվում էինք երաժշտական ծառայությամբ և ստեղծագործությամբ: Նախապատրաստման ընթացքում Տերը շատ պարզ խոսեց, որ մենք 7 օրյա աղոթքի ու ծոմի մեջ մտնենք: Այնպես որ, բացի տեսանելի նախապատրաստումներից, մենք բաշխեցինք շաբաթվա օրերը և մտանք ծոմի մեջ: Այսպիսով, յուրաքանչյուր երիտասարդական ծառայությունից առաջ թիմով մտնում էինք 7 օրյա աղոթքի ու ծոմի մեջ:

Ծառայությունը սկսելուց կարճ ժամանակ անց մեր դահլիճը լեփ-լեցուն էր երիտասարդներով: Լուրերն արագ էին տարածվում, և երիտասարդները հավաքվում էին ամեն տեղից: Ես զարմացած էի այդ հավաքույթների ընթացքում գործող Աստծո շնորհքից, և ոչ միայն ես: Շատ հովիվներ ու առաջնորդներ, լսելով այն մասին, թե ինչ է անում Աստված այդ հավաքույթների ընթացքում, գալիս էին և զգում Սուրբ Հոգու հզոր շարժը: Գիրքը բավական չէ, որ նկարագրեմ այն, ինչ Աստված անում էր այդ երիտասարդական ծառայությունների միջոցով: 600 հոգանոց եկեղեցական դահլիճը լեփ-լեցուն էր, երբեմն մարդիկ չէին կարողանում ներս մտնել ու մնում էին ավտոկայանատեղիում. սկսվեց հզոր մի շարժ:

Աստծո հետ առանձնացված ժամանակն ինձ համար դարձավ ավելի կարևոր և արժեքավոր: Որքան մեծանում էր ծառայությունը, այնքան ուժգին էր Աստծո հետ փոխհարաբերության ու Նրա առաջնորդության իմ կարիքը: Այդ պատճառով ամեն ամիս, մի քանի օրով, քաղաքից հեռանում էի դեպի լեռներ: Ես հյուրանոցային համար էի վերցնում, որպեսզի լիովին առանձնանամ ու պարզապես Սուրբ Հոգու հետ լինեմ: Իմ կյանքում սկսվեց նոր շրջան և Աստծո հետ զարմանալի ժամանակ: Շուտով Նրա հետ իմ հարաբերությունները ձեռք բերեցին բոլորովին այլ մակարդակ ու բնույթ:

Սակայն առօրյայում տեղի էին ունենում ինձ համար անբացատրելի բաներ: Ես զգում էի ուժգին հոգևոր դիմադրություն. դժոխքը դուրս էր եկել իմ դեմ, դիվային աշխարհի ուժերը փորձում էին կանգնեցնել իմ ճակատագիրը և այն, ինչի համար նախասահմանված էի: Սատանան ամեն կողմից գրոհում էր իմ կյանքը: Բայց, անկախ հանգամանքներից, ես շարունակում էի առաջ ընթանալ, իսկ խոչընդոտները, ընդհակառակը, ինձ ավելի ուժեղ էին դարձնում:

Քայլ առ քայլ իմ պատասխանատվությունն ավելանում էր, եկեղեցին աճում էր, ծառայությունը զորանում էր: Մինչ այդ ես ձեռնադրվել էի երիտասարդական ծառայության հովիվ և սկսեցի եկեղեցում հովվական գործունեություն ծավալել: Կնոջս հետ ծառայում էինք մարդկանց և օրհնություն լինում եկեղեցու և հովվի համար: Այնպես պատահեց, որ ոչ մեծ ժամանակահատվածում մենք ունեցանք մի ամբողջ շարք ծառայություններ, ծոմեր ու աղոթքներ, որտեղ ծառայում էինք քաղաքի երիտասարդներին ու աղոթում էինք ազատագրման համար: Դրանից հետո մենք ուժեղ լարվածություն և հոգնածություն զգացինք թե՛ ֆիզիկապես, թե՛ հոգեպես, թե՛ բարոյապես. մենք հանգստի կարիք ունեինք: Մի երիտասարդ զույգի հետ որոշեցինք մեկնել Սանտա Կրուզ, օվկիանոսի ափին տուն վարձել ու հանգստանալ: Միակ բանը, որ մեզ անհրաժեշտ էր այդ պահին, մի քանի օրվա հանգիստն էր:

Մարգարեն

Մեր մեկնումից անմիջապես առաջ մի տղա զանգեց ու տեղեկացրեց, որ մեր քաղաք է ժամանել մի ծառայող, ով հզոր ձևով շարժվում է մարգարեական պարգևի մեջ: Նա լսել էր իմ ու իմ ծառայության մասին և ցանկանում էր հանդիպել: Ես պատասխանեցի. «Շնորհակա՛լ եմ հզոր մարգարեների համար, բայց ես մեկնում եմ հանգստանալու»: Հանկարծ այդ տղան սկսեց խնդրել ու համոզել ինձ. «Ո՛չ, մի՛ մեկնիր, նա անպայման պիտի հանդիպի քեզ»: Դա ինձ շատ զարմացրեց: Մենք պայմանավորվեցինք, որ քաղաքից դուրս գնալու ճանապարհին ես կմտնեմ սրճարան, ու մենք կհանդիպենք:

Այսպիսով, ես մտա սրճարան ու սպասում էի: Շուտով այդ տղան եկավ ավելի տարիքով ծառայողի հետ: Հենց մենք սկսեցինք զրույցը, ծառայողը բռնեց ձեռքս ու սկսեց աղոթել ու մարգարեանալ: Վերջում նա մարգարեական Հոգով ասաց. *«Ուր որ հիմա գնում ես, մի՛ վախեցիր, Աստված նպատակներ ունի, Նա ցանկանում է այնտեղ ինչ-որ բան անել»:* Աղոթքից հետո ես շնորհակալություն հայտնեցի նրան, հրաժեշտ տվեցի ու մեկնեցի Սանտա Կրուզ հանգստանալու:

Ամբողջ ճանապարհին մտորում էի այդ մարգարեության շուրջ: Մտքերն ինձ հանգիստ չէին տալիս. եթե Աստված ասել է՝ *մի՛ վախեցիր,* նշանակում է, ինչ-որ վախենալու բան է լինելու, իսկ ես այնպես էի ուզում հանգստանալ... Ինձ հոգևոր ապրումները ծանոթ էին, ես հասկանում էի, որ կա Հոգու հատուկ լեզու, և կարողանում էի ճանաչել, թե ինչպես է Աստված խոսում ինձ հետ, այդ պատճառով այդ մարգարեական խոսքերն ինձ անհանգստացնում էին:

Ես մարգարեությունների հետևից չեմ վազում, ես հավատում եմ, որ մենք պետք է հարաբերություններ կառուցենք Սուրբ Հոգու հետ: Իսկ երբ Աստված ուզում է ինչ-որ բան ասել, ապա Խոսքն ինքը կգտնի քեզ: Ես այդ մարգարեին չէի փնտրել, ինքն էր ինձ գտել: «Աստվա՛ծ,- աղոթում էի ես,- Դու գիտես, որ ինձ հանձնել եմ քո առաջնորդությանը, հետևաբար, այն, ինչ ուզում ես, արա՛, ես իսկապես ուզում եմ կատարել Քո կամքը»:

Դևերը և Պաշտպանը

Երբ մենք ժամանեցինք Սանտա Կրուզ, արդեն բավականին ուշ էր: Բոլորն անմիջապես գնացին քնելու, բայց ես չէի կարողանում քնել: Հյուրասենյակում մենակ մնացի, բացեցի Աստվածաշունչը և ուղղակի կարդում էի: Ինչ-որ պահի զգացի, որ հոգևոր աշխարհում ինչ-որ բան է տեղի ունենում: Մի քանի ժամ անց որոշեցի գնալ քնելու: Հենց վեր կացա բազմոցից, զգացի որ մթնոլորտը թանձրանում է: Այդ զգացողություններն ինձ ծանոթ էին, նման բան ես արդեն զգացել էի այն ժամանակ, երբ առաջին անգամ հանդիպեցի Հիսուսին:

Իմ ամեն շնչի հետ ինձ շրջապատող օդը սեղմվում էր: Ես մտածեցի. *«Վե՛րջ, սկսվեց»:* Եվ որքան մոտենում էի ննջարանին, այնքան ուժեղ էի զգում մթնոլորտի թանձրությունը, որը ճնշում էր մարմինս: Ես սկսեցի աղոթել Սուրբ Հոգով, որպեսզի ամեն ինչում լինի Տիրոջ կամքը: Հենց պառկեցի, անմիջապես զգացի ուժեղ ճնշում մարմնիս վրա, ապա՝ հրում, և մի ակնթարթում վեր բարձրացա: Ես տեսնում էի քաղաքը վերևից, բայց հետո ամեն ինչ անհետացավ:

Հանկարծ տարածության մեջ կերպարներ հայտնվեցին, որոնք արագորեն մոտենում էին ինձ: Դրանք ոչ մեծ չափի ու տարբեր ձևի դևեր էին, գարշելի էին ու նրանցից անտանելի հոտ էր գալիս: Նրանց հայտնվելուն պես մթնոլորտն անմիջապես փոխվեց: Դևերը հայտնվում էին տարբեր տեղերից, դրանք ավելի ու ավելի էին շատանում: Նրանք սկսեցին հարձակվել ինձ վրա: Սակայն իմ հետևում զգացի, թե ինչպես *Ինչ-որ Մեկն ինձ պապեց Իրենով:* Ես չէի տեսնում, թե Ով էր: Բայց ամեն անգամ, երբ դևերը հարձակվում էին, նրանք չէին կարողանում նույնիսկ մոտենալ ու պարզապես հետ էին մղվում: Նա, Ով պատել էր ինձ Իրենով, պաշտպանում էր ու չէր թողնում, որ ինձ վնասեն: Դևերը շարունակում էին հարձակվել ու հետ մղվել, բայց ոչինչ չէին կարողանում անել:

Գիտակցելով իրենց անզորությունը՝ նրանք սկսեցին անբնական սուր ձայներ, տարօրինակ մեղեդիներ ու ֆշշոցներ արձակել… Ներկայում ես ծառայում եմ շատ երկրներում ու հիմա հասկանում եմ, թե ինչ մեղեդիներ էին դրանք: Մի անգամ, երբ մենք ծառայում էինք Աֆրիկայում, մի շաբաթ, ամեն երեկո մեր հյուրանոցի շուրջը կախարդներ էին շրջում ու գուշակություններ էին անում մեր դեմ: Ես այնտեղ լսում էի նույն մեղեդիները, արտահայտություններն ու ձայները, որոնք արձակում էին այդ դևերը: Նմանատիպ ձայներով դևերը կանչում էին ուրիշ ոգիների:

Նրանց գոռոցից հեռվում հայտնվեցին իսկական արարածներ՝ նախորդներից մի քանի անգամ մեծ: Նրանք հայտնվում էին մթնոլորտում և նպատակասլաց ընթանում էին դեպի ինձ, ամեն ինչ տեղի էր ունենում վայրկենական: Դրանց հայտնվելով՝ մթնոլորտը ավելի փոխվեց: Դևերը շատացան, դրանք շատ տգեղ էին, յուրաքանչյուրից գարշահոտ էր փչում, ու ամեն մեկն իր հետ վախ էր բերում:

Ես նկատեցի, որ այդ իսկայական դևերի ուսերին տարբեր աստիճանի ուսադիրներ կային, որը որոշում էր դրանց իշխանությունը հոգևոր աշխարհում: Նրանք կատաղությամբ հարձակվում էին ինձ վրա, բայց Նա, Ով ծածկում էր ինձ Իրենով, թույլ չէր տալիս նույնիսկ, որ մոտենան ինձ, այդ պատճառով դրանք հետ էին թռչում: Այդ պահին ես իսկապես վերապրեցի Սուրբ Գրքում գրվածը, որտեղ ասվում է, որ *Նա, Ով մեր մեջ է, ավելի զորավոր է նրանից, ով աշխարհի մեջ է* (տես Ա Հովh. 4.4)*:* Ու չնայած դևերը կատաղած էին, նրանք չէին կարողանում վնասել ինձ:

Անսպասելիորեն նրանց ձեռքում հայտնվեցին վառ ու փայլուն առարկաներ: Նրանք թափահարում էին դրանք անմիջապես իմ աչքերի առջև՝ փորձելով գրավել ուշադրությունս: Անտանելի դժվար էր հայացքը հեռացնել այդ վառ առարկաներից: Ես ավելի էի համակվում վախով և չէի կարողանում հասկանալ, թե ինչ է կատարվում, հետո ամուր փակեցի աչքերս:

Երբ նորից բացեցի աչքերս, կրկին հայտնվեցի սենյակում. սահմռկեցուցիչ մթնոլորտ էր: Ինձ խրախուսում էր Աստծո կողմից ասված խոսքը, որը մարգարեի միջոցով էր եկել, նախքան այս ամենը կկատարվեր: Այդ պատճառով ես հավատում էի, որ այդ ամենի հետևում Աստված էր կանգնած: Ես արթնացրի Նատաշային ու պատմեցի ամեն ինչ՝ անընդմեջ կրկնելով. «Ես չեմ ուզում այլևս տեսնել դրանց, դրանք սոսկալի են»: Կինս իմ շատ փորձառությունների վկան է եղել և նույնիսկ ընտելացել է դրանց, ընդ որում, Սանտա Կրուզ գնալու ճանապարհին նրան պատմել էի մարգարեության մասին: Ես վախենում էի, նաև տհաճ էր, և չէի կարողանում հասկանալ, թե ինչ ուղերձ էր թաքնված այս ամենի հետևում: Ես խնդրեցի Նատաշային, որ աղոթի ինձ հետ, որպեսզի Աստված բացատրություն ուղարկի ու պաշտպանի ամեն տեսակի չարից: Երբ սրտումս խաղաղություն եկավ, ես պառկեցի և հանկարծ կրկին անհետացա:

Հսկայական գործարանը

Այս անգամ հայտնվեցի հսկայական շինությունում, որն անվերջ էր թվում. ո՛չ առջևից, ո՛չ հետևից, ո՛չ կողքերից ես պատեր չէի տեսնում: Շինությունը հիշեցնում էր հսկայական գործարան: Ներսում տեղադրված էին տարատեսակ հաստոցներ, մեքենաներ, փոխակրիչներ, բոլորը միացված էին ու աշխատում էին: Բայց ահա, չգիտես ինչու, աշխատողները շատ քիչ էին, այնքան, որ հաստոցների մեծ մասի մոտ մարդ չկար, ու ոչ ոք նրանց վրա չէր աշխատում: Այն քիչ քանակի մարդիկ, ովքեր ներգրավված էին, փորձում էին աշխատանքը կատարել մյուսների փոխարեն ևս, բայց նրանք իսկապես չէին հասցնում: Ցավալի էր, բայց մարդիկ չէին բավականացնում: Իսկ աշխատանքի ծավալն այնքան իսկայական էր, որ այնտեղ իսկապես անհրաժեշտ էին ոչ թե հազարավոր, այլ միլիոնավոր աշխատողներ:

Ես կատարվող իրադարձություններին հետևում էի վերևից: Աշխատանքը եռում էր, այն բավականին շատ էր: Աշխատողները վազում էին մի հաստոցից՝ մյուսը, երրորդին, չորրորդին՝ օգտագործելով ամբողջ ներուժը: Նրանք օգնության էին կանչում, որպեսզի հնարավորինս շատ աշխատանք անեին: Ընդ որում, այդպիսի իրավիճակ էր դիտվում այդ շինության ամբողջ տարածքում: Եթե այնտեղ բավականաչափ աշխատակիցներ լինեին, ու ամեն դիրքում մարդ կանգնած լիներ, ապա կլիներ ներդաշնակություն, դադարներ չէին լինի, և աշխատանքը կկատարվեր ժամանակին, որակով և ինչպես հարկն էր:

Փոխակրիչներն աշխատում էին, հաստոցները միացված էին, դեռ անելու շատ աշխատանք կար, ու ամեն կողմից մարդկանց ձայներ էին լսվում. «Այստեղ այնքա՜ն աշխատանք կա, օգնե՛ք մեզ»: Որքան երկար էի նայում այս ամենին, այնքան շատ էի կարեկցում մարդկանց. *«Աստված, իսկ որտե՞ղ են մյուսները: Ինչո՞ւ են այստեղ այդքան քիչ մարդիկ: Ինչո՞ւ ոչ ոք նրանց օգնության չի հասնում»:* Որքան հեշտ կլիներ, եթե յուրաքանչյուրը կանգնած լիներ իր տեղում ու աներ իր բաժին աշխատանքը: Զարմանալի էր, բայց ես կարողանում էի շատ բարձր լսել իմ սեփական մտքերը: *«Աստվա՜ծ, իսկ ո՞ւմ են նրանք կանչում, ո՞ւմ են օգնության կանչում, ո՞ւմ»:* Եվ կարծես իմ հարցին ի պատասխան՝ շրջվեցի ու տեսա հսկայական միջանցք, որտեղ ետուառաջ էր անում անհավանական գեր մի մարդ: Նա պարզապես ահռելի չափերի էր, լսում էր օգնության կանչերը, բայց արհամարհում էր: Եվ ես մտածեցի. *«Ո՞վ է նա ընդհանրապես»:*

Այդ պահին Աստված խոսեց ինձ հետ ու բացատրեց: Վայրը, որ ես տեսնում էի, Նրա թագավորությունն է: Այնտեղ այնքան քիչ մարդիկ կան, ովքեր իսկապես աշխատում են Աստծո Արքայությունում: Ոչ բոլորն են հանձնում իրենց Սուրբ Հոգու առաջնորդությանը, որ կատարեն Աստծո սրտում եղածը: Ցավոք, շատ մարդիկ չեն փնտրում Աստծո կամքը, նրանք աղոթում են Աստծուն, որպեսզի Նա բարձրացնի իրենց ծառայությունը և պատասխանի իրենց սեփական ցանկություններին: Նրանք անուն են ստեղծում իրենց համար ու ստեղծում են իրենց սեփական արքայությունը՝ օգտագործելով Տիրոջը, Նրա պարգևներն ու օծությունը իրենց սեփական նպատակների համար:

Սատանայի մարտավարությունը նպատակից շեղելն է

Ճարպակալած ու գեր անձնավորությունը՝ ժողովուրդն է, ում անընդհատ քարոզվում է խոսքը, դա այն մարդկանց պատկերն է, ովքեր արդեն ճարպակալել են գիտելիքներից ու հոգևոր կերակուրից: Նրանք ամեն ծառայությանը լսում են կոչը, լսում են անապատում կանչողի ձայնը, որպեսզի պատրաստեն ուղին Հիսուս Քրիստոսի Երկրորդ գալուստի համար, բայց իրենց սրտերը չեն դարձնում Աստծո արքայության մեջ Նրա կամքի կատարմանն ու աշխատանքին: Նրանք անտեսում են աշխատանքի գնալու և Աստծուն ծառայելու կոչը, ուստի մյուս աշխատողները տուժում են նրանց պատճառով: Իսկ հովիվներն ու ծառայողները շարունակում են սնել մարդկանց նոր հայտնություններով:

Աստված շարունակեց. «Ես նաև ցույց տվեցի քեզ հոգևոր աշխարհն ու այն մարտավարությունը, որը սատանան օգտագործում է իմ ժողովրդի դեմ վերջին ժամանակներում»: Աստված ասաց, որ շատ անմաքուր հոգիներ են ազատ արձակվել հենց նրա համար, որ շեղեն Աստծո ժողովրդին: Դևերը չեն կարողանում շատ հավատացյալների մոտենալ ու վնաս հասցնել, այդ պատճառով օգտագործում են շեղող մանրներ, որպեսզի գրավեն քրիստոնյաների ուշադրությունն ու շեղեն Աստծուց: Սատանան գողանում է ժամանակը՝ հմտորեն ներգրավելով մարդուն եռուզեռի ու նրանց հետաքրքրող զանազան բաների մեջ: Նա տեսանելի աշխարհով այնքան է գերում մտածելակերպը, որ մարդուն չի մնում ո՛չ ժամանակ, ո՛չ ուժ, ո՛չ ցանկություն Աստծուն կանչելու ու Նրա հետ ժամանակ անցկացնելու համար: Սատանայի ռազմավարությունն է՝ շեղել մարդու ուշադրությունը Աստծուն ու Նրա կամքը ճանաչելուց, որպեսզի մարդու կյանքը անցնի նշանակետից դուրս:

… Ես բացեցի աչքերս ու կրկին հայտնվեցի իմ սենյակում: Արդեն լուսանում էր: Մարմինս սաստիկ ցավում էր: Մի քանի օրվա ընթացքում ես դեռ չէի կարողանում սթափվել տեսածիցս: Այդ գիշերվանից հետո Տերն ավելի ու ավելի լուսավորեց ինձ ու բացահայտեց Իր Արքայության գաղտնիքները: Ես սկսեցի ավելի շատ ժամանակ անցկացնել Աստծո հետ, և Սուրբ Հոգին հորդորում էր ինձ չլռել, այլ ամենուր խոսել այդ մասին:

Ցավոք, սատանային հաջողվել է շեղել շատ հավատացյալների ու ինչ-որ պահի խլել նրանց ուշադրությունը Աստծուց. ինչ-որ տեղ թուլացել են, ինչ-որ տեղ հոգնել են, ինչ-որ տեղ շեղվել են, բաց են թողել, սառել են, հայտնվել են այլ մտահոգություններ ու առաջնահերթություններ: Հասկացե՛ք, որ այս ամենի հետևում կանգնած են դևերն ու պիղծ ոգիները, որոնք ազատ են արձակվել հենց նրա համար, որ Աստծուց շեղեն մեր ուշադրությունը: Այսօր շատ քրիստոնյաներ իրենք էլ չեն նկատում, թե ինչպես են օտարացել Աստծուց, նրանք տեսնում են միայն հարաճող խավարը ու այն, թե ինչ է անում սատանան, հետևաբար նրանք զգում են վախ, կասկած, թուլություն ու հոգևոր հոգնածություն:

Միևնույն ժամանակ այս աշխարհում գոյություն ունի Աստծո մի ամբողջական շարժում, կան շատ մարդիկ, ովքեր կատարում են Աստծո կամքը՝ տեսնելով նրա փառքը, հրաշքները, Սուրբ Հոգու շարժը, լսում են Աստծո ձայնը և շարժվում են Նրա զորությամբ: *Գիտե՞ք, թե ինչու է տարբերությունն այդքան մեծ.* նրանց ուշադրությունը կենտրոնացած է Աստծո ու Նրա Արքայությունում գործելու վրա: Նրանք իրենց նվիրում են Աստծուն և ունակ են տեսնելու այն, ինչը, ցավոք, ուրիշները դադարել են տեսնելուց:

Յուրաքանչյուր ոք կանչված է Աստծուց Նրա Արքայությունում աշխատելու համար, և յուրաքանչյուրին շնորհք է տրված Քրիստոսից ստացած պարգևի չափով՝ եկեղեցու մարմինը կառուցելու համար, որ ամեն մեկը կարողանա իրականացնել իր դերն ու գործը այս երկրի վրա: Պողոս առաքյալը Եփեսացիներին ուղղված թղթում գրում է.

> «Որից ամբողջ մարմինը միասին կազմվելով և միասին հարմարվելով՝ բոլոր հոդերի օգնությամբ, յուրաքանչյուր անդամի ներգործության չափով, աճում է՝ իր անձը սիրո մեջ հաստատելու համար» (Եփեսացիների 4.16):

Ես չեմ ուզում, որ դուք Աստծո կյանքից օտարված լինեք: Ուստի, ապրենք այնպես, որ սատանան ոչ մի վնաս չհասցնի, քանի որ մեզ անհայտ չեն նրա մտադրությունները:

ԳԼՈՒԽ 7

ՍՈՎՈՐԻ՛Ր ԿԱՆԳ ԱՌՆԵԼ

Ավելի քան վեց հազար տարի է՝ սատանան ուսումնասիրում է մարդուն: Նա հետազոտում է, թե ինչպես կարող է շեղել նրան Աստծո ծրագրից: Հաճախ թվում է, թե սատանան փորձում է մեզ միայն վատ բաներով... Ո՛չ, նա այնքա՜ն խորամանկ է, որ օգտագործում է ցանկացած միջոց: Հաճախ լավ բաներն են, որ շեղում են մեր ուշադրությունը հիմնական նպատակից ու այն ամենից, ինչի համար նախասահմանված ենք: Սատանան տքնաջան աշխատում է, որ գողանա քո ժամանակը, որ վատնես այն ամեն բանի վրա, միայն թե շեղվես ամենակարևորից, ինչի համար տրված է քեզ այս ժամանակահատվածը:

Ամենակարևոր ռեսուրսը

Ժամանակը շատ կարևոր ռեսուրս է ու ամենամեծ արժեքն այս երկրի վրա, որովհետև ժամանակը գոյություն ունի միայն երկրի վրա: Միայն ֆիզիկական աշխարհն ունի ժամանակահատված: Նկատի ունեցե՛ք, որ մենք չենք վերահսկում ժամանակը, այլ միայն կառավարում ենք այն:

Ինչի՞ համար է մարդը զղջում կյանքի վերջին րոպեներին: Ինչ է նա խնդրում՝ Ասփվա՛ծ, ես ապրել եմ ուզում, երանի՜ մի քիչ էլ ժամանակ ունենայի, ես կկարողանայի շատ բան փոխել: Երբ մարդը տեղափոխվում է հավիտենություն, նրան չեն անհանգստացնում իրերը, թանկարժեք տները, թանկ ավտոմեքենաները, նրան չեն հետաքրքրում այս աշխարհի նորությունները, հավանումները սոցցանցերում և այլ ունայնություններ. նա այլ բան է մտածում. ժամանակի մասին, որը երբեք ետ չես բերի, Աստծո և մարդկանց հետ հարաբերությունների մասին:

Ամեն ինչ երկրի վրա կապված է *ժամանակի ու փոխհարաբերությունների հետ:* Մի անգամ Սուրբ Հոգին ասաց. *«Վերցրո՛ւ այդ արժեքները ու պահի՛ր քո առջևում ամբողջ կանքիդ ընթացքում»:* Քանի որ կյանքում միայն մեկ բան կա, որը կանգ չի առնում՝ ժամանակը, այն անցնում է: Ես համոզված եմ, որ ժամանակի արժեքը մենք լիովին կհասկանանք միայն հավիտենության մեջ:

Ճիշտ կառավարում

Այսպիսով, մարդը լույս աշխարհ է գալիս, որտեղ ոչինչ չի կարող բերել ու որտեղից ոչինչ չի կարող տանել: Աստված նախասահմանել է մեր սկիզբը, վերջը ու բնակության սահմանները՝ իրավունք տալով կառավարել և տնօրինել ժամանակը կյանքի ընթացքում: Գործք առաքելոցում գրված է.

> «Նա մեկ մարդուց ստեղծեց բոլոր ազգերին, որպեսզի բնակվեն ամբողջ երկրի երեսին, սահմանեց նախակարգյալ ժամանակները և նրանց բնակության սահմանները, որպեսզի Աստծուն փնտրեն ու թերևս խարխափելով Նրան գտնեն, թեև Ինքը մեզնից յուրաքանչյուրից հեռու չէ: Որովհետև մենք Նրանով ենք ապրում, շարժվում ու կանք...» (Գործք 17.26-28):

Պատկերացրեք, Աստված մեզնից յուրաքանչյուրից հեռու չէ, և Նա ուզում է, որ մենք փնտրենք Իրեն, զգանք Իրեն, սա Աստծո հետ մտերիմ հարաբերության մասին է: Նա ուզում է քաշել մեզ Իր մոտ, քանի որ միայն Նրա ներկայության մեջ մենք կկարողանանք հեռուն տեսնել ու հասկանալ ժամանակի արժեքը երկրի վրա, որպեսզի ժամանակին պտուղ բերենք: Ցավոք, շատ քրիստոնյաներ չեն գիտակցում՝ *ով են իրենք* ու *ինչ* պիտի անեն: Նրանք վատնում են իրենց կյանքը ամեն ինչի վրա, ընդ որում, չունեն ո՛չ արդյունք, ո՛չ արդյունավետություն:

Սաղմոսներում Դավիթը գրում է ժամանակին պտուղ բերելու կարևորության մասին (տե՛ս Սաղմ. 1.2,3): Մարդը, ով պտուղ է բերում ժամանակին ու առաջադիմում է ամեն ինչում, ոչ թե շատ ժամանակ ունի, այլ անում է այն, ինչ պետք է անի: Ահա՛ քրիստոնեական կյանքը. դու ճանաչում ես Աստծո ձայնը, դու գալիս ես Նրա մոտ, Նա ասում է քեզ, իսկ դու անում ես այն, ինչ ասել է քեզ: Եվ երբ ենթարկվում ես Նրա ձայնին, հաջողությունը գալիս է, դու տեսնում ես բաց երկինքը ու վերապրում ես Նրա զորության հորդումը: Ես տեսա, որ հաջողությունը գալիս է այն ժամանակ, երբ գիտես Նրա կամքը և կատարում ես: Եթե գիտակցենք, թե որքան թանկարժեք է ժամանակը, որ Աստված տվել է մարդուն կառավարելու համար, մենք ոչինչ չենք վատնի մանրուքների վրա, քանի որ այդ ռեսուրսը սահմանափակ է. ա՜խ, որքան կարևոր է պտուղ բերել ժամանակին:

Որքան քիչ գիտես, թե ինչի համար ես նախասահմանված, այնքան շատ է հնարավորությունը քեզ շեղելու: Այն, ինչ ասելու եմ, շատ կարևոր է. մարդը կարող է ապրել ուրիշի կյանքով իր ժամանակահատվածում, իսկ իր կյանքն ու այն, ինչի համար նախասահմանված է՝ բաց թողնել: Այլ խոսքով, հնարավոր է քո ժամանակահատվածում կախված լինես մարդկանց կարծիքներից՝ ապրելով ուրիշի կյանքը, բայց դու այլ հնարավորություն չես ունենա քո կյանքը ապրելու համար: Սատանային հաջողվել է այնքան շեղել մարդկանց ուշադրությունը, որ նրանք մշտապես կախված լինեն շրջապատի կարծիքից ու անդադար նայեն ուրիշի կյանքին՝ բաց թողնելով իրենց սեփականը: Սարսափելի է կյանքն ապրել նպատակից շեղված:

Ինչքան հստակ ես հասկանում այն, ինչի համար նախասահմանված ես, այնքան շատ ես սկսում գնահատել ժամանակը ու ազատվել ավելորդություններից, այն ամենից, ինչը շեղում է քեզ գլխավոր նպատակից, ներառյալ՝ շատ զբաղմունքներ, իրեր, նույնիսկ՝ մարդիկ: Դու կհասկանաս, որ սատանան կարող է օգտագործել նույնիսկ քո շրջապատի որոշ մարդկանց, որ շեղի քեզ նրանից, ինչի համար նախասահմանված ես, նույնիսկ շեղի լավ բաներով:

Աստվածահաճո զոհ

Պողոս առաքյալը Հռոմեացիներին ուղղված թղթում գրում է.

> «Արդ, Աստծո ողորմածությամբ աղաչո՜ւմ եմ ձեզ, եղբայրնե՛ր, որ ձեր մարմինները մատուցեք կենդանի զոհ՝ սուրբ և աստվածահաճո, դա է ձեր հոգևոր պաշտամունքը: Եվ մի՛ կերպարանվեք այս աշխար-

> իի կերպարանքով, այլ նորոգվե՛ք ձեր մտքի նորոգությամբ, որ քննեք, թե որն է Աստծո կամքը՝ բարին, հաճելին ու կատարյալը» (Հռոմ. 12.1,2):

Աստծո կամքը ճանաչելու համար չպետք է կերպարանակից լինել այս աշխարհի կերպարանքին և սեփական մարմինը տրամադրել որպես կենդանի զոհ: *Իսկ ո՞րն է համարվում զոհ:*

Զոհը զոհ չի համարվում, եթե այն քեզ համար ոչինչ չի արժենում: Ամեն անգամ, երբ խոսքը զոհի մասին է, ենթադրվում է, որ պետք է տալ ինչ-որ արժեքավոր բան, ինչն իսկապես թանկ է ձեզ համար: Նայեք Հիսուս Քրիստոսի զոհին. Հայրը մեր փոխարեն տվել է Իր Որդուն՝ ամենաթանկը՝ ինչ ուներ: Եթե Նա կարողանար տալ բոլոր մոլորակները, աստղերը ու Իր ամբողջ արարչագործությունը՝ մարդուն փրկագնելու համար, ապա Նա կաներ դա: Բայց խավարի իշխանությունից փրկագնման գինը պետք է լիներ հավասարաչափ: Հենց սկզբից մարդը Աստծո որդի է՝ ստեղծված Իր պատկերով ու նմանությամբ: Ուստի, Աստծուն պետք էր վճարել համարժեք գին ու տալ Որդուն, որպեսզի փրկագնի Իր որդիներին ու դուստրերին: Նա դա արեց ու վերադարձրեց մեզ որդիների դիրքին: Այդ զոհը Աստծո համար արժեցավ ամեն ինչ, արժեցավ Ինքն Իրեն:

Իր առջև նպատակ դրած մարդը կարգապահության կառաջնորդի ինքն իրեն ու կներդնի իր ժամանակը, որպեսզի հասնի նպատակին: Շատ կարևոր է այն, թե որտեղ ես ներդնում ժամանակդ, քանի որ հենց այդ բնագավառում էլ կլինի քո ճանաչողությունը: Սաղմոսների գրքում գրված է. «Հանդարտվե՛ք ու ճանաչե՛ք...» (Սաղմոս 46.10): Եթե քո նպատակն է ճանաչել Աստծուն ու Նրա նպատակը, ապա անհրաժեշտ է սովորել հանդարտվել, դադարեցնել զբաղվածությունն ու եռուզեռը, ուղղորդվել դեպի աստվածաճանաչողությունը և հավերժական արժեքները: Այդ ամենը մշտապես երկու աշխարհների պայքար է, և ով ում պարտվեց, նա էլ նրա ստրուկն է:

Հիսուսն Իր մարմինը տրամադրեց որպես կենդանի զոհ երկրի վրա ունեցած ամբողջ ժամանակահատվածում՝ լիովին նվիրվելով Աստծուն: *Ինչպե՞ս մենք կարող ենք հետևել Նրա օրինակին:* Տրամադրեք ձեր մարմինը երկրի վրա ունեցած ամբողջ ժամանակահատվածում, որպեսզի կատարեք ոչ թե ձեր ցանկություններն ու մտադրությունները, այլ ճանաչեք Աստծո կամքը՝ կերպարանակից չլինելով այս աշխարհին: Այս աշխարհը կամ սերունդը, որտեղ ապրում ենք, ունի իր որոշակի մշակույթը, արժեքները, ապրելակերպը ևն: Այո՛, այս աշխարհում ամեն տեսանելի բան իրական է, բայց՝ ժամանակավոր, մենք չպետք է կերպարանակից լինենք դրան: Իսկ ահա անտեսանելին հավերժ է:

Պողոս առաքյալը գրում է.

> «Կամ չգիտեք, որ ձեր մարմինները տաճար են Սուրբ Հոգու, որ ձեր մեջ է, և որն Աստծուց ունեք, և դուք ձերը չեք: Քանի որ մեծ գնով եք գնվել, ուստի, փառավորեք Աստծուն ձեր մարմնում և ձեր հոգում, որ Աստծունն են» (Ա Կորնթ. 6.19,20):

Մենք պետք է փնտրենք Աստծուն ու միանանք Սուրբ Հոգուն, այդժամ կարող ենք տեսնել Նրա աչքերով ու մեր կյանքը ուղղորդել դեպի հավերժական արժեքները, որովհետև միայն Նա գիտի մտադրությունները, որ ունի մեզ համար, որպեսզի տա մեզ ապագա և հույս: Միայն Նա կարող է ուղղորդել մեր կյանքը ճշմարտության շավիղներով՝ հանուն Իր անվան (տես Սաղմ. 23.3):

Իսկական զոհ

Իմ կյանքում սկսեցի ձեռնարկել հիմնավոր քայլեր, որպեսզի հասնեմ Աստծուն ճանաչելու իմ նպատակին: Ես մշտապես ցանկանում էի ավելին: Ուստի, Աստծո հետ ամենօրյա փոխհարաբերությունից բացի, սկսեցի ամեն ամիս մի քանի օրով մեկնել լեռներ, որպեսզի ժամանակ անցկացնեմ Նրա հետ մեկուսի: Ես պարզապես փակվում էի հյուրանոցային համարում ու հարատևում էի Խոսքի ու երկրպագության մեջ: Սկզբում ակնառու տարբերություն չէի նկատում, սակայն շարունակում էի ներդնել ինձ Աստծո հետ փոխհարաբերության մեջ: Ես սովորում էի առանձնացնել ինձ տեսանելի աշխարհից, դադարեցնել եռուզեռը և պարզապես լինել Նրա ներկայության մեջ, որպեսզի ճանաչեմ Աստծուն ու Նրա կամքը: Այդպես էի վարվում տարիներ շարունակ և շարունակում եմ անել նաև այսօր. դա զարմանալի ժամանակ է Աստծո հետ:

Հիշում եմ, թե որքան ժամանակ ես ու կինս ֆինանսական դժվար իրավիճակում էինք: Այնպիսի պահեր էին լինում, որ մենք ընդհանրապես գումար չէինք ունենում: Մարդկային տեսանկյունից անմտություն էր թվում անել այն, ինչ ես էի անում. ամեն ամիս գումար ծախսել հյուրանոցի համար, որպեսզի Աստծո հետ առանձնանամ, այն ժամանակ երբ ընտանիքս ֆինանսի կարիք ուներ: Մինչև այդ մենք արդեն մի երեխա ունեինք, ու ինձ ասում էին, որ ավելի լավ կլիներ այդ գումարը ծախսեի երեխայի համար: Այո՛, իմ գործողություններն անտրամաբանական էին թվում ու հակասում էին այս աշխարհի համակարգի, ինչպես նաև իմ սերնդի առաջնահերթություններին ու արժեքներին: Մարդկանց աչքերում դա անարդար վարմունք էր ընտանիքիս հանդեպ, սակայն ես զգում էի Սուրբ Հոգու և Նրա Խոսքի հետ մենակ մնալու խոր անհրաժեշտություն, որովհետև դրանից էր կախված իմ ու ընտանիքիս ապագան:

Ես իսկապես հասկանում էի, որ ներդրում եմ անում իմ կոչման մեջ: Դեպքեր էին լինում, երբ պարտք էի վերցնում ընկերներից, որ սենյակ վարձեմ ու մի քանի օրով մեկնեմ՝ Աստծո հետ առանձնանալու համար: Ես չէի կարողանում բացատրել այն, ինչ խորապես գիտեի իմ ներսում՝ դա պարզապես գումարի վատնում չէր... Ես ասում էի. *«Ասփվա՛ծ, ես այնքա՛ն եմ Քեզ սիրում, որ պատրաստ եմ վճարել ցանկացած գին: Իմ բոլոր գլխավոր արժեքները դրել եմ Քո մեջ, ես պատրաստ եմ փոխվել ու ծառայել ամեն ինչով»:* Եթե քո սերը մարդկանց հանդեպ, թեկուզ ամենաթանկ, գերազանցում է Աստծո հանդեպ քո սիրուն, դու սկսում ես ծառայել երկու տերերի, իսկ դա անհնար է... Բայց երբ իսկապես սիրում ես Աստծուն բոլորից ու ամեն ինչից առավել, ապա դու կկարողանաս սիրել և՛ կնոջդ, և՛ երեխաներիդ, և՛ մարդկանց:

Աստծո հետ առանձնացած ժամանակներից մեկում ես Տիրոջ ներկայության մեջ էի ու կարդում էի Նրա Խոսքը: Հենց որ հասա Հովհաննեսի Ավետարանի այն հատվածին, որտեղ գրված է ցորենի հատի մասին, որը եթե ընկնի հոդի մեջ ու չմեռնի, մենակ կմնա, բայց եթե մեռնի շատ պտուղ կբերի (տես Հովհ. 12.24), Սուրբ Հոգին ինձ կանգնեցրեց: Ես զգացի, թե ինչպես սենյակի մթնոլորտը փոխվեց, ու վայրը լցվեց Աստծո հզոր ներկայությամբ: Հանկարծ Սուրբ Հոգին ասաց. *«Հիշի՛ր քո հորը»:* Հայրս վթարի էր ենթարկվել մոտոցիկլետով 35 տարեկան հասակում: Ովքեր գիտեին հորս, նրա մասին ասում էին, որ նա զարմանալի մարդ էր, ով մտերիմ փոխհարաբերություն ուներ Աստծո հետ: Ինձ պատմում էին, որ հայրս միշտ ասում էր. «Իմ ծառայությունը՝ իմ ընտանիքն է»: Նա շատ էր աղոթում մեզ համար, զոհաբերում էր ու ծառայում մարդկանց: Սուրբ Հոգին ասաց. *«Դու մուտք ես գործել մի գործի մեջ, որի վրա չես աշխատել, քո հայրն էր այդ ցանված սերմը, որ քո մեջ կյանք լինի: Նա դարձավ ցորենի հատիկ, որպեսզի դու ունենաս այն, ինչ ունես»:*

Ես ցնցված էի. ինձ համար շատ կարևոր էր դա լսել: Ամբողջ մարմինս դողում էր Աստծո հզոր ներկայությունից, և ես ասացի Նրան. «Աստված, ես լիովին հանձնվում եմ Քեզ, ես խոստանում եմ, որ կլինեմ Քո ձայնը մինչև վերջին շունչս: Ես կհարատևեմ Քո Խոսքի մեջ, ես ուզում եմ, որ Քո Խոսքը մարմին դառնա իմ մեջ: Ես չեմ ուզում քարոզել իմ մտքերն ու կարծիքը կամ տպավորություն թողնել որևէ մեկի վրա: Ես խոստանում եմ լինել Քո ձայնը մինչև վերջին շունչս և ամբողջ կյանքս ապրել հանուն մյուս սերնդի, որպեսզի Քո կամքը լինի այստեղ՝ Երկրի վրա այնպես, ինչպես երկնքում է»: Ես իմ կյանքը նվիրեցի Նրան, որպեսզի լինեմ Աստծո ծառան:

Եվ այսօր, չնայած իմ ճանապարհորդությունների ընդարձակ ժամանակացույցին, ես շարունակում եմ անընդհատ մեկուսանալ Աստծո հետ ու նվիրել ինձ Աստծուն: Տարիների ընթացքում ես սովորեցրել եմ առանձնացնել ինձ տեսանելիից, որպեսզի կենտրոնացնեմ ուշադրությունս անտեսանելիի, հոգու աշխարհի վրա ու չպարտվել այս աշխարհի համակարգին: Ես կառուցել եմ այս հիմքը ավելի քան յոթ տարի, դեռ ճանապարհորդություններիցս առաջ: Այսօր ճանապարհորդությունների ժամանակ ես օգտագործում եմ միևնույն մեթոդն ու սկզբունքները. ես նույնկերպ եմ փնտրում Աստծուն իմ հյուրանոցային համարում: Երբեմն ճանապարհորդությունների ընթացքում է ինձ հաջողվում ավելի շատ ժամանակ անցկացնել Աստծո հետ: Ինձ համար աղոթքն այնքան բառերը չեն, որքան վիճակ ու Աստծո հետ առանձնացված ժամանակ:

Աստծո հետ անցկացրած ժամանակը քո սիրո ցուցանիշն է

Ժամանակը հանդիսանում է միակ չափանիշը այն բանի, որ Աստված քո կյանքում ամենաարժեքավորն է: Եթե քեզ համար կարևոր է կարիերան, դու այնտեղ ես ներդնում քո ժամանակը: Եթե դու սիրում ես քո կնոջը, դու միայն ծաղիկներ ու նվերներ չես նվիրում, այլ նաև նրա հետ ժամանակդ ես անցկացնում: Դու ներդնում ես քեզ քո սիրած ու քեզ համար կարևոր մարդու հետ փոխհարաբերությունների մեջ: Միևնույն սկզբունքը կիրառելի է Աստծո հետ փոխհարաբերությունների դեպքում: Ժամանակը, որը առանձնացնում ես Նրա հետ անցկացնելու համար, վկայում է Նրան նվիրվելու մասին: Ժամանակը քո սիրո ցուցանիշն է: Եթե դու ասում ես, որ սիրում ես Աստծուն, բայց ժամանակ չես ներդնում այդ հարաբերությունների մեջ, ապա կարող եմ ասել, որ դու Աստծո հանդեպ սեր չունես:

Ցավոք, շատերը հասել են Աստծո մեջ որոշակի փորձառության ու կանգ են առել... Ընկերնե՛ր, մեզ չի կարելի կանգ առնել զգացողությունների ոլորտում, մենք պետք է առաջ ընթանանք Աստծո մեջ, մինչև գտնենք հենց Իրեն: Քննի՛ր քո սիրտը, չէ՞ որ հնարավոր է՝ այն, ինչ *Աստծունն է,* սիրել ավելի, քան՝ *հենց Աստծուն:* Մենք պետք է փնտրենք ոչ թե բժշկություն ու հրաշքներ, այլ Նրան, Ով բժշկում է ու անում բոլոր հրաշքները: Ուստի, եթե դու սիրում ես Աստծուն, ապա կներդնես քո ժամանակը Նրա հետ փոխհարաբերությունների մեջ:

Նա ապացուցել է Իր սերը մեր նկատմամբ՝ գին վճարելով ու զոհելով Իրեն: Եվ որքան շատ կճանաչենք Աստծուն և Նրա ցանկությունները, այնքան ուժեղ մեր մեջ կդրսևորվեն աստվածային պատկերները: Իրեն սիրողներին Նա տալիս է իմացություն: Բոլոր իրավիճակներում դու կարող ես վստահել Աստծուն այնքանով, որքանով անձամբ ճանաչում ես Նրան՝ ո՛չ ավելի, ո՛չ պակաս: Այդ պատճառով ես հաճախ առանձնանում եմ ու ներդնում իմ ժամանակը, որպեսզի ճանաչեմ Աստծո կամքը, որը բարի է, հաճելի ու կատարյալ:

Ընկերնե՛ր, ես համոզվեցի, որ Աստված կարող է ընտրել հասարակ մարդու՝ ինչ-որ գյուղից, որը չունի կապեր և աջակցություն, և հայտնվել նրան ու գործածել Իր նպատակների համար: Եթե լրջորեն նվիրում ես քեզ Աստծուն, ապա կգտնես Նրան: Նա ոչ ոքից հեռու չէ, բայց յուրաքանչյու՛րը պետք է փնտրի Աստծուն՝ առանց կերպարանվելու այս աշխարհին, բայց տրամադրելով ինքն իրեն որպես կենդանի զոհ: Ամեն օր մենք պետք է ավելի ընկղմվենք Աստծո մեջ: Ես տալիս եմ իմ կյանքը, որպեսզի ձեռք բերեմ այն Նրա, Նրա արժեքների ու Նրա լիության մեջ. *Աստված, Դու իմ հիմքն ես, Դու իմ հաղթանակն ես, Դու ճշմարտապես Աստծո Որդին ես, Դու ամենամեծ արժեքն ես իմ կյանքում:*

ԳԼՈՒԽ 8

ՃԱԿԱՏԱՄԱՐՏ

Երբ Սանտա Կրուզում էի, Աստված բարձրացրեց ինձ հոգու մեջ, ու ես տեսա սատանայի մարտավարությունը, և թե ինչպես է գործում հոգևոր աշխարհը: Շատ դևեր ուղարկված են, որպեսզի շեղեն ձեր ուշադրությունը Աստծուց, գայթակղեն այս աշխարհի արժեքներով, մտածողության մեջ ունայնություն ստեղծեն ու հետ պահեն Աստծո կամքը ճանաչելուց: Մարդիկ այն աստիճանի են շեղվում, որ չեն ունենում ո՛չ ժամանակ, ո՛չ ուժ, ո՛չ ցանկություն լինելու Աստծո հետ, ուստի շատ քրիստոնյաներ այդպես էլ չեն իմանում Աստծո կամքը իրենց համար:

Պատերազմ քո կոչման համար

Սատանան որսում է մարդու կամքը, նա օգտագործում է տեսանելի ամեն բան, ցանկացած մեթոդներ ու ձևեր, որպեսզի գողանա ժամանակը ու շեղի ճշմարտությունը ճանաչելուց: Քանի որ ճշմարտությունն ազատում ու լուսավորում է յուրաքանչյուր մարդու այնպես, որ նա սկսում է տեսնել իր կյանքն իմաստավորված այս երկրի վրա, նաև այն, ինչի համար նախասահմանված է: Եթե մարդը տեսնում է ճշմարտությունը և վերադառնում է Աստծո մտադրությանը, նա սկսում է ծառայել Աստծո նպատակներին: Այդ պատճառով, սատանայի նպատակը մարդուն ճշմարտությունից շեղելն ու հետ պահելն է: Ավետարանում Հիսուսը նախազգուշացնում է, որ վերջին ժամանակներում մարդկանց սրտերը տրված կլինեն հարբեցողությանը, որկրամոլությանը և կենցաղային հոգսերին (տես Ղուկ. 21.34): Չափից ավելի կենցաղային խնդիրներն ու եռուզեռը մեր կոչման թշնամիներն են: Այդ ամենը կանգնած է Աստծուն ճանաչելու ճանապարհին:

Հենց այդ պատճառով ես սկսեցի ամեն ամիս մեկնել քաղաքից: Ես ուզում էի Աստծո հետ առանձնանալ ու ամբողջ իմ ուշադրությունը նրան հառել, որպեսզի լցվեմ Նրա կամքի ճանաչողությամբ: Ես առանձնացնում էի ինձ այն ամենից, ինչը կարող էր թեկուզ ինչ-որ մանրուքով շեղել ուշադրությունս Տիրոջից, ու պարզապես ժամանակ էի անցկացնում Սուրբ Հոգու հետ: Այդժամ Աստված սկսեց ավելի շատ լուսավորել իմ մտածելակերպն ու բացել Իր Արքայության գաղտնիքները:

Իմ ու քո նախասահմանության համար ահռելի ճակատամարտ է ընթանում: Մարդը, նախևառաջ, *հոգևոր* անձ է, այդ պատճառով դու միշտ *հոգևոր* աշխարհի ազդեցության տակ ես. հասկանում ես, թե՝ ոչ, բայց հոգևոր աշխարհին ազդում է ներաշխարհիդ վրա: Աստված Իր նպատակներն ունի քեզ համար, բայց սատանան նույնպես ունի իր նպատակները, այդ պատճառով տեղի է ունենում երկու տերերի բախում՝ Լույսի Արքայության ու խավարի իշխանության, և ճակատամարտ՝ քո կոչման համար:

Աստծո մտադրությունները քո կյանքի համար ի շահ քեզ են, դրանք ճշմարիտ են ու հավերժ, որպեսզի տան քեզ ապագա և հույս: Դու ստեղծված ես Աստծո պատկերով և նմանությամբ, իսկ *պատկերն* ու *նմանությունը,* Ինքնին Աստծո բնության ու էության արտացոլումն է: Եվ Աստված ուզում է բացվել քո մեջ ու քո միջոցով: Դեռ աշխարհի ստեղծումից ի վեր դու Աստծո մտադրության մեջ էիր ու Նրա ծրագրի մի մասը: Երեմիայի գրքում գրված է.

> «Որովհետև Ես գիտեմ այն խորհուրդները, որ խորհում եմ ձեր մասին,- ասում է Տերը,- բարօրության խորհուրդներ, և ոչ թե չարիքի, որպեսզի ձեզ տամ ապագան և հույսը» (Երեմիա 29.11):

Աստված հավիտենությունից հռչակել է Իր նպատակը քո կյանքի համար, ահա քո լույս աշխարհ գալու պատճառը:

Սակայն սատանան էլ իր նպատակներն ունի քո կյանքի վերաբերյալ: Բայց նա մարդկային հոգիների թշնամին է, նրա մտադրությունները քո դեմ են, որպեսզի թալանի ու կործանի: Հովհաննեսի Ավետարանում գրված է. «Գողը գալիս է միայն նրա համար, որպեսզի գողանա, սպանի ու կործանի» (Հովհաննես 10.10): Սատանան պայքարում է, որպեսզի ոչնչացնի քո նախասահմանված լինելը, ապա՝ քո կյանքը: Նա ոչ մի նոր բան չի հորինել, նրա զենքերն առաջվա պես հանդիսանում են սուտը, խաբեությունն ու զրպարտությունը, նրա մտադրություններն էլ նույնն են՝ գողանալ, սպանել ու կործանել: Սատանան օգտագործում է այս աշխարհի պատկերն ու ոգին, որպեսզի ազդեցություն ունենա քո մտածելակերպի վրա ու պարտադրի կեղծ արժեքներ: Այդկերպ նա շատ քրիստոնյաների պահում է ճշմարտությունից և խանգարում է, որ Աստծո ծրագրերն իրականանան նրանց կյանքերում:

Ընտրությունը հզոր զենք է քո ձեռքում

Մարդն ունի ազատ կամք: Զարմանալի է, որ Աստված ընտրության իրավունքը վստահել է մարդուն. ընտրել Իր կամքը կամ մնալ այս աշխարհի նյութական սկզբունքի ներքո: Որքան շատ եք սկսում ճանաչել Աստծուն, այնքան շատ եք հասկանում Աստծո մտադրությունները ձեր մասին: Եթե ժամանակը ամենաարժեքավոր բանն է, ապա ազատ կամքը ամենահզոր զենքն է, որ վստահված է մարդուն:

Մարդկանց կողմից ստեղծված ցանկացած զենք ունի տարբեր հզորություն և ուժ, այնպես էլ մարդու ընտրությունն է: Սակայն ամենահզոր զենքը, ինչպիսին ատոմային զենքն է, չի գործի, եթե չսեղմենք գործարկման կոճակը: Այդ պատճառով, զենքի օգտագործումը կապված է մարդու ընտրության հետ: Հենց ընտրությունն է որոշում, թե ինչ տեղի կունենա հետագայում, այդ պատճառով ընտրությունը մեծ ուժ ունի: Այդպես էլ կյանքում է. ձեր ցանկացած որոշումն ու ընտրությունը՝ հզոր զենք է ձեր ձեռքում:

Ընտրությունն ուղղակիորեն կապված է արժեքների ու մտածելակերպի հետ: Դա շատ կարևոր է, քանի որ այն, ինչը մեծ արժեք ունի, դա էլ մարդն ընտրում է: Սատանայի մարտավարությունն այն է, որ մարդու սիրտն ընկղմվի ժամանակավոր արժեքների մեջ և այդպիսով ազդի նրա ընտրության ու որոշման վրա: Այս աշխարհի հոգին մոբիլիզացնում է բոլոր տեսանելի պատկերներն ու այս աշխարհի համակարգը, որպեսզի շփոթության մեջ գցի ու գրավի մարդու ուշադրությունը: Ցավոք, շատ քրիստոնյաներ այնքան խճճված են իրենց մտքերում, որ ժամանակավոր արժեքները կյանքում դարձել են գլխավոր առաջնահերթություն: Իսկ որտեղ ձեր արժեքներն են, այնտեղ էլ ձեր գանձն է, այնտեղ էլ ձեր սիրտն է, այնտեղ էլ դուք կներդնեք ձեր ժամանակն ու ուշադրությունը:

Կա՛նգ առեք ու մտորե՛ք... *Ո՞ւր է գնում ձեր ժամանակը, և ի՞նչ արժեքներ կան ձեր սրտում...*

Ի սկզբանե Աստծո մտքում

Մի անգամ Տերն ասաց Երեմիա մարգարեին. «Քեզ որովայնում չստեղծած՝ ես ընտրեցի քեզ, և արգանդից դեռ դու դուրս չեկած՝ քեզ սրբեցի, ես քեզ ազգերի մարգարե եմ դրել» (Երեմիա 1.5):

Ուրեմն, նախքան Երեմիայի բեղմնավորումը, Աստված կանխորոշել էր նրան ու կարգել մարգարե ազգերի համար: Նա է ձևավորել քեզ քո մոր արգանդում, դու Նրա մտքում ու մտադրությունների մեջ էիր: Նախքան քո լույս աշխարհ գալը, Աստված գիտեր քեզ, այսինքն՝ նախասահմանել էր որպես պատասխան քո սերնդին:

Սաղմոսների գրքում Դավիթը գրում է. «Որովհետև Դու ստեղծեցիր իմ ներքին անդամները և ծածկեցիր ինձ իմ մոր որովայնում» (Սաղմոս 139.13): Այլ խոսքով՝ հոգևոր աշխարհը ներարգանդային կյանքից սկսած ազդում է մարդու ձևավորման վրա: Այնուհետև Դավիթը շարունակում է. «Քո աչքերը տեսան իմ կերպարանքը... և Քո Գրքում գրված էին այն բոլոր օրերը, որ լինելու էին, երբ դեռ դրանցից ոչ մեկը չկար» (Սաղմոս 139.16): Այո՛, կինը կրում է ու ծնում երեխային, բայց կյանքի հեղինակն Աստված է, Նրա մեջ էլ պարփակված է այս Երկրի վրա քո իրական նախասահմանությունը:

Շատ կարևոր է հասկանալ, որ կա հոգևոր աշխարհ, կա տեսանելի ֆիզիկական աշխարհը և կա մարդը, որը հանդիսանում է հոգևորի ինտեգրումը ֆիզիկականի մեջ: Հոգևոր աշխարհն ազդում է մարդու ներաշխարհի վրա: Ներաշխարհը՝ աշխարհայացքն է, մտածելակերպը, մարդու հետաքրքրություններն ու արժեքները, դա նաև հոգևոր աշխարհի համար ճակատամարտի դաշտ է, որովհետև ներաշխարհից մարդը արարում է տեսանելի աշխարհը:

Մարդու ներաշխարհը նման է հոգևոր արգանդի, որտեղ ընկնում է սերմը և ծնվում է տեսանելի ամեն ինչ: Մտածե՛ք, քանի որ անտեսանելիից առաջացել է տեսանելին: Այդ ընթացքը հիշեցնում է երեխայի ծնունդը. սերմն ընկնում է արգանդի մեջ, ծնվում է կյանք, ձևավորվում է մանուկը, ապա լույս աշխարհ է գալիս: Այդ սկզբունքը հոգևոր է: Եթե նայեք ցանկացած իրի, որն օգտագործում ենք ֆիզիկական աշխարհում, ապա կհասկանաք, որ դա երբևէ ընդամենը ինչ-որ մեկի միտքն է եղել: Այնուհետև նա կյանքի է կոչել այդ միտքը: Այդպես էլ առաջացել են աթոռը, սեղանը, հեռախոսը, ավտոմեքենան, ինքնաթիռը և մնացած բաները: Մի ժամանակ այս բոլոր իրերը պարզապես գաղափար էին, բայց դեռ այդ ժամանակից նրանք նախասահմանություն ունեին: Այսպիսով, մարդն ընդունում է միտքն ու կրում է գաղափարը, դա անտեսանելի պատկեր է մարդու ներսում: Որպես հետևանք՝ տեսանելի աշխարհում մարդը սկսում է արարել այն պատկերը, որն ունի իր ներսում: Իսկ հիմա մտորե՛ք այն ամենի շուրջ, որ դուք եղել եք Աստծո մտքում աշխարհի ստեղծումից առաջ: Նա տեսել է ձեզ Իր ներսում՝ ձեր ներքին անդամները ձևավորելուց առաջ, Նա ձեր մեջ ներդրել է ամեն անհրաժեշտ բան, որպեսզի կարողանաք կատարել այն, ինչի համար նախասահմանված եք: Դեռ այն ժամանակ Աստծո կողմից ձեր մեջ դրված էր նպատակ: Ուստի, ձեր սկիզբը դրվել է ոչ թե մոր արգանդում, այլ՝ հենց Աստծո մեջ: Իրականում սա արտասովոր ընթացք է:

Ճանաչելու համար պետք է կարողանալ կանգ առնել

Ձեր ժամանակահատվածը երկրի վրա ահռելի նշանակություն ունի Աստծո ծրագրի մեջ: Այդ պատճառով, ձեր կոչման համար վիթխարի պայքար է ընթանում: Հենց որ մարդը ծնվում է այս աշխարհում, երկրորդ երկնքի բոլոր ուժերն ու այս աշխարհի հոգու ուժն ուղղորդվում են, որպեսզի հետ պահեն նրան աստվածային նախասահմանությունից: *Ինչպե՞ս:* Գրավել ուշադրությունը և շեղել թիրախից: Մարդկանց համար դժվար է կանգ առնել, որպեսզի նորոգվեն մտքի հոգով ու ճանաչեն Արարչի կամքը:

Ինչպես ավելի վաղ նշել էի, կա այս աշխարհի հոգին, կա Աստծո Հոգին ու կա մարդը՝ հոգևոր անձ: Այս աշխարհի հոգին կրում է այս աշխարհի ուսուցման պատկերը, մշակույթը և արժեքները, որպեսզի ազդի մարդու վրա ու ձևավորի նրանում իր մտածելակերպը: Սատանան թելադրում է մարդկանց կեղծ արժեքներ: Մեծ մասամբ մենք ենթարկվում ենք հասարակության ազդեցությանը, մենք մեծանում ենք հասարակության մեջ, որը կլանված է ունայնությամբ ու կենցաղային հոգսերով: Նույնիսկ կրոնավոր միջավայրում մեծացածներն ունենում են խիստ կանոններով ու ավանդույթներով ձևավորված մտածելակերպ:

Ուստի, կարևոր չէ, թե կոնկրետ ինչն է ազդել ձեր արժեքների ձևավորման վրա, բոլորս կարիք ունենք մտքի նորոգության ու լուսավորման, հակառակ դեպքում, մենք չենք կարող ճանաչել Աստծո մտադրությունները մեզ համար: Աստվածաշունչն ասում է.

«Եվ մենք ոչ թե այս աշխարհի հոգին ստացանք, այլ այն Հոգին, որ Աստծուց է, որպեսզի ճանաչենք Աստծո կողմից մեզ շնորհվածները» (Ա Կորնթ. 2.12):

Աստծո Հոգին կրում է Աստծո արքայության ուսուցումը և ուզում է հայտնել մեզ հավերժական արժեքները, ազատություն բերել, նորոգել միտքն ու մեր մեջ ձևավորել Քրիստոսի միտքը: Բայց, ամեն դեպքում, հենց մարդն է ընտրում, թե որ ուսուցումը ստանա իր կյանքի համար:

Հիշեք, ճանաչելու համար, պետք է սովորել կանգ առնել (տես Սաղմ. 46.10): Ճանաչողությունը կապված է ժամանակի հետ, այդ պատճառով, ձեր ժամանակը մեծ նշանակություն ունի: Որտեղ ներդնեք ձեր ժամանակը, այնտեղ էլ կլինի ձեր ճանաչողությունը: Ահա թե ինչու Պողոս առաքյալը սովորեցնում է մեզ կերպարանակից չլինել այս աշխարհի հետ, այլ ներկայացնել ձեր մարմինները որպես կենդանի զոհ՝ սուրբ ու Աստծուն հաճելի (տես Հռոմ. 12.1,2): Թանկագիններ, մենք այլևս մերը չենք, այլ գնված ենք Քրիստոսի թանկագին արյամբ:

Հիսուսն ասել է.

> «Դուք աշխարհի լույսն եք: Մի քաղաք, որ լեռան վրա է կառուցված, չի կարող թաքնվել: Ո՛չ էլ ճրագն են վառում ու գրվանի տակ դնում, այլ դնում են աշտանակի վրա, և այն լույս է տալիս նրանց, ովքեր տան մեջ են: Այդպես էլ թող ձեր լույսը մարդկանց առջև փայլի, որպեսզի տեսնեն ձեր բարի գործերն ու փառավորեն ձեր Հորը, որ երկնքում է» (Մատթեոս 5.14-16):

Դուք նախասահմանված եք բարի գործերի համար, որպեսզի երկիր բերեք լույսն ու Աստծո արքայության մշակույթը: Աստված նախասահմանել է ձեզ լույս լինել ու շատ մարդկանց համար պատասխան դառնալ:

Ձգողականության ուժը

Ես հավատում եմ, որ այն բաները, որ Աստված ցույց է տվել ինձ, և որոնք իմ կոչման մեջ բանալի են ծառայել, ձեզ համար ևս օրհնություն կդառնան: Ես տեսա, որ ամեն տեսանելի բան ունի ձգողականություն: Կա ձգողականության օրենքը, որը կայանում է նրանում, որ տիեզերական տարածության ցանկացած կետում կա ձգողականություն, բայց միայն խոշոր օբյեկտի անմիջական հարևանությամբ է ձգողականությունը մեծ ու նկատելի: Նայենք Երկրին և Լուսնին: Երկրի ձգողականության շառավիղը իսկայական է, և որքան մարմինը մոտ է Երկրին, այնքան ուժեղ է Երկրի ձգողականությունը: Բայց Երկրի ձգողականության ուժը թուլանում է այն չափով, որ չափով մարմինը հեռանում է մոլորակից: Բացի այդ, գոյություն ունի նաև Արևի հզորագույն ձգողականությունը, որը ձգում ու պահում է Երկիրն իր ուղեծրի վրա: Մենք հիմա խոսում ենք աhռելի մեծ հեռավորությունների մասին: Եվ որքան մոտ է մարմինը Արևին, այնքան մեծ է Արևի ձգողականությունը:

Աստծո Հոգին ցույց տվեց ինձ, որ կա ձգողականության հոգևոր նախատիպը, որտեղ ամեն տեսանելի բան ունի ձգողականության ուժ: Ինչքան շատ ուշադրություն է տալիս մարդը տեսանելի իրերին, այդքան ուժեղ է նրա վրա ազդում տեսանելի աշխարհի ձգողականության ուժը: Սատանան գիտի այդ մասին, ուստի օգտագործում է այս աշխարհի պատկերը ու նրա համակարգը, որպեսզի հետ պահի մարդուն հավիտենականից, թիրախից, նպատակից ու նախասահմանված լինելուց:

Աստված ցույց տվեց ինձ հետևյալը. ինչքան քիչ եմ ես Նրա հետ փոխհարաբերության մեջ ներդնում ժամանակս, այնքան ուժեղ է իմ կյանքում գործում ձգողականության ուժը, այսինքն՝ տեսանելի աշխարհի ձգողականության ուժը: Աստվածաշունչը դա անվանում է կյանք՝ ըստ մարմնի. «Որովհետև, եթե ըստ մարմնի ապրեք, կմեռնեք, բայց եթե Հոգով մարմնի գործերը սպանեք, կապրեք» (Հռոմ. 8.13): Կյանք՝ ըստ մարմնի ու մարմնավոր գործեր, նշանակում է՝ լինել հափշտակված տեսանելի աշխարհով ու նրա արժեքներով: Որքան շատ գրավված լինեմ ունայնությամբ, եռուզեռով, այնքան ուժեղ կլինի ձգողականության ուժն իմ կյանքում, իսկ դա մարմնավոր կյանքն է: Սատանան ուզում է մեզ պահել այդ ուժի ներքո, որպեսզի երբեք չկարողանանք ազատվել ու տեսնել մեզ Աստծո աչքերով:

Ուստի, իմ կյանքում ես սովորեցի դադարեցնել եռուզեռը, մրցավազքը, հոգսերը, սովորեցի հեռացնել իմ ուշադրությունը ամեն տեսանելի բանից ու ներդնել ժամանակս հավերժականի մեջ, որպեսզի զարգացնեմ Սուրբ Հոգու հետ իմ հարաբերությունները: Այժմ կյանքը՝ ըստ մարմնի, ու ամեն տեսանելի բան կորցրին իրենց ուժը, իսկ ինձ ավելի ու ավելի ձգեց Աստծո աշխարհին ու կյանքը Սուրբ Հոգու մեջ: Ես սկսեցի շատ բաների նայել հավերժության տեսանկյունից: Ընկերնե՛ր, շատ կարևոր է սովորել կանգ առնել ու ներդնել ինքդ քեզ Աստծուն ճանաչելու մեջ: Հիշե՛ք. ով ումից պարտված է, նա էլ նրան ստրուկ է:

Կա ճշմարիտ լույս, որն իջնում է երկնքից ու լուսավորում յուրաքանչյուր մարդու: Նրա լույսի ներքո մենք տեսնում ենք լույսը, և որքան պայծառ լինի լույսը քո կյանքում, այնքան խավարը քիչ կլինի այնտեղ: Աստծո լույսի մեջ ես սկսեցի նկատել այն բաները, որ օգտագործում է սատանան՝ հետ պահելու այն ամենից, ինչի համար նախասահմանված եմ: Որքան շատ եմ մնում Նրա հետ, այնքան ուժեղ եմ հոգևոր աշխարհից տիրում ֆիզիկական աշխարհին:

Սովորե՛ք առանձնանալ Աստծո հետ ու հարատևել Նրա

մեջ, այդ դեպքում դուք կկարողանաք շատ պտուղ բերել ու փառավորել Հորը. տեսանելի աշխարհը կկորցնի իր ուժը ձեզ վրա: Այդպես է եղել իմ կյանքում. Աստծուն ճանաչելով՝ ես սկսեցի քանդել սատանայի գործերը ու բացահայտել նրա սուտը, մեթոդները, կառավարման ձևը և ազդեցությունը: Եվ Աստված ավելի ու ավելի է վարժեցնում իմ ձեռքը պատերազմելու (տե՛ս Սաղմ. 18.34):

Հիշե՛ք, որ ձեր կոչման համար վիթխարի պայքար է ընթանում հոգևոր աշխարհում: Ձեր կյանքն ունի յուրահատուկ նախասահմանություն, ու դա պահված է Աստծո մեջ: Դուք կանչված եք ճանաչելու Նրա մտադրությունները և ձեր սերնդի համար դառնալու պատասխան: Աստծուն ճանաչելով՝ դուք կարող եք ազատել մարդկանց ստի թագավորությունից: Այդ մարդիկ էլ, իրենց հերթին, ճանաչելով ճշմարտությունը՝ կկատարեն Հոր կամքը, ազդեցություն կունենան ուրիշների վրա և կառաջնորդեն նրանց Աստծո լույսի մեջ: Այդպիսով, Աստծո Արքայությունը, խմորիչի նման, կխմորի ամբողջ զանգվածը:

ԳԼՈՒԽ 9

ԿՈՉՈՒՄ

Որքան շատ էի տրվում Աստծուն ու Նրա հետ ժամանակ անցկացնելուն, այնքան Աստծո Հոգին ուժեղ էր լուսավորում ինձ՝ բացելով Աստծո մտադրության համայնապատկերը: Մի անգամ Հիսուսն ասաց Իր աշակերտներին. «Արդ, աղաչեք հունձքի Տիրոջը, որ Իր հունձքի համար մշակներ ուղարկի» (Մատթ. 9.38): Աստված հունձքի Տերն է, Նա ղեկավարում է ամբողջ ընթացքը, և ամեն ինչ Նրա տիրապետության տակ է: Նա է, Ով կանչում է աշխատողներին և ուղարկում աշխատանքի, որի համար էլ դուք նախասահմանված եք՝ աշխարհի ստեղծումից ի վեր: *Բայց ինչպես իմանալ, ինչի՞ համար է Աստված կանչում, ու ինչպե՞ս է Նա ուղարկում աշխատանքի:*

Կանչված՝ լինելու Հիսուսի հետ

Մարկոսի Ավետարանում գրված է, որ Հիսուսը բարձրացավ լեռը և Իր մոտ կանչեց աշակերտներին՝ ում Ինքը ցանկացավ, որպեսզի Իր հետ լինեն, և ուղարկի քարոզելու (տես Մարկ. 3.13,14): Եթե ձեր սրտում ցանկություն կա կատարելու Հոր կամքը, ապա բաց մի՛ թողեք այդ կարևոր բանը. նախքան Հիսուսը աշակերտներին ծառայության կուղարկեր, Նա կանչեց Իր մոտ, որպեսզի նրանք լինեն Իր հետ: Հիսուսն ասաց. «Իմ կերակուրն այն է, որ Ինձ Ուղարկողի կամքը կատարեմ և Նրա գործը ավարտին հասցնեմ» (Հովհ. 4.34): Այո, Աստված տեսնում է ձեր ցանկությունը և նպատակ ունի հենց ձեզ համար, բայց, նախևառաջ, Նա կանչում է ձեզ Իր մոտ, որպեսզի դուք լինեք Իր հետ: Այդժամ Նա կարող է նախապատրաստել ձեզ, որպեսզի արձակի Իր զորությամբ, և դուք կարողանաք օծությամբ իրականացնել ձեր առաքելությունը:

Ուզում եմ ընդգծել երեք տեսակի կոչում. *ներքին, արտաքին* ու *հավերժական:* Նրանք փոխկապակցված են, որոնք հաջորդում են միմյանց, որտեղ հաջորդը կառուցվում է նախորդի վրա: Այսպիսով, առաջինը՝ ձեր *ներքին* կոչումն է, որը կորոշի *արտաքին* կոչումը, որն էլ իր հերթին ուղղորդում է դեպի *հավերժականը:*

Ներքին կոչումը՝ կերպարանափոխությունն է Հիսուս Քրիստոսի պատկերին ու նմանությանը: Պետրոս առաքյալը գրում է.

> «Բայց գիտենք, որ ամեն ինչ գործակից է լինում նրանց բարիքի համար, ովքեր սիրում են Աստծուն և նախասահմանելով կանչված են: Որովհետև նրանց, ում սկզբում ճանաչեց, նախասահմանեց կերպարանակից լինելու Իր Որդու պատկերին» (Հռոմ. 8.28,29):

Հիշե՛ք, որ առաջին հերթին Աստված կանչել է մեզ լինելու Իր հետ և կերպարանափոխվելու Աստծո Որդու պատկերին, դա անտեսանելի ներքին ընթացք է:

Ձեր առաջին կոչումը՝ ներքուստ Քրիստոսին կերպարանակից լինելն է. Նրա բնությանը, էությանն ու բնավորությանը: Քանի որ քրիստոնեության իմաստը և նպատակը Հիսուս Քրիստոսի հատկանիշներն ու բնությունը ունենալն է: *Քրիստոնյա լինելը նշանակում է քրիստոսանման լինել:* Պետրոս առաքյալը գրում է. «Իմ զավակնե՛ր, որ ձեզ համար կրկին երկունքի ցավերի մեջ եմ, մինչև որ Քրիստոսը ձեր մեջ կպատկերվի» (Գաղատ. 4.19): *Ինչո՞ւ է դա այդքան կարևոր:* Դրանից է կախված ձեր հնազանդությունը Աստծուն, և այն, թե որքանով կարող է Աստված վստահել ձեզ արտաքին կոչման մեջ:

Ներքին կոչումը հանգեցնում է արտաքին կոչմանը

Արտաքին կոչումն այն է, ինչի համար դուք նախասահմանված եք այս երկրի վրա, այսինքն՝ Հոր գործում ձեր դերը: Սա ժամանակավոր տարր է, քանի որ մարդը ֆիզիկական մարմնում բնակվում է մինչև որոշակի ժամանակահատված: Մարմինը ձեզ տրված է, քանի որ դուք նախասահմանված եք, որպեսզի կարողանաք ծառայել Աստծո ցանկություններին այս երկրի վրա, այնուհետև ձեր հոգին կվերադառնա Աստծո մոտ: Հավատացե՛ք՝ ձեր արտաքին կոչումն ավելի մեծ է, քան ձեր ունակություններն ու տաղանդները, նույնիսկ ձեզնից է մեծ: Ուստի, որպեսզի երկրի վրա կատարեք այն, ինչի համար նախա-

սահմանված եք, ձեզ անհրաժեշտ է Նրա ուժն ու օծությունը:

Որքան ուժեղ լինի ձեր ներքին կերպարանափոխումը, այնքան ուժեղ կարձակվի Աստծո գործությունը ձեր միջոցով, և առավել հզոր ձևով Աստված կփառավորվի այն գործում, ինչի համար նախասահմանված եք: Ներքին կոչումը կապված է անընդմեջ Աստծուն ճանաչելու գործում անդադար աճելու հետ: «Ճանաչողություն» բառը նշանակում է մեկանալ գիտելիքի աղբյուրին: Այլ բառերով՝ որպեսզի ճանաչենք Աստծուն, անհրաժեշտ է մշտապես կապի մեջ լինել, մեկանալ Նրա հետ ու անընդմեջ հաղորդակցվել Սուրբ Հոգու հետ: Պողոս առաքյալը Կորնթացիների թղթում գրում է. «Իսկ ով Տիրոջն է հարում, մեկ հոգի է Նրա հետ» (Ա Կորնթ. 6.17): Երբ մենք միանում ենք Սուրբ Հոգու հետ, ապա Նրա հետ մեկ ենք դառնում:

Պատկերացնում եք, մեր ներքին վերափոխումից է կախված, թե երկրի վրա ինչպես կարտացոլենք Աստծուն ու կներկայացնենք մարդկանց: Երբ անհավատ մարդը հանդիպում է ինձ հետ, ապա առաջինը, ում հետ պետք է առնչվի՝ Աստված է, Ում ես ներկայացնում եմ: Ուստի, յուրաքանչյուրս վիթխարի պատասխանատվություն ունենք լինելու Քրիստոսի բնության արտացոլումը, քանի որ դրանից է կախված՝ մարդը կցանկանա՞ ընդունել ու ծառայել Հիսուսին, թե ոչ: Հավատացեք՝ անհավատին չի հետաքրքրում մեր կարգավիճակն ու դիրքը եկեղեցում՝ ուսուցիչ, հովիվ, երաժիշտ... Կարևորը, որ նա կարողանա հայվել Աստծո բնությունը մեր մեջ: *Այսկերպ, արդյո՞ք մենք բացահայտում ենք իրական Աստծուն:*

Հենց այդ պատճառով ներքին կերպարանափոխությունը ամենակարևորն է ու ամենադժվարը, այն պահանջելու է, որ մահանաք ձեզ համար: Մի օր դուք կկանգնեք ձեր և Աստծո միջև ընտրության առջև, և հավատացեք, դա կլինի ձեր Գեթսեմանի պարտեզը: Կերպարանափոխության բարձրագույն մակարդակը Նրա նման լինելն է: Աստվածաշունչն այդպես էլ ասում է.

«Մինչև ամենքս հասնենք հավատքի միության և Աստծո Որդու ճանաչողությանը՝ որպես հասուն և կատարյալ մարդ՝ Քրիստոսին չափանիշ ունենալով» (Եփես. 4.13):

Հովհաննես Մկրտիչը սա բացատրում էր հետևյալ կերպ. «Նա պիտի մեծանա, իսկ ես՝ փոքրանամ» (Հովհ. 3.30): Շատ մարդիկ կորսվում են հենց այս փուլում ու պարտվում են հենց այստեղ: Սեփական մարմինը որպես կենդանի ու հաճելի զոհ տրամադրելը, որպեսզի կերպարանակից չլինենք այս աշխարհին, ընթացք է, որը տևում է մի ամբողջ կյանք և չպետք է ավարտվի, մինչև հասնենք հավերժական կոչմանը:

Հավերժական կոչումը

Հավերժական կոչումը՝ փրկությունն է ու հավիտենական կյանքը: Մարդը հավերժ է: Մենք կանչված ենք հավիտենական կյանքի, բայց հարցն այն է, դա կլինի հավիտենական կյա՞նք, թե՞ հավիտենական տանջանք: Հիսուսը հաշտեցրեց մեզ Հոր հետ, որպեսզի այնտեղ, որտեղ Նա է, մենք էլ Նրա հետ լինենք: Իր՝ մարմնի մեջ անցկացրած օրերում Նա արտացոլեց Հոր պատկերը, խոնարհեցրեց Ինքն Իրեն՝ լինելով հնազանդ մինչև մահ՝ իրականացնելով Աստծո կամքն ամբողջությամբ: Այդ պատճառով Աստված բարձրացրեց Նրան և մի Անուն շնորհեց, որ ամեն անունից ավելի բարձր է (տե՛ս Փիլիպ. 2.8,9): Հիսուսի հնազանդության մակարդակը երկրի վրա որոշում էր Նրա փառքի մակարդակը հավերժության մեջ: Եվ ոչ ոք չի կարող գերազանցել Հիսուսի փառքը երկնքում:

Հավիտենության մեջ բոլորս նույն փառքի մեջ չենք լինելու, մենք փառքի տարբեր մակարդակներ ենք ունենալու: Երկնքում լավագույն պարգևատրումը լինելու է ոչ թե պսակը, այլ փառքի մակարդակը, որը կախված է արտաքին կոչման մեջ հնազանդության մակարդակից: Եթե Աստված բացահայտեր քո հավիտենությունը և ցույց տար փառքի տարբեր մակարդակները... Եթե դու տեսնեիր, որ փառքը կախված է երկրի վրա քո ժամանակից, ապա ինչպիսի՞ն կլիներ քո կյանքը: Չէ՞ որ հավիտենությունը ընդմիշտ է: *Ինչպե՞ս կնայեիր այս կյանքին: Արժեքները, առաջնահերթությունները, ժամանակը, հնարավորությունները, ունակությունները... Որտե՞ղ կցանեիր այս ամենը:*

Որքան շատ եմ մտածում հավիտենության մասին, այնքան ավելի շատ եմ մտահոգվում իմ արտաքին կոչման համար, և այնքան թույլ եմ տալիս Սուրբ Հոգուն գործ ունենալ իմ սրտի հետ, իմ ներքին կոչման հետ: Քանի որ Աստված նայում է հենց այնտեղ, Նրա Հոգին թափանցում է սրտի մտադրությունների մեջ: Սրտով մաքուրները կտեսնեն Աստծուն: Հենց ներքին կերպարանափոխությունից է կախված հնազանդությունը արտաքին կոչման մեջ, և դա կկանխորոշի հավիտենական կոչման մեջ փառքի մակարդակը: Ուստի, շատ կարևոր է սովորել լսել Աստծո ձայնը և Նրան հնազանդ լինել, իսկ դա կապված է Սուրբ Հոգու հետ անընդմեջ հաղորդակցվելու հետ: Ուշադրություն դարձրեք, թե որքան փոխկապակցված են այս բոլորը՝ ինչպես եռակի ոլորած թելը. ներքին կոչումը կուղղորդի դեպի արտաքինը և միասին կբացեն հավիտենականը:

Պողոս առաքյալը Կողոսացիներին ուղղված թղթում գրում է.

> «Դրա համար մենք էլ այն օրից, երբ լսեցինք, չենք դա դարում ձեզ համար աղոթելուց և աղաչելուց, որպեսզի լցվեք Նրա կամքի գիտությամբ, ամեն իմաստությամբ ու հոգևոր հանճարով» (Կողոս. 1.9):

Այդ մասին Պողոսը մշտապես աղոթում էր, որպեսզի հավատացյալները ճանաչեն Աստծո կամքը, այսինքն՝ իմանան Նրա մտադրությունները, ցանկությունները և մտքերը: Սա նաև կոչ է յուրաքանչյուրիս, անկախ նրանից, թե որքան վաղ եք ընդունել Հիսուսին: Աղոթեք, որպեսզի ճանաչեք, թե որն է Աստծո կամքը ձեզ համար: Դուք ծնված եք ավելիի համար: Հավատացեք, Աստված ունի ձեզ համար փառավոր ճակատագիր, որը կիմաստավորի ձեր ամբողջ կյանքը:

Փոխհարաբերություններ, կոչում և կերպարանափոխություն

Հաջորդ խոսքում Պողոսը գրում է.

> «Որպեսզի դուք ընթանաք՝ ինչպես արժանի է Տիրոջը՝ ամեն բանում Նրան հաճելի լինելով, ամեն բարի գործով պտղաբեր լինեք և Աստծո գիտությամբ աճեք» (Կողոս. 1.10):

Այս երկու հասկացությունները փոխկապակցված են. *Աստծուն ճանաչելն* ու *Նրա կամքի ճանաչողությունը:* Անհնար է ճանաչել Աստծո կամքը՝ չհարաճելով աստվածաճանաչողության մեջ: Աստծուն ճանաչելու միջոցով մենք միանում ենք Նրա մտածելակերպին, այդժամ Նա վերարտադրում է մեր մեջ Իր ցանկություններն ու գործողությունները՝ Իր կամքի համաձայն:

Հաջորդիվ Պողոսն ասում է, որպեսզի մենք Աստծուն արժանի վարվենք՝ ամեն ինչում հաճեցնելով Նրան: *Արդյո՞ք դա հնարավոր է:* Իհարկե՝ այո՛, բայց միայն լիակատար հնազանդության միջոցով. երբ լսում ենք Նրա ձայնը, իսկ նա ասում է՝ *ինչ, երբ* և *ինչպես* անել, և կատարում ենք: Դուք կուրախացնեք Հոր սիրտը, երբ կսովորեք հստակ լսել Նրա ձայնն ու հնազանդվել Նրան: Դրա համար անհրաժեշտ է ներքին կերպարանափոխություն:

Սուրբ Գիրքը սովորեցնում է.

> «Նրա աստվածային զորությունը մեզ շնորհեց կյանքին և աստվածապաշտությանը վերաբերող ամեն ինչ՝ ճանաչեցնելով Նրան, Ով մեզ կանչեց փառքով ու առաքինությամբ» (Բ Պետր. 1.3):

Հենց ճանաչողության միջոցով մենք կարող ենք իմանալ այն, ինչը տրված է մեզ Աստծուց: Աստծո Հոգին թափանցում է Աստծո խորությունները, ու ոչ ոք չգիտի աստվածայինը, բացի Աստծո Հոգուց: Ճանաչողությունը հարաճում է հայտնության միջոցով, հայտնությունը գալիս է մտերմիկ, վստահելի փոխհարաբերությունների միջոցով, որոնց անհրաժեշտ է ժամանակ տրամադրել: *Տեսնո՞ւմ եք, թե ինչպես է ամեն ինչ փոխկապակցված:* Աստծո հետ անցկացրած ժամանակը կորոշի ձեր հարաբերությունների խորությունը, ճանաչողության ու կերպարանափոխման մակարդակը:

Կասեմ ավելին. կերպարանափոխության ընթացքում ծածուկից ի հայտ է գալիս ակնհայտը, հենց ներքին կոչումից պետք է ծնվի արտաքինը: Գրված է, որ քո Հայրը, որ տեսնում է ծածուկը, հայտնապես կհատուցի քեզ (տե՛ս Մատթ. 6.6): Հետևաբար, որքան շատ եք միանում Աստծո Հոգուն, այնքան շատ եք նմանվում Նրան: Դուք կսկսեք գնահատել նրա առաջնորդությունն ու լսել Նրա ցանկություններն ու ձայնը, այդժամ Նա կտանի ձեզ ներքին կոչումից դեպի արտաքինը:

Աստծո հետ ձեր հարաբերությունները ծածուկ սենյակում աստիճանաբար նկատելի կդառնան կոչման մեջ: Սկզբում դուք սովորում եք լսել Աստծո ձայնը անձնական շփման ժամանակ, որտեղ Նա ավելի ու ավելի կուղղորդի ձեզ դեպի ձեր կյանքի համար նախասահմանված ուղին: Աստված հետաքրքրված է ձեր կոչման հարցում, որ ուղղորդի ձեզ, իսկ դրա համար պետք է սովորեք լսել Նրա ձայնը և հասկանալ, թե ինչպես է Նա խոսում ձեզ հետ: Այդպես է եղել իմ կյանքում: Շատ ժամանակ անցկացնելով Աստծո հետ՝ ես սկսեցի մեկանալ Աստծո բնության հետ, ու Նրան ճանաչելը դարձավ իմ մի մասը:

Ի՞նչ կապ ունի իմ լվացքը

Հիշում եմ, թե ինչպես աշխատանքից հետո մի քանի ժամ փակվում էի սենյակում, Աստվածաշունչ էի կարդում ու աղոթում, չնայած որ մեքենա վարելիս ամբողջ օրն անցկացնում էի օտար լեզուներով աղոթքին: Ես խնդրում էի Աստծուց, որ խոսի ինձ հետ ու սովորեցնի հստակ լսել Իր ձայնը: Մի անգամ, երբ այդպես աղոթում էի, հանկարծ մի վառ միտք ծագեց. *«Գնա՛ ու լվացքի շորերի միջից վերցրո՛ւ թաց սպիտակեղենն ու գցի՛ր չորանոցը»:* Այդ ժամանակ կնոջս հետ վարձել էինք լվացքատան մոտ գտնվող մի էժան բնակարան, և լվացք անելու համար, ստիպված անցնում էինք ավտոկայանատեղիով:

Այսպիսով, ես ծնկած խնդրում էի Աստծուց, որ խոսի ինձ հետ: Իսկ այդ միտքն ինձ հանգիստ չէր տալիս. *«Գնա՛ և սպիտակեղենը գցի՛ր չորանոցը»:* Ես մտածում էի, որ սատանան է շեղում իմ ուշադրությունը Աստծուց, ուստի սկսեցի ավելի եռանդուն աղոթել ու քշել բոլոր մտքերը: Բայց որքան ուժգին էի աղոթում, այնքան հստակ էի լսում այդ միտքը, որ նույնիսկ ինչ-որ պահի ոտքի կանգնեցի: Ես այսպես ենթադրեցի. եթե այս միտքն Աստծուց է, և Նա ուզում է ինչ-որ բան անել իմ միջոցով, ապա ես պետք է գնամ այնտեղ ու ստուգեմ:

Ես բացեցի դրսի դուռը ու նայեցի լվացքատան կողմը. ինչ-որ կին, կարծես ասիացի, մտավ այնտեղ: Ես մտածեցի, որ հնարավոր է՝ Աստված ուզում է, որ վկայեմ Իր մասին: Ես գնացի այնտեղ՝ ներքուստ աղոթելով. *«Տե՛ր, եթե իսկապես Դու ես խոսում ինձ հետ, ապա թո՛ւյլ փուր ինձ հասկանալ. երբ ներս մտնեմ, թող նա առաջինը խոսի ինձ հետ, ու ես կիմանամ, որ Դու ես ինձ ուղարկել, որպեսզի վկայեմ նրան Քո մասին»:*

Հենց ներս մտա, կինը շրջվեց ու հարցրեց, թե ինչպես եմ, ու ինչպես է անցել օրս... Ես հասկացա, որ այդ պահին Աստված էր ինձ կանչում դեպի տեսանելին, որպեսզի ծառայեմ նրան: Ես սկսեցի պատմել նրան Հիսուսի մասին ու կիսվել իմ վկայությամբ: Անցել էր մոտավորապես քսան րոպե, նա դեռ կանգնած լսում էր, իսկ այտերից հոսում էին արցունքներ: Ես հարցրի՝ ուզո՞ւմ է արդյոք ընդունել Հիսուս Քրիստոսին իր սրտի մեջ: Գլխով անելով՝ նա սպիտակեղենով զամբյուղը մի կողմ դրեց ու ասաց. «Այո՛, ուզո՛ւմ եմ»: Մենք աղոթեցինք, ու այդ կինն ընդունեց Հիսուսին հենց այնտեղ՝ լվացքատանը. դրանից հետո նա խնդրեց աղոթել քրոջ համար, ով ուռուցքով հիվանդ էր: Մենք աղոթեցինք նրա քրոջ համար: Այնքա՜ն մեծ պատիվ ու արտոնություն է՝ մարդկանց Աստծուն առաջնորդելը: Ես խնդրեցի, որ նա եկեղեցի գտնի ու կանոնավոր հաճախի հավաքույթներին: Այնուհետև մենք հրաժեշտ տվեցինք, և ես տուն գնացի:

Եվ միտքը կրկին կանգնեցրեց ինձ. *«Կանգ առ ու հետ նայիր»:* Ես հետ նայեցի ու կրկին տեսա այդ կնոջը, նա չոր շորերը դարսեց զամբյուղի մեջ ու դուրս վազեց լվացքատնից լայն ժպիտով: Նա նույնիսկ չնկատեց, որ ես հետևում եմ. այդ կինը երջանիկ վազում էր: Այդ պահին ես կրկին ձայն լսեցի ներսումս. *«Քեզ դուր եկա՞վ»:* Ես ասացի. «Այո՛, Հիսուս, հիանալի՜ է: Ես այնպիսի բավականություն եմ զգում: Այո՛, ինձ շատ դուր եկավ»: Աստված պատասխանեց. «Իսկ որքա՜ն հաճելի է, երբ Իմ երեխաները ճանաչում են Իմ ձայնը ու հնազանդվում են: Եթե դուք հնազանդվեիք Իմ ձայնին, այնքա՜ն շատ կտեսնեիք Իմ զորությունն ու փառքը: Ես կիրականացնեի Իմ ցանկությունները այս երկրի վրա»: Աստված շարունակեց խոսել. «Ահա՛ թե որն է կոչման էությունը. լինել Ինձ հետ միության մեջ, այդժամ Ես կխոսեմ Սուրբ Հոգու հետ մտերմության միջոցով ու Իմ ձայնի միջոցով կուղարկեմ գիտության խոսք, տեսիլքներ, հայտնություններ»:

Գոյություն ունի Հոգու լեզու, որով Աստված խոսում է մեզ հետ, բայց էությունն այն է, որ հնազանդվենք Նրա ձայնին: Աստծո ձայնը հնչում է մեր ներսում, այն բազմազան է: Հոգևոր լեզուն հնարավոր չէ սահմանափակել մի մեթոդով: Ես հասկացա, թե ինչպես է ներքինից բխում արտաքինը, իսկ ծածուկից՝ տեսանելին: Երբ վերադարձա տուն, սկսեցի գոհանալ, շնորհակալություն հայտնել Աստծուն: Անսպասելիորեն Կողոսացիների թղթի խոսքը կենդանացավ իմ մեջ. «Որպեսզի լցվեք նրա կամքի գիտությամբ, ամեն իմաստությամբ և հոգևոր հանճարով, որ դուք ընթանաք՝ ինչպես արժանի է Տիրոջը՝ ամեն բանում նրան հաճելի լինելով»: Այս պատմությունն ընդամենը օրինակ է, թե ինչպես է ծածուկ կերպարանափոխությունից բխում ծառայությունն Աստծուն, և մի՛ մոռացեք, որ արտաքին ծառայությունն է որոշում պարգևատրման մակարդակը երկնքում: Աստված ձեզ ավելին չի վստահի, եթե չսովորեք լինել հավատարիմ փոքրի մեջ: Այդ օրվանից շատ ժամանակ է անցել, այսօր ես միջազգային ծառայության մեջ եմ ու ծառայում եմ հարյուր հազարավոր մարդկանց՝ ստադիոններում. Աստված վստահում է ինձ այդ մարդկանց: Բայց ամեն ինչ սկսվեց մեկ անձից, հնազանդության փոքրիկ ու պարզ քայլերից, որոնք չի կարելի անտեսել:

Մի՛ անտեսիր կերպարանափոխման ընթացքը

Ես նկատեցի՝ երբ մենք վստահում ենք Աստծուն ու հնազանդվում Նրա ձայնին, ապա օծությունը գործում է: *Գիտե՞ք ինչու:* Որովհետև օծությունը կապված է հնազանդության հետ ու հենց այն գործի հետ, որ Աստված սահմանել է քեզ համար: Աստվածաշունչն ասում է, որ Տերը չի օծում անխտիր ամեն ինչի համար, այլ՝ ինչ-որ հստակ բանի, քանի որ գրված է.

> «Տիրոջ Հոգին Ինձ վրա է, որի համար էլ Ինձ օծեց և ուղարկեց աղքատներին Բարի լուրն ավետելու, սրտով բեկյալներին բժշկելու, գերիներին ազատություն քարոզելու և կույրերին տեսողություն տալու, հարստահարվածներին ազատ արձակելու, Տիրոջն ընդունելի տարին քարոզելու» (Ղուկաս 4.18,19):

Որքան շատ էի շփվում Նրա հետ ու սովորում լսել Նրա ձայնը, այնքան ավելի էր Նա ուղղորդում ինձ ճշմարտության շավիղներով. հե՛նց այն ճանապարհին, որն անձնապես նախասահմանել էր ինձ համար: Շուտով ես տեսա, թե ինչպես էր գործում օծությունը և սովորեցնում ինձ: Աստված հետաքրքրված է ձեր կոչումով ավելի, քան դուք, որովհետև դա Նրա կամքն է: Սուրբ Հոգին ուզում է ուղղորդել ձեզ: Նա կառաջնորդի ձեզ ներքին կոչումից դեպի արտաքինը հնազանդության պարզ քայլերի միջոցով, որոնցով Նա սովորեցնում է ենթարկվել Իր ձայնին:

Ուստի, սիրելի ընկեր, մի՛ անտեսեք ընթացքը: Քո առաջին կոչումը Նրա հետ լինելն ու կերպարանափոխվելն է Հիսուս Քրիստոսի պատկերին: Բարձրանալը ո՛չ արևմուտքից է, ո՛չ արևելքից (տե՛ս Սաղմ. 75.6): Աստծուն ճանաչելով ու հնազանդվելով՝ կբացահայտվի քո կոչումը՝ այն, ինչի համար նախասահմանված ես, որն էլ կապված է հենց քո գնալու ճանապարհի հետ այս երկրի վրա: Թո՛ւյլ տվեք Սուրբ Հոգուն գործ ունենալ ձեր սրտի հետ: Մի՛ տպավորվեք արտաքին ծառայությամբ, իսկապես, խնդրո՛ւմ եմ ձեզ, մի՛ տպավորվեք: Մեզ պետք է սովորել տպավորվել Ինքնին Աստծով ու հարաբերություններ կառուցել Սուրբ Հոգու հետ, սիրահարվել Նրան ավելի ու ավելի ու անընդմեջ կերպարանափոխվել: Սա կպահպանի մեզ: Մեզնից առաջ շատ օծված մարդիկ են եղել, բայց ինչ-որ պահի ոմանք շեղվել են հավատքից և տրվել վշտերին: Նրանք հավատքի հզոր մարդիկ էին: Այն, ինչի հարցերը չլուծեցին իրենց սրտում, մի օր հանգեցրեց նրանց վախճանի: Սատանան կարողանում է սպասել, նա սնում է այն, ինչի հետ մարդը հաշիվները չի մաքրել, մինչև դա հասնում է այնպիսի չափերի, որ օծության, փառքի ու հրաշքների գագաթնակետին ցանցն է ընկնում և հուժկու պարտություն կրում: Այդ իսկ պատճառով, հիշե՛ք, որ ներքին կոչումն ամենակարևորն է:

Ես տեսա, որ լավագույնը, որ կարող եմ անել անձնական կյանքում ու ծառայության մեջ, մշտապես կերպարանափոխվելն է Հիսուս Քրիստոսի պատկերին: Դա ամենաապահով տեղն է ինձ ու քեզ համար: Ձեր կերպարանափոխության մակարդակը կօգնի կատարել արտաքին կոչումը, և դուք Նրանից կստանաք պարգևատրում և հավիտենական կոչման մեջ փառքի մակարդակ: Ես հավատում եմ, որ լավագույն պարգևատրումը երկնքում պսակները չեն, այլ՝ փառքի մակարդակը, որը կապված է լինելու երկնքում Հիսուսին մոտ լինելու հետ: Եթե մենք կարողանայինք նայել հավիտենության մեջ, որը երբեք չի վերջանա, կմտածեինք հավիտենության տեսանկյունից և կվերադասավորեինք մեր առաջնահերթությունները տեսանելի աշխարհում՝ ելնելով մեր հավիտենական կոչումից:

ԳԼՈՒԽ 10

ԸՆՏՐՈՒԹՅՈՒՆ

Մովսեսի պատմությունը հզոր նախատիպ է այն բանի, թե ինչպես է Աստված ընտրում մարդուն և հայտնում կոչումը (տես Ելից 2-րդ գլուխ): Սակայն մարդը նույնպես ընտրություն է կատարում, որպեսզի նվիրվի Աստծուն: Ընտրությունը ընթացք է, և կոչման ուժը կախված է այդ ընթացքին ենթարկվելու մակարդակից:

Պատկերացրեք. Մովսեսը մեծացել էր արքայական տանը, նրան սովորեցրել էին Եգիպտոսի ամբողջ իմաստությունը, այնտեղ նա ուներ վիթխարի հեռանկարներ ու հնարավորություններ: Աստվածաշունչը պատմում է, որ Մովսեսը զորավոր էր իր խոսքերով ու գործերով (տես Գործք 7.22): Սակայն, այնպես պատահեց, որ նա դուրս եկավ նայելու իր եղբայրներին՝ Իսրայելի որդիներին: Տեսնելով, թե ինչպես է եգիպտացին ծեծում հրեային՝ Մովսեսը կատաղեց ու պաշտպան կանգնեց տուժածին: Հնարավոր է դեռ այն ժամանակ նա զգում էր կոչումը ու ցանկանում օգնել իր եղբայրներին: Բայց, ցավոք, ժամանակը չէր, Աստված դեռ Մովսեսին չէր արձակել իրականացնելու այն, ինչի համար նախասահմանված էր: Այդ պահին Մովսեսը չափն անցավ՝ իր ուժերով եգիպտացուն սպանելով: Այնուհետև, որպեսզի խուսափի մահից, նա ստիպված փախավ Եգիպտոսից:

Այսօր շատ հավատացյալներ Աստծուն ծառայելու անկեղծ ցանկություն ունեն, նրանք նույնկերպ ուժեղ են խոսքով ու գործով: Նրանք չարչարվում են Աստծո համար, ու արտաքուստ թվում է, որ այդ մարդիկ մեծ աշխատանք են կատարում ու սովորել են Աստծուն ծառայել: Սակայն խնդիրն այն է, որ նրանք դա անում են սեփական ուժերով: Հասկացեք, որպեսզի անեք այն, ինչի համար նախասահմանված եք, ձեզ հարկավոր է ավելին, քան ձեր խարիզման է, պերճախոսությունն ու ունակությունները: Քանի որ հանգամանքները, որոնց ստիպված բախվելու եք, պահանջելու են ավելին, քան մարդկային ունակություններն ու ուժերն են: Աստված ուզում է ձեր կյանքում անել ավելին: Այն, ինչի համար նախասահմանված եք, այնքան հսկայական է, որ կարող է փոխել տեսանելի աշխարհը, բայց միայն եթե իրականացնեք այն ոչ սեփական ուժերով, այլ՝ Աստծո զորությամբ: Ուստի, ձեզ իսկապես հարկավոր է Սուրբ Հոգու զորությունը:

Սովորականից այն կողմ

Ելից գրքում գրված է, որ Մովսեսն արածեցնում էր իր աներոջ՝ Մադիամի քուրմ Հոթորի հոտը (տե՛ս Ելից 3.1): Ես վստահ եմ, որ նա անընդհատ հիշում էր Եգիպտոսն ու իր ժողովրդին: Տարիներն անցնում էին, Մովսեսը նույնկերպ շարունակում էր արածեցնել ոչխարները, օրեցօր նրա միակ զբաղմունքը հոտը կառավարելն էր: Հնարավոր է, որ ամբողջ ընթացքում նա հոտն արածեցնում էր որոշակի շառավղով: *Որքա՞ն դա փնեց:* Միգուցե 40 տարի: Բայց գրված է, որ մի օր Մովսեսը սովորականից հեռու գնաց ու հոտը հեռու տարավ անապատում ու եկավ Քորեբ լեռան մոտ: *Մովսեսն ինչ-որ յուրահատուկ բան արե՞ց:* Այո՛, քանի որ անապատում հեռու գնալն այնքան էլ հեշտ չէ...

Ես հիշում եմ իմ ուղևորությունը դեպի Իսրայել: Էքսկուրսիաներից մեկի ժամանակ ես կանգնած էի շոգին, այրող արևի տակ ու նայում էի հեռուն, իսկ իմ առջև կիլոմետրերով ձգվում էր անապատը: Այդ պահին ինձ դրդեց նայել Մովսեսի պատմությանը, քանի որ, անապատի խորքը գնալու և հոտն այնտեղ տանելու համար միայն ցանկությունը բավական չէր, անհրաժեշտ էր հատուկ ջանքեր ու հստակ որոշում:

Ես հավատում եմ, որ Տերը նրա մեջ առաջացրեց սովորականի սահմաններից դուրս գալու ու ավելի հեռու գնալու ցանկություն, որովհետև եկել էր Մովսեսի կոչման ժամանակը:

Մովսեսի կյանքում փոփոխությունները տեղի ունեցան այն ժամանակ, երբ նա դուրս եկավ «սովորականի» սահմաններից: Այդ որոշումը բերեց նրան Քորեբ լեռան մոտ, որտեղ նա Աստծո հետ շրջադարձային հանդիպում ունեցավ: Մովսեսն այլևս չվերադարձավ նախկին կյանքին, իսկ Իսրայելի ժողովրդի ճակատագրում սկսվեցին վիթխարի փոփոխություններ:

Որքա՜ն հաճախ է լինում կյանքում. մենք անընդմեջ պտտվում ենք մեր հարմարավետության շառավղով. ամեն մեկս ունենք աղոթքի, ծոմի, երկրպագության, Աստվածաշնչի ընթերցանության ու Աստծուն տրամադրած ժամանակի մեր չափը: Շատերը պտտվում են սրբության որոշակի շառավղով ու երբեք առաջ չեն շարժվում աստվածաճանաչողության ու Աստծուն նվիրվելու մեջ: Բայց չէ՞ որ գրված է. «...Արդարը թող ավելի արդարանա, և սուրբը թող ավելի սրբանա» (Հայտն. 22.11): Ես աղոթում եմ, որ Աստծո Հոգին մղի ձեզ Աստծո մեջ ավելի հեռու գնալու: Հենց այնտեղ դուք կկարողանաք իսկապես վերապրել իրական ու կենդանի Աստծուն: Սակայն փոփոխություններ չեն լինի, մինչև ինքներդ որոշում չկայացնեք ավելի հեռու գնալու և ինչ-որ բան փոխելու:

Կրակը թող վառվի ու չհանգչի

Երբ Մովսեսը Մոտեցավ Քորեբ լեռանը, կատարվեց հետևյալը.

> «Տիրոջ հրեշտակը երևաց նրան մորենու միջից կրակի բոցով: Մովսեսը տեսնում էր, որ մորենին հրով վառվում էր, բայց չէր սպառվում: Մովսեսն ասաց. «Գնամ, տեսնեմ այս մեծ տեսարանը, թե ինչու մորենին չի այրվում»: Երբ Տերը տեսավ, որ նա դարձավ տեսնելու, մորենու միջից ձայն տվեց նրան ու ասաց. «Մովսե՛ս, Մովսե՛ս»: Նա ասաց. «Ահա՛ ես»: Աստված ասաց. «Մի՛ մոտեցիր այս տեղին: Կոշիկներդ հանի՛ր քո ոտքերից, որովհետև այն տեղը, որի վրա կանգնել ես, սուրբ երկիր է»» (Ելից 3.2-5):

Անապատում վառվող թուփը մի մեծ երևույթ չէ: Սակայն Մովսեսի ուշադրությունը գրավեց այն, որ թուփը վառվում էր բայց չէր մոխրանում, չէր հանգչում: Կրակի այս տեսակը ես զգում եմ իմ կյանքում. դու կարող ես միշտ վառվել Աստծո համար, բայց առանց այրվելու ու հանգչելու, և դա մշտապես գրավելու է մարդկանց ուշադրությունը: Դեռ իմ ճանապարհի սկզբում մարդիկ, տեսնելով իմ փափագն Աստծո հանդեպ, ասում էին, որ ժամանակի ընթացքում ես կայրվեմ, կհանգչեմ ու կհանգստանամ: Նրանք պնդում էին, որ դա բնական է նորադարձների համար. կգոռգոռաս, իսկ մեկ տարի անց կդառնաս մեզ նման... Սա պարզապես քո առաջին սերն է, բայց կանցնի:

Ես չէի ուզում համաձայնել նրանց ասածներին: *Ի՞նչ գիտեն, որ առաջին սերը պիտի անցնի:* Չէ՞ որ Հայտնության մեջ գրված է.

> «Բայց քո դեմ բան ունեմ, որ քո առաջին սերը թողել ես: Հիշի՛ր, թե որտեղից վայր ընկար, և զղջա՛ և քո նախկին գործերն արա՛, ապա թե ոչ՝ ես իսկույն կգամ և կշարժեմ քո ճրագակալը տեղից, եթե չապաշխարես» (Հայտն. 2.4,5):

Ես հիշում եմ, որ ինձ անհանգստացնում էին նրանց խոսքերը, ես գիշերը վեր էի կենում ու աղոթում Աստծուն. *«Աստվա՛ծ, մի՞թե դա Քո կամքն է: Ես իսկապե՞ս մի քիչ կվառվեմ, իսկ հետո կհանգստանամ ու կլինեմ այդ մարդկանց պես: Մի՞թե վառվում են միայն նրանք, ովքեր նոր են ապաշխարել ու ընդունել մկրտությունը, իսկ հետո դառնում են բոլորի նման»:* Ինձ իսկապես անհանգստացնում էր դա, ես ուզում էի իմանալ, թե այդ մասին ինչ է մտածում Աստված, և որն է Նրա կամքը:

Այնուհետև Սուրբ Հոգին ասաց, որ բացեմ Ղևտացիների վեցերորդ գլուխը.

> «Զոհասեղանի վրա վառվող կրակը չպիտի հանգչի: Եվ քահանան ամեն առավոտ դրա վրա փայտեր պիտի ավելացնի, դրա վրա պիտի շարի ողջակեզը, իսկ դրանց վրա էլ՝ խաղաղության զոհերի ճարպը» (Ղևտ. 6.12):

Աստված պատասխանեց ինձ, որ ամեն օր ես պիտի փայտ դնեմ զոհասեղանի վրա՝ տրամադրելով իմ մարմինը՝ որպես կենդանի զոհ, և այդժամ իմ կրակը կվառվի ու չի հանգչի: Աստծո կամքն այն է, որ քո զոհասեղանի կրակը միշտ վառվի, իսկ դրա համար քահանան, այսինքն դու, պետք է անընդհատ փայտ դնես վրան: Եվ որքան փայտը շատ լինի զոհասեղանին, այնքան ավելի ուժեղ կլինի բոցը:

Շատերն այնպիսի սպասումներ ունեն, որ եթե նրանց վրա

ձեռք դնեն ու աղոթեն, ապա կրակը կրկին կբռնկվի ու կվառվի: Ո՛չ, գին կա, որը դու պիտի ամեն օր վճարես, ու նրա համար չէ, որ քեզ Աստծո օրհնություններն են պետք, այլ՝ որովհետև, դու ծարավ ես Աստծուն և ուզում ես իմանալ Նրա սիրտը: Կրակը հենց այնպես չի հանգչում, այն հանգչում է միայն մի պատճառով. եթե տեսանելի բաները շեղում են մեզ ամեն օր Աստծո հետ հարաբերություններ ունենալուց: Եթե մենք դադարում ենք Աստվածաշունչ կարդալ, աղոթել, երկրպագել, ծոմ պահել, զոհել, ծառայել, ապա կրակը հանգչում է, քանի որ փայտ չկա զոհասեղանին:

Այսօր ես կարող եմ վկայել, որ կրակի բոցը իսկապես կարող է մեծանալ ու չմարել: Սակայն Աստծո կրակը ձեր կյանքում իր գինն ունի. գին, որը դու մշտապես պիտի վճարես: Ես աղոթում եմ, որ Աստված քեզ ծարավ ու շնորհք տա ամեն օր Իր Խոսքի ու աղոթքի մեջ մնալու, և այդժամ կրակն ինքնին կվառվի քո ներսում:

Ծառայելով մարդկանց երկրով մեկ՝ ես լսում եմ միևնույն հարցերը. *«Ինչպե՞ս քեզ հաջողվեց չայրվել: Որտեղի՞ց քեզ մշտական ներքին փափագ Աստծո հանդեպ: Որտեղի՞ց է այդ կրակի բոցը»:* Ես միշտ պատասխանում եմ Պողոս առաքյալի խոսքերով. «Ջանասիրության մեջ չլինեք թուլասիրտ. Հոգով բոցավառվե՛ք. Տիրոջը ծառայե՛ք» (Հռոմ. 12.11): Իսկապես, Տիրոջը ծառայելու համար անհրաժեշտ է Հոգով բոցավառվել, իսկ Հոգով բոցավառվելու համար պետք է ջանասիրության մեջ չթուլանալ: Իսկ դրա համար քահանան պետք է ամեն օր փայտ դնի զոհասեղանի վրա, և սա քո՛ գինն է, քո՛ ծոմերն ու աղոթքներն են:

Բաժանման պահը

Մովսեսը պիտի կոշիկները հաներ, որ մոտենար կրակին ու կանգներ սուրբ վայրում: Ամենուր, որ Աստված գալիս է, Նա առանձնացնում է այդ տեղն Իր համար: Ինչպիսի խոր և մարգարեական պահ է: Մեր կոշիկները՝ այս աշխարհի վրա մեր քայլելու ու թափառելու նախատիպն է: Ոչ միայն զոհասեղանի վրայի կրակը գին ունի, այլ նաև սուրբ վայրը, որի վրա կկարողանաս կանգնել: Մովսեսը հանեց կոշիկները ու կանգնեց Աստծո առջև, այդ տեղում առանձնացում եղավ. Աստված Մովսեսին բացեց Իր տեսիլքը, և այդ տեսիլքի մեջ Մովսեսի նախասահմանված լինելն էր: Դրանից հետո Մովսեսն այլևս չվերադարձավ նախկին աշխատանքին ու օրերին: Երբ մենք Աստծո հետ ժամանակ ենք անցկացնում, Նա բացում է Իր սիրտը, և մենք սկսում ենք տեսնել ու հասկանալ Նրա կամքը: Աստված խոսում է կրակի միջից, այնտեղ դու կլսես Նրա ձայնը, որը կխոսի անձամբ քեզ հետ:

Ինձ համար միշտ կարևոր է եղել Նրա ներկայության մեջ մնալը, Նրա ձայնը լսելը, Նրա հայացքով նայելը, ես ուզում էի, որ Նա կիսվի ինձ հետ Իր գաղափարով: Հասկացե՛ք, Աստված Իր մտապատկերը, գաղափարը աջ ու ձախ չի ցրում: Երբ Նա բացում է Իր սիրտը, ուզում է վստահ լինել, որ մարդը պատասխանատվություն կկրի ու մինչև վերջ կտանի այն, ինչ Ինքը հայտնել է: Աստված այսօր էլ փնտրում է այդպիսի մարդու, որ հայտնի նրան Իր գաղափարը ու կիսի նրա հետ Իր ցանկությունները: Դո՛ւ կարող ես դառնալ այդ մարդը, միայն հիշի՛ր, որ ամեն հայտնություն իր գինն ունի ու պատասխանատվություն է պահանջում:

Այսպիսով, առաջ գնալու որոշումը Մովսեսին բերեց Քորեբ լեռան մոտ, որտեղ նա Աստծո հետ շրջադարձային հանդիպում ունեցավ: Առաջ անցնելով՝ ուզում եմ նշել, որ երբ Մովսեսը ժողովրդին հաներ Եգիպտոսից, ապա կբերեր հենց Քորեբ լեռան մոտ, որտեղ էլ կկատարվեր ժողովրդի թլփատությունը: Այս մասը շատ կարևոր նշանակություն ունի. դու չես կարող տանել մարդկանց այնտեղ, որտեղ ինքդ երբեք չես եղել Աստծո հետ: Լավ առաջնորդը նա է, ով մարդկանց տանում է այնտեղ, որտեղ ինքն արդեն եղել է Աստծո հետ:

Արդ, գնա՛ և հանի՛ր նրանց

Ու կանչեց Աստված Մովսեսին կրակից.

> «Ես քո հոր Աստվածն եմ, Աբրահամի Աստվածը, Իսահակի Աստվածը ու Հակոբի Աստվածը: Եվ Մովսեսն իր երեսը ծածկեց, որովհետև վախենում էր նայել Աստծուն: Եվ Տերն ասաց Մովսեսին. «Ես ականատես եղա Եգիպտոսում գտնվող Իմ ժողովրդի կրած տառապանք-

ներին, լսեցի վերակացուների պատճառով նրանց բարձրացրած աղաղակը, տեղյակ եմ նրանց վշտերից: Ես իջա, որ նրանց փրկեմ եգիպտացիների ձեռքից, նրանց հանեմ այդ երկրից, նրանց տանեմ մի լավ ու ընդարձակ երկիր՝ Քանանացիների, Քետացիների, Ամորհացիների, Փերեզացիների, Խևացիների և Հեբուսացիների երկիրը, որտեղ կաթ ու մեղր է հոսում: Արդ, ահավասիկ իսրայելցիների աղաղակը հասել է Ինձ. Ես տեսա այն տառապանքները, որ նրանք կրում են եգիպտացիների ձեռքից: Արդ, արի՛ քեզ ուղարկեմ փարավոնի մոտ, որ Իմ ժողովրդին՝ իսրայելցիներին հանես եգիպտացիների երկրից»: Մովսեսն ասաց Աստծուն. «Ես ո՞վ եմ, որ գնամ փարավոնի մոտ և իսրայելցիներին հանեմ եգիպտացիների երկրից»: Աստված ասաց. «Ես քեզ հետ կլինեմ»» (Ելից 3.6-12):

Մովսեսի ծնունդից 400 տարի առաջ Աստված Աբրահամին ասել էր հրեա ժողովրդի գերությունից ազատվելու մասին: Դեռ այդ ժամանակ Աստված տեսնում էր Մովսեսին՝ որպես Աստծո ժողովրդին ազատագրող. մարդ, ով դուրս կհանի Իսրայելի որդիներին եգիպտական գերությունից: Տերը հավիտենությունից գիտեր Մովսեսին ու առանձնացրեց նրան այդ գործի համար, այդ պատճառով Նա ծնունդ տվեց Մովսեսին: Ու Աստծուն հնազանդվելու միջոցով Մովսեսը մտավ իր կոչման մեջ: Նա նվիրեց իրեն Աստծուն, այդ պատճառով, Աստված այս երկրի վրա կարողացավ ավարտել Իր գործը Մովսեսի մարմնի միջոցով:

Այսպիսով, հայտնելով Իր տեսիլքը, Աստված ցույց տվեց Մովսեսին նրա կյանքի համար իրական նախասահմանությունը: Աստված ասաց. «Ես *ականատես եղա* եգիպտոսում գտնվող իմ ժողովրդի կրած տառապանքներին, *լսեցի* վերակացուների պատճառով նրանց բարձրացրած աղաղակը, *տեղյակ եմ* նրանց վշտերից: Ես *գնում եմ,* որ նրանց փրկեմ եգիպտացիների ձեռքից»: Որքա՜ն հիանալի է, *այնպես չէ՞,* Աստծուց լսել այսպիսի խոսքեր: Շնորհակալություն, Տե՛ր: Ալելուիա՛: Ամե՛ն: Աստված գործում է, թո՛ղ Քո կամքը լինի: Բայց ահա Աստված ասում է Մովսեսին. *«Այսպիսով, գնա՛ ու հանի՛ր նրանց այնտեղից...»:*

Շատերը մինչև վերջ չեն հասկանում պատմության այս հատվածի նշանակությունը: Այսօր շատ կան այդպիսի մարգարեություններ, երբ Աստված խոսք է տվել ինչ-որ բան անել ու ասել է, որ Ինքը *փեսնում է, գիփի* ու *գալիս է* ազատելու: Ուստի, շատ հավատացյալներ սպասում են, թե երբ է Աստված գալու և անձամբ ամեն ինչ ուղղելու: Ո՛չ, քանի որ Մովսեսի պատմության մեջ Աստված նաև ցույց տվեց, որ Նա մարդուն տալիս է նախասահմանություն, ապա գործում է նրա միջոցով: Հասկացե՛ք, որ Աստված Հոգի է, Նրան ֆիզիկական մարմին է պետք, որպեսզի գործի ֆիզիկական աշխարհում: Աստծուն մարդ է պետք, ով լիովին իր մարմինը կտրամադրի որպես կենդանի զոհ, որ Աստված կարողանա գործել երկրի վրա: Ուստի, երբ Աստված խոսում է ձեզ հետ կամ մարգարեական խոսք է ուղարկում, դուք պետք է տրամադրեք ձեզ Նրան ու պատասխանատվություն վերցնեք խոսքի համար, որպեսզի իրականացնեք Նրա կամքը երկրի վրա՝ ինչպես երկնքում է:

Ուշադրությունդ պահիր հե՛նց Աստծո վրա

Այսպիսով, Աստված ուղարկեց Մովսեսին փարավոնի մոտ, որովհետև փարավոնը գերության մեջ էր պահում Իսրայելի որդիներին: Մովսեսը պատասխանեց Աստծուն. «Ո՞վ եմ ես, որ գնամ փարավոնի մոտ»: Պատկերացրեք, առաջվա Մովսեսից, ով ուժեղ էր խոսքով և ուժով, ոչինչ չէր մնացել: Այնտեղ՝ անապատում, հօդս էր ցնդել նրա մեծամտությունը, հպարտությունը, ամբարտավանությունն ու ամեն բան: Համոզված եմ՝ Մովսեսը հիշեց այն պահը, երբ մի անգամ արդեն իր ուժերով փորձել էր փրկել իր եղբայրներին. «Աստվա՛ծ, նայի՛ր ինձ, ո՞վ եմ ես: Ես արդեն փորձել եմ, ինձ մոտ ոչինչ չի ստացվել...»:

Թանկագի՛ն ընկեր, իմացի՛ր՝ երբ Աստծո Հոգին ցույց է տալիս, թե իրականում Աստված քեզ ինչպես է տեսնում, դա միշտ ավելի մեծ է լինելու, քան ինքդ քեզ տեսնում ես, շատ ավելի մեծ, քան կարող ես պատկերացնել: Եթե նայում ես միայն ինքդ քեզ, ապա երբեմն դժվար է հավատալ, որ Աստված կարող է ինչ-որ մեծ բան անել: Մովսեսը մեզ նման էր, նա իրեն էր նայում, այդ պատճառով էլ Աստծուն պատասխանեց. «Ո՞վ եմ ես, որ գնամ փարավոնի մոտ ու Իսրայելի որդիներին եգիպտոսից հանեմ» (Ելից 3.11): Այժմ Աստված Մովսեսի ուշադրությունը Իր վրա կենտրոնացրեց. «Ես քեզ հետ կլինեմ»:

Միակ բանը, որ Մովսեսը պիտի աներ, հավատալն ու Աստծո համար իրեն առանձնացնելն էր: Մեզ պետք չէ նայել մեր ներուժին և ունակություններին, այլ ամբողջ ուշադրությունը պետք է պահել Աստծո վրա, Նրա մեծության ու զորության վրա: Առաջին անգամ Մովսեսը ներուժն ու իշխանությունն էր զգում, քանի որ նա փարավոնի որդին էր ու մտածում էր, որ իր ձեռքով կարող է ազատագրել ժողովրդին: Այլ խոսքերով՝ ճանապարհին նրա «ես»-ը և ինքնավստահությունն էին կանգնած: Բայց երկրորդ անգամ, երբ Մովսեսը լսեց իր կոչումն Աստծուց, նախկին ինքնավստահությունից ոչինչ չէր մնացել:

Մենք պետք է հասկանանք, որ Աստված կանչում է մեզ Իր տեսիլքի մեջ, իսկ Նա մի տեսիլք ունի, մի մարմին, մի հավատք ու մի մկրտություն: Այդ պատճառով, չպետք է ամեն մեկս մեր տեսիլքը ունենանք, քանի որ մենք Նրա տեսիլքի մի մասն ենք, իսկ Նրա տեսիլքը ներառում է այն, ինչի համար նախասահմանված ենք: Աստված ամբողջ եկեղեցու գլուխն է, ինչպես նաև մեր կյանքի գլուխն է: Ամբողջ մարմինը համակցված է զանազան հոդերով, այնպես որ, երբ մարմնի յուրաքանչյուր մասը գործում է՝ ինչպես հարկն է, ամբողջ մարմինը աճում է և կառուցվում սիրո մեջ (տե՛ս Եփես. 4.16):

Մեր նպատակը Աստծո կամքը կատարելն է, ինչպես անհատապես, այնպես էլ համախմբված: Իսկ Աստծո կամքն այն է, որ մարդկանց ազատի գերությունից ու ստրկությունից, սա առանցքային է այն մարդկանց համար, ովքեր նվիրվում են Աստծուն:

Հիշե՛ք, ցանկացած նախասահմանության վերջնական նպատակը մարդկանց ազատագրելն է բոլոր բնագավառներում, որպեսզի նրանք կարողանան ծառայել Աստծուն: Ազատագրումը ներառում է հոգու, մտքի ու մարմնի ոլորտները: Հիսուսն արդեն ամեն ինչ արել է, հիմա մեր առաջադրանքը՝ մարդկանց գիտելիքի պակասից դեպի ճշմարտությունն ուղղորդելն ու ազատության ճանապարհը ցույց տալն է: Երբ մարդիկ ճանաչեն ճշմարտությունը, այն կազատի նրանց, ու նրանք կկատարեն Աստծո կամքն իրենց կյանքում:

Անվան զորությունը

> «Մովսեսն ասաց Աստծուն. «Ես կգնամ իսրայելցիների մոտ ու նրանց կասեմ՝ ձեր հայրերի Աստվածն է ուղարկել ինձ ձեզ մոտ: Եվ եթե նրանք հարցնեն, թե ինչ է Նրա անունը, ես ի՞նչ պատասխանեմ նրանց»: Աստված ասաց Մովսեսին. «Ես եմ, ՈՐ ԵՄ»: Եվ ավելացրեց. «Այսպես կասես իսրայելցիների որդիներին՝ Ինձ ԵՄ-ը ուղարկեց ձեզ մոտ»» (Ելից 3.13,14):

Այս անունը պարզապես տառերի հավաքածու չէ, այն բնորոշում է անձի էությունն ու բնությունը: Մարդու անունը նրա անձնական անվանումն է, այն հանդիսանում է անհատականության կարևորագույն մասը: Ձեր անունը ավելին է, քան պարզապես բառը: Անվան մեջ դրված է այն բնությունն ու էությունը, ինչպիսին տվյալ անձը հանդիսանում է:

Աստծո անվան մեջ դրված է նաև Նրա անհատականությունը, և ի հայտ է գալիս Նրա էությունն ու ուժը: Ուստի, կարծում եմ՝ Մովսեսն Աստծուն տվեց ամենադժվար հարցը. *ինչպե՞ս Աստված բացատրեր, թե Ով է Ինքը: Ինչպե՞ս բացատրություն տալ անբացատրելիին:* Նա հավերժ գոյություն ունեցողն է, չունի ո՛չ սկիզբ, ո՛չ վերջ, Նրանում է հարստության ու իմաստության անհունությունը, և Նրա ուժը սահմաններ չունի: Պատկերացրեք, մենք մի ամբողջ հավիտենություն պիտի ճանաչենք Նրան: Երկինքը չի կարող տեղավորել Տիրոջ մեծությունը, իսկ մենք փորձում ենք Աստծուն բնորոշում տալ: *Ինչպե՞ս Նա նկարագրի Իրեն մեկ անունով:* Բառերի հեղինակին պետք էր բառեր գտնել, որպեսզի բնորոշեր Ինքն Իրեն: Այդ պատճառով Աստված պատասխանեց. *«Ես եմ, ՈՐ ԵՄ»:*

Երբ մենք արտասանում ենք Հիսուս անունը, այն պարզապես բառ չէ: Նրա անվան մեջ թաքնված է Նրա զորությունը, և որքան շատ ենք մենք կերպարանափոխված Հիսուսի պատկերին ու Նրա բնավորությանը, այնքան շատ է մեր կյանքի միջոցով ազատ արձակվում Նրա զորությունը: *Ինչո՞ւ շատ մարդիկ արտասանում են Հիսուսի անունը, բայց ոչինչ տեղի չի ունենում:* Տարբերությունը բառի մեջ չէ, այլ՝ Նրա պատկերին կերպարանվելու:

Այսպիսով, որպեսզի իրականացներ նախասահմանությունը և ժողովրդին ազատեր գերությունից, Մովսեսին պետք էր փարավոնի ուժը գերազանցող ուժ և իշխանություն: Դրա համար Աստված Մովսեսին հայտնում է Իր *Ես Եմ* անունը և այդ անունով նրան ուղարկում փարավոնի ու ժողովրդի մոտ: Այլ խոսքերով՝ Աստված նրան ուղարկում է՝ ասելով. *«Քեզ հետ Գոյություն ունեցողն է»:* Պատկերացրեք, Մովսեսի միջոցով փարավոնը տեսավ, որ Աստված ամեն ինչից բարձր է, և որ Նա կառավարում է ամեն ինչ: Բայց դրա համար Մովսեսը պետք է իր մարմինը տրամադրեր ու լիովին առանձնացներ իրեն Աստծո համար: Մովսեսի հնազանդության շնորհիվ Աստծո զորությունն ու մեծությունը հայտնի դարձավ ամբողջ Եգիպտոսի տարածքում ու դրա սահմաններից դուրս. Աստված կարողացավ բացահայտել Իր անունը և փարավոնին ու ժողովրդին ցույց տալ, որ Նա է Տերը:

Ուսումնասիրենք այն արմատական փոփոխությունները, որ կատարվել են Մովսեսի կյանքում այն պահից, երբ Նա որոշեց անապատում սովորականից ավելի առաջանալ: Ամենայն հավանականությամբ, Մովսեսն էլ չէր պատկերացնում, թե ինչի կհանգեցներ իր այդ որոշումը: Աստծո հետ հանդիպումից հետո Մովսեսն այլևս չվերադարձավ հին ապրելակերպին: Աստծո տեսիլքը պահանջեց հարյուր տոկոսանոց նվիրում ու անմնացորդ զոհաբերություն: Դա ավելին է, քան ժամանակ առ ժամանակ ծառայելը կամ եկեղեցում օգնելը: Աստված Մովսեսին առանձնացրել էր Իր համար, իսկ Մովսեսն իր հերթին կյանքը լիովին նվիրել էր Նրան: Հավատացեք, Աստծո մեջ սովորականից ավելի առաջանալու որոշումը կարող է ընդմիշտ փոխել ձեր ճակատագիրն ու ձեր պատմությունը:

Թանկագի՛ն ընկեր, Աստված ուզում է առանձնացնել ձեր ամբողջ կյանքն Իր համար: Աստված չի ընտրում իր սեփական կարծիքն ունեցող, ընդունակություններով օժտված մարդու, այլ ընտրում է նրան, ով առաջ կընթանա և կնվիրի իրեն որպես կենդանի զոհ, որպեսզի Աստված կարողանա դրսևորել Իր զորությունը փարավոնի առջև: Մովսեսը միակ մարդն էր, ում հետ Աստված խոսում էր դեմառդեմ, ուրիշ ոչ ոքի Նա այդպես չէր հայտնվել: Շատ մարդիկ կան, որ Աստծուց հայտնություն են խնդրում, բայց կան մարդիկ, որոնց Նա Ինքն է փնտրում, որպեսզի հայտնի իր սիրտն ու ցանկությունները, որովհետև Նա գիտի, որ նրանք տեսիլքը կտանեն մինչև վերջ: Այդպիսի մարդիկ նվիրված են ոչ թե ծառայությանը, այլ հենց Աստծուն. սա ամենակարևորն է:

Այսօր, նախկինի պես, Աստված փնտրում է մարդու, ում հետ կկիսի իր տեսիլքը: *Մի անգամ* այդպիսի մարդ դարձավ Մովսեսը, ով ավելի հեռու գնաց անապատում և հանդիպեց Աստծո հետ, որից հետո նրա կյանքը արմատապես փոխվեց: *Մի անգամ...* իմ կյանքում նույնպես տեղի ունեցավ այդպիսի *մի անգամ*, և ես աղոթում եմ, որ *մի անգամ* դու Աստծո մեջ սովորականից ավելի առաջ գնաս և այլևս չվերադառնաս նախկին կյանքին:

ԳԼՈՒԽ 11

ՆՎԻՐՈՒՄ

Մովսեսը սովորական մարդ էր ծնվել, սակայն որոշված ժամանակին Աստված հայտնեց Իրեն զորությամբ՝ Սուրբ Հոգով: Հիսուս Քրիստոսը մարմնով ծնվեց Դավթի սերմից, բայց որպես Աստծո Որդի հայտնեց Իրեն զորությամբ՝ Սուրբ Հոգով: Պողոս առաքյալը սովորական մարդ էր, բայց մի օր Աստված հայտնեց Իրեն նրա միջոցով զորությամբ, ու Տիրոջ փառքը բացահայտվեց հեթանոսներին, իսկ սատանայի գործերը քանդվեցին: *Աստված, իսկ Ինչ՞ն ես Դու նայում: Ի՞նչն ես տեսնում մարդու մեջ ու հայտնում Քեզ նրա միջոցով Քո զորությամբ:*

Լիովին նվիրվել Աստծուն

Մի օր Աստված առանձնացրեց Մովսեսին ու ասաց. «Ես ուզում եմ քո միջոցով կանգնել փարավոնի առջև և Իմ ժողովրդին Եգիպտոսից դուրս բերել, Ես կհայտնեմ Ինձ որպես Տեր ու ցույց կտամ Իմ փառքը»: Աստված հայտնեց Մովսեսին Իր տեսիլքը, և Աստծո տեսիլքը պահանջեց Մովսեսին ամբողջությամբ, անմնացորդ: Հին կտակարանում գրված է նաև, որ երբ Մովսեսը մահացավ, Աստված Ինքը նրա մասին ասաց. «...Իմ ծառա Մովսեսը մահացավ...» (Հեսու 1.1,2): Մովսեսը լիովին նվիրված էր Աստծուն, նա դարձել էր Աստծո ծառան, և դրանից հետո Աստված հայտնեց Իրեն Սուրբ Հոգու զորությամբ: *Սուրբ Հոգով*՝ նշանակում է Աստծուն նվիրվելու չափով:

Ուշադրություն դարձրեք, որ Աստված Մովսեսին չառանձնացրեց պարզապես ծառայության համար, Նա առանձնացրեց նրան Իր համար: Մովսեսը իրեն չնվիրեց Աստծուն ծառայելուն, այլ՝ նվիրվեց Աստծուն: Իսկ Աստված արդեն նրա միջոցով ծառայում էր: Անմնացորդ նվիրման արդյունքն Աստծո փառքի հեղումն ու օծությունը եղավ: Այսօր Աստծո ծառայությանը նվիրված շատ մարդիկ կան, բայց շատ քիչ են նրանք, ովքեր նվիրել են իրենց Ինքնին Աստծուն: Սա նույն բանը չէ: Ամենից առաջ Աստծուն դու՛ ես պետք, որովհետև քեզ համար Նա տվեց ամեն ինչ...

Մովսեսը մարգարեանում է Իսրայելի ժողովրդին. «Քո եղբայրների միջից քո Տեր Աստված ինձ պես մարգարե վեր կկացնի քեզ համար, Նրա՛ն լսեք» (Երկր. Օր. 18.15): Նա հայտարարեց Հիսուս Քրիստոսի գալուստը Երկիր, Ով կլինի՝ ինչպես հոգևոր Մովսես, ու կկործանի փարավոնի իշխանությունը՝ սատանայի իշխանությունը, և դուրս կբերի մարդկանց ստրկությունից: Այդ մարգարեությունն իրականացավ, երբ Հիսուսը ծնվեց մարմնով երկրի վրա ու հայտնեց Իրեն որպես Աստծո Որդի՝ Սուրբ Հոգու զորությամբ: Քրիստոսն առանձնացրեց Իրեն. թողնելով երկնքի փառքը՝ եկավ երկիր, որպեսզի դառնա մարդու Որդի: Որպես մարդ Նա Իրեն լիովին նվիրեց Հորը, որպեսզի Աստծո կամքը կատարվեր այս երկրի վրա Իր մարմնի միջոցով: Թույլ տվեք ընդգծել, թե ինչպես է Աստծո զորությունն արձակվում երկրի վրա. Աստծուն անմնացորդ նվիրվելու միջոցով:

Շատ կարևոր է հասկանալ, որ սրբությունը երկու եզրույթ ունի: Սուրբը միայն ինչ-որ բանից առանձնացված լինելը չէ, այլ նաև առանձնացված է ինչ-որ բանի համար: Օրինակ, եթե ես բաժակ եմ ընտրում, ապա միաժամանակ այն առանձնացնում եմ մյուս սպասքից ու սահմանում եմ այն ինձ համար: Սուրբ Գրքում տեսնում ենք, որ կային զանազան իրեր, որոնք նվիրվում էին Աստծուն: Դրանք առանձնացվում էին մյուսներից ու սրբվում էին Աստծո համար: Ուստի, սուրբը՝ պարզապես աշխարհից առանձնացվածը չէ, այլ՝ Աստծուն նվիրվածը:

Հիսուս Քրիստոսի կյանքն ուսումնասիրելով՝ ես տեսնում եմ, որ Նա լիովին խոնարհեցրել էր Իրեն, որպեսզի Հոր կամքը կատարեր: Հիսուսն Իրեն այնքան էր խոնարհեցրել, որ Նա Հոր մեջ էր, իսկ Հայրը՝ Նրա մեջ: «Որովհետև Ես Իմ անձից չխոսեցի, այլ՝ Ինձ ուղարկող Հայրը, Նա՛ պատվիրեց Ինձ, թե ինչ պիտի ասեմ և ինչ պիտի խոսեմ» (Հովհ. 12.49): Սա հարյուր տոկոսանոց նվիրում է: Հովհաննեսի Ավետարանում Հիսուսը բացահայտում է նաև, թե որքան էր Նա միացած Հորը.

«...Ճշմարիտ, ճշմարիտ ասում եմ ձեզ, մարդու Որդին Իրենից ոչինչ չի կարող անել, եթե չտեսնի Հորն անելիս, որովհետև՝ ինչ որ Հայրն է անում, Որդին էլ այդ բանը Նրա նման է անում, քանի որ Հայրը սիրում է Որդուն և ամեն բան ցույց է տալիս Նրան, որ Ինքն անում է, և սրանցից ավելի մեծ գործեր ցույց կտա Նրան, որ դուք կզարմանաք» (Հովհ. 5.19,20):

Տեսնել Հորն անելիս՝ նշանակում է տեսնել Նրա ցանկությունները, Նրա կամքը, ունենալ Նրա տեսիլքը: Ցավոք՝ բոլորը չէ, որ տեսնում են Հորը անելիս, Նրանք էլ են անում, բայց դրանք մարդու ձեռքի գործեր ու ծառայություններ են: Հիսուսը ոչինչ Ինքն Իրենից չէր անում, *եթե* չտեսներ Հորն անելիս: Այդ *«եթե»-ն* վիթխարի նշանակություն ունի: Նա գիտակցաբար դարձավ երկնային Հոր ծառան ու ստրուկը, դա Նրա ընտրությունն ու որոշումն էր: Դրա համար էլ Աստծո Որդին հայտնվեց Սուրբ Հոգու զորությամբ:

Հիսուսը հայտնում է Աստծո էությունը

Ուշադրություն դարձրեք, որ Հիսուսը, որպես Մարդ, ուներ ընտրության հնարավորություն. Նա կարող էր անել Ինքնուրույն: Երբ զինվորները Գեթսեմանի պարտեզ եկան, որ բռնեն Նրան, Նա այսպես ասաց. «Կամ կարծում եք, թե չեմ կարող Իմ Հորն աղաչել, որ հիմա Ինձ համար այստեղ հասցնի ավելի քան տասներկու գունդ հրեշտակներ» (Մատթ. 26.53): Այս խոսքը ցույց է տալիս, որ Հիսուսն ուներ ազատ կամք՝ այլ կերպ վարվելու համար: Սակայն Նա խոնարհեցրեց Իրեն՝ լինելով հնազանդ նույնիսկ մինչև մահ, այն էլ՝ խաչի մահ (տես Փիլիպ. 2.8):

Այդ գիշեր Գեթսեմանի պարտեզ էին եկել զինվորներն ու քահանայապետերի ծառայողները, որպեսզի բռնեին Հիսուսին: Որքան էլ տարօրինակ թվա, նրանք զինվել էին՝ վստահ լինելով, որ մարդկային ուժով կարող են բռնել Աստծուն: Ուղղակի պատկերացրեք այդ տեսարանը. թրերով ու ցցերով կանգնած են մարդիկ ու նայում են Հիսուսին, Նա էլ նրանց է նայում, իսկ Նա Հոր մեջ է, Հայրն էլ Նրա մեջ է: Հետաքրքիր է, բայց նույնիսկ այդ պահին Հիսուսը չհայտնեց նրանց Իր ուժը, այլ հայտնեց նրանց Իր Հորը: Նա հարցրեց. *«Ո՞ւմ եք փնտրում»:* Նրան պատասխանեցին. *«Հիսուս Նազովրեցուն»:* Հիսուսն, իմանալով այն, ինչ լինելու էր Իր հետ, ասում է. *«Ես եմ»* (Հովհ. 18.4,5): Սա Աստծո անունն է, որ հայտնեց Մովսեսին լեռան վրա: Իսկ Աստծո անվան մեջ արձակվում էր Նրա էությունն ու բնությունը:

Նկատեք, որ ամեն անգամ, երբ Աստված հայտնում էր Իր էությունը, այսինքն՝ Իրեն, այնպիսի զորություն էր արձակվում, որ այնտեղ ծուխ, կրակ, քամի ու երկրաշարժ էր լինում, ամեն ինչ հալվում էր Նրա առջև, ամեն բան փոխվում էր, հարություն էր առնում, վերականգնվում էր, արարող զորություն էր արձակվում: Պատկերացրեք, երկինքը չի կարող տեղավորել Տիրոջ մեծությունը, առավել ևս մարդկային մարմինը չի կարող դիմանալ Նրա զորությանը, դրա համար այդ պահին բոլորն ընկան:

Աստված հայտնեց «Ես եմ, ՈՐ ԵՄ» անունը այն ժամանակ, երբ Մովսեսին ուղարկեց փարավոնի մոտ, որպեսզի ժողովրդին ազատի գերությունից (տես Ելից 3.13,14): Հետաքրքիր է, որ Հիսուսը, նախքան Իրեն մահվան մատնելն ու մարդկանց գերությունից ազատելը, նույնպես տվեց *«Ես եմ ՈՐ ԵՄ»* անունը, կրկին բացահայտելով Հոր էությունը, և Նրա անվան մեջ եղող զորությունը արձակվեց (տես Հովհ. 18.5,6): Զինվորները Նրան բռնեցին՝ ոչ թե, որ ավելի մեծ ուժ ունեին, այլ՝ Նա Ինքնակամ հանձնեց Իրեն խաչին, որպեսզի լիովին նվիրվի Հոր կամքին ու կատարի Աստծո փրկության ծրագիրը:

Աստծո Որդին ամեն ինչում փառավորում էր Հորը ու բացահայտում էր Նրա էությունը երկրի վրա: Իր բարեխոսական աղոթքում Նա ասաց. «Ես հայտնեցի Քո անունը մարդկանց» (Հովհ. 17.26): Ամեն անգամ, երբ Հիսուսը բժշկում էր, Նա հայտնում էր Հոր էությունը. Բժշկող Աստված (տես Մատթ. 9.35): Երբ Նա կերակրում էր մարդկանց, Նա հայտնում էր Հոր էությունը. Մատակարար Աստված (տես Ղուկ. 9.16,17): Երբ հարություն էր տալիս մեռելներից, Նա բացահայտում էր Հոր էությունը. Հարություն ու Կյանք տվող Աստված (տես Ղուկ. 8.54,55): Եվ ամբողջ ժողովուրդն ուզում էր Նրան դիպչել, որովհետև Նրանից մեծ զորություն էր դուրս գալիս և բժշկում բոլորին (տես Ղուկ. 6.19):

Պատիվ է լինել Հիսուս Քրիստոսի ծառան

Թույլ տվեք ընդգծել՝ Քրիստոսն Իրեն միայն երկնքի փառքից չէր առանձնացրել, այլ լիովին նվիրվել էր Աստծուն: Նա Աստծո ծառան էր, այդ պատճառով ասում էր, որ Ինձ տեսնողը Հորն է տեսնում (տես Հովh. 14.9): Նա Ինքնակամ Իրեն խաչին մատնեց, դժոխք իջավ, մերկացրեց իշխանություններին և զինաթափեց պետությունները, հրապարակավ խայտառակեց՝ նրանց պարտության մատնելով Քրիստոսի միջոցով՝ Նրա հարությամբ (տես Կողոս. 2.15): Աստծո կամքը կատարվեց երկրի վրա Նրա մարմնի միջոցով: *Ինչ՜ հետ է կապված Նրա ուժը*. Սուրբ Հոգու հետ, այսինքն՝ Ինքնին Աստծուն նվիրվելու հետ:

Նոր կտակարանում Պողոս առաքյալն իր մասին գրում է հետևյալը. «Պողոսը՝ Հիսուս Քրիստոսի ծառան, կոչումով առաքյալ, ընտրված քարոզելու Աստծո Ավետարանը» (Հռոմ. 1.1): Սա նշանակում է, որ Պողոսն էլ էր լիովին նվիրված Աստծուն՝ լինելով Հիսուս Քրիստոսի ծառան, ստրուկը: Նրա միջոցով ի հայտ եկավ Աստծո զորությունը, որպեսզի Տիրոջ անունով զավթեր բոլոր ազգերը: Ինչպես էր Պողոսը հասել Հիսուս Քրիստոսի ծառան լինելու պատվին:

Գաղատացիներին ուղղված թղթում Պողոսը գրում է իր մասին.

> «Բայց երբ որ կամեցավ Աստված, որ իմ մոր որովայնից ինձ որոշել և իր շնորհքով կանչել է, որ Իր Որդուն Ինձանով հայտնի, որ Նրան հեթանոսների մեջ ավետարանեմ, այն ժամանակ իսկույն ոչ մեկի խորհրդին չդիմեցի» (Գաղատ. 1.15,16):

Երբ Աստված կանչեց Պողոսին, նա չխորհրդակցեց մարդկային ոչ մի կարծիքի հետ, այլ առանձնացրեց իրեն Աստծո համար: Նա Աստծո մեջ առաջ գնաց՝ «հեռու անապատում», որպեսզի նմանվի Քրիստոսին ու ճանաչի Աստծո կամքը: Պողոսը լիովին իրեն նվիրեց Աստծուն, այդժամ Տերը կարողացավ հայտնվել նրա մեջ ու նրա միջոցով՝ Սուրբ Հոգու զորությամբ:

Արդյունքում՝ Պողոսը գրում է իր ծառայության մասին.

«Քանի որ չեմ համարձակվում խոսել մի բան, որը Քրիստոսը չգործեց իմ միջոցով՝ հեթանոսներին հնազանդեցնելու համար՝ խոսքով և գործերով: Նշանների և հրաշքների զորությամբ, Աստծո Հոգու զորությամբ. այնպես որ, ես Երուսաղեմից սկսած շրջելով՝ մինչև Լյուրիկացիների կողմերը տարածել եմ Քրիստոսի Ավետարանը» (Հռոմ. 15.18,19):

Պողոս առաքյալի ամբողջական նվիրման շնորհիվ Աստված կարողացավ հայտնել Իրեն հեթանոսներին:

Հիշեցնեմ, որ նվիրումը ընթացք է, որը ներառում է՝ ինչպես աշխարհից առանձնացում, այնպես էլ նվիրում Աստծուն: Գրված է. «Մի՛ սիրեք աշխարհը, ոչ էլ՝ ինչ որ աշխարհի մեջ է: Եթե մեկը սիրում է աշխարհը, Հոր սերը նրա մեջ չէ, քանի որ այն ամենը, ինչ աշխարհի մեջ է՝ մարմնի ցանկությունը, աչքերի ցանկությունը և այս կյանքի ամբարտավանությունը, Հորից չէ, այլ՝ այս աշխարհից» (Ա Հովh. 2.15,16): Շատերն իրենց առանձնացրել են աշխարհից, բայց շարունակում են այնտեղ նայել ու պայքարել մեղքի դեմ: Աշխարհից առանձնանալու համար անհրաժեշտ է շրջվել ու ամբողջ ուշադրությունը հառել Աստծուն: Կորնթացիների թղթում գրված է. «Բայց երբ դառնան Տիրոջը, այն քողը վեր կառնվի, որովհետև Տերն է Հոգին. որտեղ Տիրոջ Հոգին է, այնտեղ ազատություն է» (Բ Կորնթ. 3.16,17): Ազատություն է գալիս այն ոլորտներում, որոնք մենք ենթարկեցնում ենք Նրան:

Բոլոր պատասխաններն արդեն քո մեջ են

Երբ մենք միանում ենք Աստծո Հոգու հետ ու կերպարանափոխվում, մենք փոքրանում ենք, իսկ Նրա էությունը մեծանում է մեր ներսում: Այդպես է տեղի ունենում նվիրումն Աստծուն: Հասկացե՛ք, Աստված արդեն Իր ամբողջ լիությամբ գտնվում է հավատացող մարդու ներսում: Երբ ընդունեցինք Սուրբ Հոգուն, մենք ընդունեցինք ամբողջ աստվածային լիությունը մեր ներսում: Արդեն բոլոր պատասխանները, ապագան, ամբողջ զորությունը, իշխանությունը, հրաշքները՝ այս ամենը քո ներսում է: Կոչումը քո ներսում է, հավիտենությունը առջևում չէ, այն քո ներսում է, պատասխանները քո ներսում են: Որքան շատ է քո կյանքում նվիրումն ու կերպարանափոխությունը, այնքան քիչ ես դու, իսկ Աստված՝ շատ քո ներսում:

Երբ Աստված կանչեց Մովսեսին, նա նայում էր իրեն ու ծանրութեթև էր անում իր հնարավորությունները: Մովսեսը գիտեր՝ ինչ է Եգիպտոսը, հետևաբար պատասխանեց. «...Ո՞վ եմ ես, ես ոչինչ չեմ կարող...» (տես Ելից 3.4-11): Դրա համար Աստծուն պետք էր նրա ուշադրությունը փոխել Ինքնին Աստծո վրա: Տերն ասաց. «Ես եմ Գոյությունը, Ես կգամ քեզ հետ և կհայտնեմ Ինձ քո միջոցով»: Այդպես էլ մենք չպետք է նայենք աշխարհին, մեզ, այլ միմիայն Տիրոջը՝ նայելով նրա փառքին: Այդժամ մենք կկարողանանք Սուրբ Հոգուն ազատություն տալ մեր ներսում և մեր միջոցով:

Ես Քրիստոսի պատկերին կերպարանակից լինելու այլ միջոց չեմ տեսնում, բացի Նրա փառքին նայելուց: Մեզ պետք է մշտապես Նրան տեսնել մեր առջևում, Նրան տալ մեր ամբողջ ուշադրությունն ու երկրպագությունը:

«Բայց մենք՝ ամենքս, բաց երեսով տեսնելով Տիրոջ փառքը՝ ինչպես հայելու մեջ, նույն պատկերի նման կերպարանափոխվում ենք՝ փառքից դեպի փառք՝ ինչպես թե Տիրոջ Հոգուց» (Բ Կորնթ. 3.18):

Հիսուսը ոչինչ չէր անում, եթե, նախ, չէր տեսնում Հորը անելիս: Դավիթն էլ էր այդպես ասում, որ միշտ իր առջևում տեսնում է Տիրոջը (տես Սաղմ. 16.8): Մեզ էլ է անհրաժեշտ զինվել այդ նույն մտքով ու ամբողջ ուշադրությունը կենտրոնացնել Նրա վրա: Իսկ ով տիրեց մեր ուշադրությանը, նրան էլ մեր երկրպագությունը կպատկանի: Աստված Իր համար փնտրում է երկրպագուներ, ովքեր կերկրպագեն իրեն ճշմարտության Հոգով (տես Հովհ. 4.23):

Ավելի ինքնասեր, քան աստվածասեր

Մի օր, ծոմի մեջ ուսումնասիրում էի Սուրբ Գիրքը և նկատեցի մի ճշմարտություն, որը փոխեց կյանքս: Ես հավատում եմ, որ այն ձեզ էլ կօգնի: Պողոս առաքյալը Տիմոթեոսի թղթում գրում է. «Այս բանն իմացի՛ր, որ վերջին օրերում չար ժամանակներ պիտի գան» (Բ Տիմոթ. 3.1): Ուշադրություն դարձրեք, որ Պողոսը նկատի չունի մարգարեական ժամանակը, այլ մարգարեաբար ավետում է ժամանակ, դրանք տարբեր բաներ են: Մարգարեական ժամանակը կապված է Աստծո գերիշխան կամքի հետ, այն հնարավոր չէ փոխել: Սակայն Սուրբ Գրքի այս հատվածում Պողոսը բացատրում է պատճառահետևանքային կապը, թե ինչու են գալու չար, ծանր ժամանակները: Ժամանակը հանկարծ չի դառնալու ծանր, առանց պատճառի, այն կապված չի լինելու սատանայի հետ, չնայած որ սատանան օգտագործելու է այն, ինչը մենք անտեսում ենք: Ո՛չ, վերջին օրերում ծանր ժամանակը կապված է լինելու մարդկանց հետ՝ մարդիկ լինելու են ինքնասեր:

Իսկ մնացած հատկանիշները, որ թվարկում է Պողոսը, ընդամենը մարդկանց ինքնասիրության հետևանք են.

> «Մարդիկ կլինեն անձնասեր, արծաթասեր, ամբարտավան, հպարտ, հայհոյող, ծնողներին անհնազանդ, ապերախտ, անսուրբ, անգութ, անհաշտ, բանսարկու, անժուժկալ, դաժան, անբարեսեր, մատնիչ, հանդուգն, գոռոզ, ավելի ցանկասեր, քան թե աստվածասեր: Աստվածապաշտության կերպարանքն ունեն, սակայն ուրացել են Նրա զորությունը...» (Բ Տիմոթ. 3.2-5):

Նկատի ունեցե՛ք, որ այս ցուցակը սկսվում է «անձնասեր» բառով, այսինքն՝ ամբողջ ուշադրությունը իրենց վրա է, և ավարտվում է այսպես՝ «ոչ աստվածասեր»: Աստվածասիրությունը նշանակում է, որ ամբողջ ուշադրությունը սևեռված է Նրան, որպեսզի կարողանանք սիրել Աստծուն ամբողջ սրտով, կարողությամբ ու մտքով:

Զարմանալի է, բայց Պողոսը այս ամենը չի գրում Աստծուն չճանաչող մարդկանց մասին: Ո՛չ, նա գրում է աստվածապաշտության կերպարանք ունեցողների մասին, նրանք առանձնացված են, ներված են, Աստված ազատել է նրանց ու առանձնացրել աշխարհից, բայց աշխարհին այդպես էլ մնացել է նրանց ներսում: Սա սարսափելի է. մարդիկ միայն աստվածապաշտության կերպարանք ունեն, բայց Նրա զորությունը չունեն: *Ինչո՞ւ է այդպես:* Եթե աղոթելու ու ծածուկ սենյակում Նրա հետ մնալու, Աստվածաշունչ կարդալու և կերպարանափոխվելու ժամանակ չկա, ապա մեր պտուղները մեր խոսքերից բարձր են գոռում. բայց չէ՞ որ Աստված մեր սրտին է նայում: Պողոսի թվարկած հատկանիշները թաքնված են մարդու ներսում, դրանք անհնար է տեսնել ֆիզիկական աչքերով, այլ միայն՝ որպես պտուղ, որպես արդյունք: Գիտեք, հնարավոր է, որ մարդը ասի *«Հիսուսի անունով»*, սակայն ոչինչ տեղի չունենա: Հիսուսի անունը զորություն ունի, բայց եթե մարդը չի հագել և չի կրում այդ անունը, կերպարանափոխություն չկա Հիսուսի պատկերին ու նմանությանը, ապա չկա նաև Նրա զորությունը:

Այսպիսով, այդ մարդիկ միայն աստվածապաշտության պատկեր ունեն ու անունով ապրում են, բայց ներքուստ մեռած են: Հնարավոր է նույնիսկ, որ այդ մարդիկ իրենց կյանքը նվիրել են Աստծուն ծառայելուն: Այդպես կվարվեն, որովհետև չճանաչեցին ո՛չ Հորը, ո՛չ Ինձ (տե՛ս Հովh. 16.2,3): Ես շատ հավատացյալների եմ հանդիպել, որոնք պայքարում են արտաքին տեսքի և աշխարհից իրենց առանձնացնելու համար: Բայց պետք է հասկանալ, որ սրբությունը ձև ու արտաքին տեսք չէ, այն պտուղ է և Աստծո հետ մեկացում:

Եթե մարդու մեջ գերակշռում է Պողոսի թվարկած հատկանիշները, ապա նա դեռ կերպարանափոխված չէ Աստծո պատկերին, նրանում դեռ շատ է հին բնությունը: Հասկացե՛ք, զորությունը գալիս է Աստծուն նվիրվելուց, ոչ թե պարզապես աշխարհից առանձնանալուց: Պողոսը զգուշացնում է, որ այդպիսիները զորություն չունեն, հեռացի՛ր նրանցից: Մարդիկ առանձնացնում են իրեց աշխարհից, բայց այդպես էլ լիովին չեն նվիրվում Աստծուն: Շատերը սկսում են ծառայել ու դառնում են ծառայության ստրուկները, բայց մենք պետք է դառնանք Հիսուսի ծառաները: Աստծուն դո՛ւ ես պետք. Նա քեզ առանձնացնում է Իր համար:

Ես հավատում եմ, որ Պողոսը մարգարեացել էր հենց մեր ժամանակների համար: Հնարավոր է, որ ձեր շրջապատում կան շատ մարդիկ, որոնք «ծանր ժամանակներ» են ապրում, նրանք շատ ցավեր, անբուժելի հիվանդություններ, կախվածություն ինչ-ինչ բաներից, դժվար իրավիճակներ ունեն... Այդպիսի մարդկանց Աստծո զորությունն է պետք, որն ի զորու է փոխել նրանց իրավիճակն ու ծանր ժամանակները: Պատկերացրեք, նրանք կարիք ունեն, որ Աստված այցելի իրենց և հայտնի Իրեն զորությամբ, *բայց ո՛ւմ միջոցով*. մարդո՛ւ միջոցով, ով լիովին հանձնվել է Աստծուն:

Սիրի՛ր

Մի օր Սուրբ Հոգին ցույց տվեց Սուրբ Գրքի Տիմոթեոսի երկրորդ թղթի վերոնշյալ հատվածը և ասաց. *«Ես ուզում եմ, որ Իմ եկեղեցին ունենա Իմ զորությունը: Նայի՛ր այս խոսքին ներքևից՝ վերև: Նայի՛ր այն հատկանիշներին, որոնք կբացահայտեն Իմ զորությունը. առաջինը՝ լինել աստվածասեր»:* Ի՞նչ կլինի, եթե մենք սկսենք սիրել Աստծուն ամբողջ սրտով, ամբողջ մտքով, ամբողջ կարողությամբ: Ի՞նչ տեղի կունենա, եթե նայենք Նրա փառքին և մեր ուշադրությունը պահենք Նրա վրա. կսկսվի կերպարանափոխման ու նվիրման հզոր ընթացք, որտեղ կփոքրանան մարմնավոր հատկանիշները:

Աստծո զորությունը դրսևորվում է աստվածասիրությունից: Երբ դուք դառնաք աստվածասեր, ապա կդադարեք կամակոր լինելուց, կլինեք պարկեշտ, անդավաճան, ձեր մեջ կգերակշռի բարին, համբերությունը, զսպվածությունը, չեք լինի հպարտ և զրպարտող, կդադարեք փողասեր ու անձնասեր լինելուց: Այս բոլոր հատկությունները կմեռնեն ձեր ներսում, և դուք կերպարանակից կլինեք Նրա պատկերին: Ձեր ներսում կլինեք ավելի քիչ դուք, ավելի շատ՝ Աստված: Այդժամ ձեր մեջ կհայտնվի Աստծո Որդին՝ Սուրբ Հոգու զորությամբ:

Ուստի, թանկագի՛ն ընկեր, կոչ եմ անում՝ առաջացի՛ր Աստծո մեջ ավելի: Սիրահարվի՛ր Աստծուն ավելի ու ավելի՝ լիովին նվիրվելով Նրան: Նայելով Նրա փառքին՝ դու կտեսնես Հորը անելիս: Արդարը թող ավելի արդարանա, իսկ սուրբը թող ավելի սրբվի (տես Հայտն. 22.11): Նախանձավոր եղի՛ր Նրա զորությանը, Աստված ուզում է գործածել քեզ և քո միջոցով հայտնվել Իր զորությամբ: Ցանկացի՛ր Աստծո զորությունը, նախանձավոր եղի՛ր դրանում, այն Աստծուց է: Սուրբ Հոգին այսօր ասում է. «Ես տեսնում եմ ծանր ժամանակ, ես տեսնում եմ ժողովրդի վշտերը, ես լսում եմ ճիչը, ես գիտեմ, ես գալիս եմ պատասխանելու, բայց ինձ մարդ է պետք, ով իրեն լիովին կնվիրի Ինձ, որ ես կարողանամ հայտնել Ինձ Սուրբ Հոգու զորությամբ»:

Եկել է մե՛ր ժամանակը

Ես անկեղծ հավատում եմ, որ մենք կարող ենք փոխել ծանր ժամանակը մեր սերնդի համար, երբ կհայտնվեն Արքայության որդիները Աստծո Սուրբ Հոգու զորությամբ: Նա կուղարկի մեզ փարավոնի մոտ, որպեսզի ազատի Իր ժողովրդին հիվանդություններից, կախվածություններից, անեծքներից, որպեսզի Իր զորությամբ քանդի սատանայի գործերը և պատասխան դառնա շատ մարդկանց համար, որպեսզի Նրա կամքը կատարվի երկրի վրա՝ ինչպես երկնքում է:

Մի օր Հիսուսը ծնվեց մարմնով, բայց որպես Աստծո Որդի հայտնվեց Սուրբ Հոգու զորությամբ: Նա հաշտեցրեց մեզ Աստծո հետ, ազատեց գերությունից ու փոխեց ժամանակը: Մի օր Մովսեսը ծնվեց մարմնով, բայց դառնալով Աստծո ծառան՝ հայտնվեց Սուրբ Հոգու զորությամբ և փոխեց ծանր ժամանակը իր սերնդի համար: Մի օր Պողոսը չխորհրդակցեց մարմնի ու արյան հետ, այլ նայեց Աստծո փառքին, ու Աստված զորությամբ հայտնեց Իրեն նրա միջոցով, և սատանայի գործերը քանդվեցին Պողոսի սերնդի մեջ:

Եկել է մե՛ր ժամանակը: Մեր «Flame of Fire» ծառայության մեջ գործում է երեք գլխավոր սկզբունք՝ լիովին նվիրում Աստծուն, ամբողջական զոհաբերություն և լիակատար հնազանդություն Սուրբ Հոգուն: Կարծում եմ, որ հենց սա է բնորոշում իրական քրիստոնեությունը և արձակում է Աստծո զորությունը: Մեկ օր որոշում կայացրի կյանքս, մարմինս, ժամանակս լիովին առանձնացնել Աստծո համար ու նվիրվել Նրան: Ես ցանկանում եմ կերպարանափոխվել Նրա պատկերին՝ փառքից՝ փառք, զորությունից՝ զորություն, որպեսզի Աստծո Որդին կարողանա ավելի շատ հայտնվել իմ մեջ ու իմ միջոցով՝ Սուրբ Հոգու զորությամբ, և ես կարողանամ պատասխան դառնալ շատերի համար՝ կատարելով այն, ինչի համար Աստված նախասահմանել է ինձ երկրի վրա:

ԳԼՈՒԽ 12

ՆԵՐՈՒԺ

«Ինչ որ աչք չտեսավ, ականջ չլսեց և մարդու սիրտ չընկավ, այն պատրաստեց Աստված Իրեն սիրողների համար: Բայց մեզ հայտնեց Աստված Իր Հոգով, որովհետև Հոգին քննում է ամեն ինչ, Աստծո խորքն էլ» (Ա Կորնթ. 2.9,10): Աստված պատրաստել է մեզ համար ավելին, բարձրը ու լայնը. մեր ֆիզիկական միտքը ունակ չէ ընդունել ու ներառել աստվածային լիությունը, քանի որ սա մարդկային ունակություններից վեր է: Երբ Աստվածաշունչն ասում է, որ Աստված պատրաստել է Իրեն սիրողների համար, ապա խոսքը հոգևոր աշխարհում ավարտուն գործի մասին է:

Աստված ժամանակից դուրս է

Աստված ոչինչ չի սկսում տեսանելի աշխարհում, մինչև չավարտի այն հոգևոր աշխարհում: Անտեսանելիից տեղի ունեցավ տեսանելին (տես Եբր. 11.3): Աստված արարեց և տեսանելին, և անտեսանելին, սակայն Աստված վեր է Իր ստեղծած ամեն ինչից: Երկինքը Նրա գահն է և հոգիների աշխարհը, իսկ երկիրը Նրա ոտքերի պատվանդանն է: Աստված ստեղծել է ժամանակային հարթությունը, և դա կապված է Նրա կամքի ու մտադրության հետ, իսկ Նա վեր է ամեն ինչից ու սահմանափակված չէ ժամանակային տարածությունով:

Աստված Հոգի է, իսկ Հոգու ոլորտում սահմանափակումներ չկան, Նա ժամանակից դուրս է ու կարող է լինել բոլոր ժամանակներում միաժամանակ: Այլ խոսքով՝ Աստված ստեղծել է ժամանակային տարածությունը՝ տալով դրան սկիզբ, և ավարտել է այն, բայց Նա գտնվում է ժամանակից դուրս և ամբողջ ժամանակային տարածությունը տեսնում է ամբողջական, բոլոր սերունդներում, դարաշրջաններում և ցեղերում միաժամանակ:

Երբ Աստված ստեղծում էր առաջին օրը, Նա միաժամանակ

գտնվում էր երկրորդ և երրորդ օրվա մեջ: Երբ Աստված ստեղծում էր երկրորդ օրը, ապա միաժամանակ գտնվում էր առաջին և երրորդ օրերի մեջ: Միաժամանակ գտնվում էր նաև քո օրվա մեջ, երբ կարդում ես այս գիրքը: Դեռ աշխարհի ստեղծումից ի վեր, Աստված Ադամի միջոցով տեսնում էր ամբողջ մարդկությունը: Տերը կատարված ժամանակում տեսնում է ամբողջ աշխարհը բոլոր ժամանակներում ու սերունդներում: Այստեղ է Տիրոջ մեծությունն ու իմաստությունը:

Եսայի գրքում գրված է. «Ես սկզբից իմացնում եմ վախճանը և վաղուց այն, որ դեռ չի կատարվել: Ես ասում եմ, որ Իմ խորհուրդը պիտի հաստատվի, և անում եմ այն ամենը, ինչը ինձ հաճելի է» (Եսայի 46.10): Աստված, գտնվելով հինավուրց ժամանակներում, ասում էր այն մասին, որ իրականանալու է, բայց Նրանում արդեն դա կատարված էր, դրանում է Նրա խորհուրդն ու զորությունը: Հենց այդպես է գործում հավիտենական հոգևոր աշխարհը:

Վախճանն արդեն կատարված է

Փաստորեն, եթե Տերը սկզբից ավետում է վերջը, նշանակում է Նա արդեն ավարտել է վերջը: Գրված է, որ Աստված ավետեց Աբրահամին այն մասին, որ նրա սերունդները կլինեն եկվորներ ուրիշի երկրում և ծառայություն կանեն, և նրանց չորս հարյուր տարի կչարչարեն: Բայց ես կդատեմ այն ազգին, որին պիտի ծառայեն, իսկ դրանից հետո նրանք մեծ ստացվածքով դուրս կգան (տես Ծննդ. 15.13-16): Պատկերացրեք, Նա դեռ այդ ժամանակ տեսնում էր Մովսեսի դերը ու հաստատել էր նրա առաքելությունը, չնայած Մովսեսը դեռ գոյություն չուներ ֆիզիկական աշխարհում: Այդպիսով, Աբրահամին խոստում տալով՝ Աստված արդեն ճանաչել էր Մովսեսին ու տվել էր նրան ժողովրդին Եգիպտոսից դուրս բերելու նախասահմանություն:

Աստված ապագայից ուղարկում է Իր Խոսքը ապագա, որովհետև Նա արդեն կանխորոշել է ապագան ու գտնվում է այնտեղ: Աստված միշտ *գոյություն ունի* բոլոր ժամանակներում: Ասեմ ավելին. Հայտնության գիրքն արդեն Քրիստոսի ավարտուն գործն է: Հիմա մենք միայն կամաց-կամաց հասնում ենք նրան, ինչը ավետված է վերջում, որտեղ Աստծո կամքը կկատարվի Նրա ձեռքով այդ ժամանակային տարածությունում, ու մենք կրկին կհայտնվենք հավիտենության տարածքում, որտեղ ապրում է Աստված, որտեղ Նրա լրումն է, որ ամենն ամենի մեջ լրացնում է: Միայն այս համակարգում մենք կարող ենք հասկանալ, թե ինչ է ասում Աստված. «Որովհետև ես գիտեմ այն խորհուրդները, որ խորհում եմ ձեր մասին,- ասում է Տերը,- խաղաղության խորհուրդները, և ոչ թե չարության, որ ձեզ տամ ապագան և հույսը» (Երեմիա 29.11): Նա Աստված է բոլոր ժամանակներում, Յահվեհ, Ես եմ, ՈՐ ԵՄ: Աստված Ալֆան և Օմեգան է, Սկիզբն ու Վերջը միաժամանակ, ընդ որում Նա ո՛չ սկիզբ ունի, ո՛չ վերջ:

Ֆիզիկական աշխարհում քո ծնունդը վկայում է այն մասին, որ քո ճակատագիրն արդեն ավարտված է Աստծո մոտ: Նա գրել է քո կյանքի բոլոր օրերը, երբ դրանցից ոչ մեկը դեռ չէր եղել, որովհետև Տերը հավիտենությունից տեսնում է Իր ամբողջ կամքը սկզբից մինչև վերջ կատարյալ ժամանակում: Երբ մենք գիտակցենք, որ հավիտենության մեջ ժամանակային տարածություն չկա, ապա կարող ենք հասկանալ Գրքի այն հատվածը, որտեղ գրված է, որ Աստծո Գառը մորթված էր աշխարհի ստեղծումից ի վեր՝ կատարելով Հոր կամքն ամբողջությամբ (տես Հայտն. 13.8):

Նախքան աշխարհը ստեղծվելը, մենք գտնվում էինք Աստծո մեջ, Նա ճանաչեց մեզ ու թույլ տվեց ծնվել՝ ամբողջությամբ պատրաստելով մեր ճակատագիրը: Եփեսացիների թղթում գրված է, որ Նա ընտրեց մեզ Նրա մեջ, աշխարհի ստեղծումից առաջ (տես Եփես. 1.4): Մենք այս աշխարհում ծնվել ենք, որովհետև Աստված Ինքն էր դա կամենում: Հակոբոսը նույնպես գրում է. «Նա կամենալով ծնեց մեզ ճշմարտության խոսքով...» (Հակոբ. 1.18): Հետևաբար, Նա մեզնից սպասում է, որ կատարենք Իր կողմից կանխորոշվածը:

Ուղարկված՝ ծնվելու համար

Բայց ինչպե՞ս կարող էինք մենք լինել Նրանում աշխարհի ստեղծումից առաջ, չնայած նրան, որ բեղմնավորումից առաջ գոյություն չունեինք: Այդպես է գործում հոգևոր աշխարհը:

Հաջորդ օրինակում կարող եք տեսնել դրա հոգևոր նախատիպը: Եբրայեցիների թղթում գրված է, որ Ղևին, ով տասանորդ էր ընդունում, Աբրահամի միջոցով տասանորդ տվեց Մելքիսեդեկին: Ինչպե՞ս է դա հնարավոր, չէ՞ որ Ղևիի ցեղը տեսանելի աշխարհում հայտնվեց միայն 400 տարի հետո: Բանն այն է, որ Ղևին գտնվում էր Աստծո խոստումների մեջ, հոր երանքում, երբ Մելքիսեդեկը հանդիպեց նրան (տե՛ս Եբր. 7.9,10): Փորձե՛ք հեռանալ ժամանակային շրջանակներից և Աստծո ավարտուն գործին նայել հավիտենությունից: Այն, ինչը ավարտված է հոգևոր աշխարհում, իր ժամանակին ծնվում է ֆիզիկականում: Այդպիսով, հոգևոր աշխարհը դրոշմեց, որ Ղևին, դեռ չծնված, Աբրահամի միջոցով տասանորդ բերեց Մելքիսեդեկին՝ Բարձրյալ Աստծո քահանային:

Նույնպես և մենք Նրա մեջ էինք աշխարհի ստեղծումից առաջ, ու ամեն բան եղավ Նրա Խոսքով: Հովհաննեսի Ավետարանում գրված է.

> «Սկզբում էր Խոսքը, և Խոսքն Աստծո մոտ էր, և Խոսքն Աստված էր: Նա սկզբում Աստծո մոտ էր: Ամեն ինչ Նրանով եղավ, և առանց Նրա ոչինչ չեղավ, ինչ որ եղավ» (Հովh. 1.3):

Ցանկանալով՝ Նա ծնեց մեզ Իր Խոսքով (տե՛ս Հակոբ. 1.18): Իսկ Նրա Խոսքի մեջ Նրա Հոգին ու Կյանքն է:

Եսային նույնպես գրել է.

> «Որովհետև, ինչպես որ իջնում է անձրևն ու ձյունը երկնքից և հետ չի դառնում այնտեղ, այլ ոռոգում է երկիրը և այն արգասաբեր անում և բողբոջեցնում նրան և տալիս է սերմ սերմնացանին և հաց՝ ուտողին, այնպես էլ կլինի Իմ բերանից դուրս եկած Խոսքը. այն ապարդյուն չի վերադառնա Ինձ մոտ, այլ կկատարի Իմ ուզածը և կհաջողվի նրանում, ինչի համար Ես ուղարկեցի նրան» (Եսայի. 55.10,11):

Նա ուղարկում է Իր Խոսքը, որը Հոգի է և Կյանք (տե՛ս Հովh. 6.64): Նկատեք, որ Աստծո կողմից ուղարկված Խոսքը կրում է աստվածային ներուժ՝ իրականացնելու այն, ինչի համար ուղարկված է: Եթե դուք ունակ եք ընկալել դա ձեր մտքով, ապա թույլ տվեք, որպես խորհրդապատկեր, մարգարեաբար ասել, որ մենք խոսք ենք Նրա Խոսքի մեջ: Իր Խոսքի միջոցով Աստված ուղարկեց մեզ այս աշխարհ: Իսկ Նրա Խոսքն անպտուղ հետ չի դառնում, մինչև որ չանի այն, ինչի համար արձակվել է: Դու ընտրված էիր Նրա մեջ աշխարհի սկզբից, դրա համար Նա ուղարկեց Խոսքը ու ծնեց քեզ՝ ներդնելով այդ Խոսքի մեջ Իր աստվածային ներուժը, որն ունակ է կյանքի կոչել ու կատարել այն, ինչի համար ուղարկել է: Խոսքն Աստծուց դուրս է եկել որպես սերմ: Նա արձակել է քեզ քո նախասահմանության շնորհիվ, ուստի, Նա ասում է քեզ. «Միայն Ինձ է հայտնի մտադրությունները քո մասին, Ես արդեն կանխորոշել եմ քո կյանքը ու ավարտել քո ճակատագիրը: Ես մտադրություններ ունեմ քեզ համար, որպեսզի քո ժամանակին պտուղ բերես ու ավարտես այն, հանուն ինչի Ես ուղարկել եմ քեզ այս երկիր»:

Հետաքրքիր է, որ երբ Աստծուց մարգարեական ուղերձ է գալիս, այն լինում է հոգևոր աշխարհից, որտեղ ժամանակային տարածություն չկա. այն դուրս է գալիս հավերժությունից, որպեսզի ավետի ապագան, և զորություն տա, որ ձեզ տեսնենք Աստծո աչքերով, որ տեսնենք այն, ինչը աչք չի տեսել, ու ականջ չի լսել, և մարդու սրտի մեջ չի ընկել՝ աստվածային մտադրություն ձեր մասին: Մարգարեական պարգևը կարող է տեսնել ձեր նախասահմանությունը ամբողջությամբ ու խոսել ձեր ներկա իրավիճակներից ավելի ծավալուն: Աստծուց եկող Խոսքը ձեզ մարտահրավեր կնետի և կմղի առաջ, մինչև որ իրականություն դառնա:

Միայն Աստծո ներկայության մեջ, երբ մեկանում ենք Սուրբ Հոգու հետ, սկսում ենք մարգարեաբար տեսնել: Դավիթը հասկանում էր Աստծո Հոգու արժեքն իր կյանքում, այդ իսկ պատճառով, երբ նա մեղանչեց, ապա սկսեց Աստծուն խնդրել. «Սուրբ սի՛րտ ստեղծիր իմ մեջ... և Քո Սուրբ Հոգին մի՛ հանիր ինձնից» (Սաղմ. 51.10,11): Սուրբ Հոգու մեջ մենք կարող ենք տեսնել հավիտենությունից հոգևոր հայացքով:

Ես հավատում եմ, որ Աստծո ներկայության մեջ Դավիթը մեկացել էր Սուրբ Հոգու հետ, այդ պատճառով նա կարողացավ մարգարեաբար տեսնել իր կյանքը հենց սկզբից, դեռևս սաղմնային վիճակում, այն փուլում, երբ դեռ չէր ծնվել: Այդ մասին նա գրում է Սաղմոսներից մեկում.

> «Որովհետև Դու ստեղծեցիր իմ երիկամունքները և ծածկեցիր ինձ իմ մոր որովայնում: Իմ ոսկորները չծածկվեցին Քեզնից, երբ ես ստեղծվեցի ծածուկ տեղը, և ճարտարությամբ կազմվեցի երկրի խորություններում: Քո աչքերը տեսան իմ կերպարանքը, որ անպատրաստ էր դեռ, և Քո Գրքում գրված էին այն բոլոր օրերը, որ լինելու էին, երբ դեռ նրանցից ոչ մեկը չկար» (Սաղմ. 139.13,15,16):

Դավիթը չէր կարող տեսնել դա ֆիզիկապես, բայց լինելով մարգարե՝ նա դրոշմեց տվյալ հայտնությունն իր մտքի ներաշխարհում:

Այսպիսով, եթե Դավիթը մարգարեաբար կարողացավ տեսնել իր կյանքը արգանդում ձևավորման պահից, ապա Երեմիան ավելի խոր տեսավ: Նա մարգարեաբար ավետեց բեղմնավորումից շատ առաջ եղածը. «Եվ Տիրոջ Խոսքը եղավ ինձ՝ ասելով. «...Քեզ որովայնում չստեղծած՝ ես քեզ գիտեի, և արգանդից դեռ դուրս չեկած՝ ես քեզ սրբեցի. ես քեզ ազգերի մարգարե եմ դրել»» (Երեմիա 1.4,5): Աստված հավիտենությունից առանձնացրեց Երեմիային, հաստատեց նրան ազգերի մարգարե, և երբ հոգևոր աշխարհում ամեն բան ավարտված էր, Նա թույլ տվեց Երեմիային ծնվել ֆիզիկական աշխարհում:

Ի՞նչ է Աստծո պարգևը

Երեմիան եկավ որպես պարգև իր սերնդի համար: Մարգարեն պարգև է: Աստված հավիտենությունից տեսնում էր Երեմիայի սերունդը, Նա տեսնում էր այդ սերնդի իրադարձություններն ու կարիքները, որին մարգարեական պարգև և Աստծուց եկած Խոսք էր պետք: Այդ պատճառով, Տերը հավիտենությունից Խոսք ուղարկեց՝ հաստատելով Երեմիային որպես իր սերնդի համար պարգև: Իսկ Աստծո բերանից դուրս եկած Խոսքն անպտուղ հետ չի դառնում, այլ կատարում է այն, ինչի համար Աստված ուղարկել է (տե՛ս Եսայի 55.10,11): Երեմիան, որպես հաստատված մարգարե, Աստծո կողմից ուղարկված պարգև էր և խոսք:

Երբեմն մեզ համար դժվար է հավատալ, թե ինչ է Աստծո պարգևը, որովհետև մենք ավելի շատ ուշադրություն ենք դարձնում տաղանդներին, ունակություններին ու հոգևոր նվերներին, որոնք կապված են հենց Աստծո պարգևի հետ: Հիսուսը՝ Աստծո կողմից ուղարկված պարգև էր այս երկրի համար: Ուստի, երբ Նա ջրհորի մոտ հանդիպեց սամարացի կնոջը, նրան ասաց. «...եթե իմանայիր Աստծո պարգևը, և թե Ով է Նա, որ քեզ ասում է՝ Ինձ խմելու ջուր տուր, ապա դու Նրանից կխնդրեիր, Նա էլ քեզ կենդանի ջուր կտար» (Հովհ. 4.10): Այլ կերպ ասած՝ Հիսուսը կնոջն ասաց. «Եթե դու հասկանայիր, որ Ես պարգև եմ քեզ համար, Ինձնից խմելու բան կուզեիր, և Ես կպատասխանեի քո կարիքին: Իմ մեջ այնպիսի ներուժ, այնպիսի աղբյուր և հնարավորություններ կան, որոնք Ես կարող եմ արձակել քո կյանքի մեջ»:

Ուշադիր լսեք ինձ. Հիսուսի խոսքերը խոր հոգևոր իմաստ ունեն: Պարգևը հենց ինքը անձն է, որի վրա կոչում կա, պարգևը հենց մարդու նախասահմանությունն է այս երկրի վրա: Մարդը ամենից առաջ հոգևոր անձ է, որը ներառում է իսկայական աստվածային ներուժ, նա պիտի բացվի ու պատասխան դառնա իր սերնդի համար: Հենց անձն է Աստծո պարգևը, իսկ այդ պարգևի մեջ դրված են ունակությունները, տաղանդները, հոգևոր նվերները և բոլոր անհրաժեշտ բաները, որպեսզի բացվի, կատարի առաքելությունն ու պտուղ բերի: Երեմիան եկավ որպես պարգև: Հիսուսը եկավ որպես պարգև: Դու եկել ես որպես պարգև: Աստված հավիտենությունից ճանաչեց ու հաստատեց քեզ, որպեսզի պատասխան դառնաս քո սերնդի մեջ:

> «Սիրելինե՛ր, այժմ Աստծո որդիներ ենք, և տակավին հայտնի չէ, թե ինչ պիտի լինենք...» (Ա Հովհ. 3.2):

Մենք Աստծուց ենք ծնված, և Աստծո Հոգին ապրում է մեր մեջ, մեր ֆիզիկական մարմնի մեջ: Եթե ես վերցնեմ դատարկ բաժակը և օվկիանոսից ջուր վերցնեմ, ապա նույն օվկիանոսի ջուրը կլինի նաև բաժակի մեջ: Միակ բանը, որ սահմանափակում է ջրին, այն տարան է, որի մեջ ջուրը գտնվում է:

Մենք ձեզ հետ այդ ջրի նման Աստծո Հոգուց ենք վերցված, մեր մեջ այդ նույն Հոգին է: Նրանում սահմանափակումներ ու ժամանակային տարածություն չկա: Մեր ներսում մենք ունենք մուտք դեպի օվկիանոս:

Մենք Նրանից ենք ծնվել, Նրանով ենք ապրում ու մեկ օր Նրա մոտ ենք վերադառնալու: Մենք չենք ծնվել պարզապես ապրելու համար, այլ՝ պտուղ բերելու, որի համար Նա մեզ կյանք է տվել ու հավիտենությունից ուղարկել է ֆիզիկական աշխարհ: Մեզնից յուրաքանչյուրը պիտի պտուղ բերի իր ժամանակին (տես Սաղմ. 1.3): Քո ներսում Սուրբ Հոգուց արդեն դրված է աստվածային ներուժը, սերմը, որին բացվել է պետք: Այդ սերմի մեջ էլ հենց քո նախասահմանությունն ու Աստծուց տրված ճակատագիրն է: Դու քո սերնդի մեջ պարգև ես՝ տեղադրված ֆիզիկական մարմնի մեջ. պարգև, որը պիտի բացվի:

Աստվածային ներուժը քո մեջ է

Մի օր Հիսուսը, Երկնային Արքայության գաղտնիքները բացահայտելով, մանանեխի հատի առակը պատմեց, որը ցանված էր արտում (տես Մատթ. 13.31,32): Ցանված սերմը մեծ ներուժ ուներ. այն աճեց ու ծառ դարձավ, այնպես որ, երկնքի թռչունները գալիս ու պատսպարվում էին նրանում: Տեսնում եք, այդ փոքրիկ սերմի մեջ ահռելի ներուժ կար:

Պատկերացրեք, որ ձեր ափի մեջ խնձորի սերմ է դրված: Եթե ֆիզիկական աչքերով նայենք, ապա դա սովորական սերմ է: Դուք չեք տեսնում ապագա ծառը և ավարտուն գործը ներսում: Այնպես էլ մարդը, որը Սուրբ Հոգու հետ չի հարատևում, չի տեսնում իր կյանքը հավիտենությունից, Աստծո աչքերով, այդ պատճառով, իրեն բնորոշում է ֆիզիկական ունակություններով ու աչքերով: Երբ մեզ նայում ենք մարդկային հայացքով, կարող ենք զգալ՝ ինչպես այդ փոքրիկ սերմը. *«Ես ոչինչ չարժեմ: Ի՞նչ կարող եմ անել: Ես ընդամենը փոքրիկ սերմ եմ»:* Բայց միայն դու ես քեզ այդպես տեսնում: Աստծո տեսակետը բոլորովին այլ է: Հիշե՛ք, կա մի բան, որ աչքը չի տեսել, և ականջը չի լսել: Աստված պարզապես սերմ չի տեսնում, այլ՝ վիթխարի ներուժ, որը դրված է ներսում:

Սակայն, որպեսզի սերմն աճի, այն պետք է տեղադրել ճիշտ հողի մեջ, այդժամ կարող է ծառ դառնալ, որի վրա պտուղներ կհայտնվեն: Այդ պտուղներում կրկին սերմեր կլինեն, իսկ այդ սերմերում կրկին ծառեր, այդ ծառերի վրա կրկին պտուղներ, պտուղներում կրկին սերմեր... այդպես կարող է հավերժ շարունակվել: Դու կարող ես նայել քո կյանքին ու տեսնել շատ սովորական հատիկ, բայց երբ Աստված է նայում քեզ, Նա տեսնում է հոգևոր սերմ ու մի ամբողջ այգի դառնալու ներուժ: Աստված տեսնում է Իր ուղարկած պարգևը և ավարտուն գործը: Միայն ի՛նքդ կարող ես սահմանափակել քեզ, եթե չցանկանաս տեսնել ու չցանկանաս տեղադրել քեզ ճիշտ հողի մեջ:

Նկատե՛ք, եթե սերմը սխալ հողի մեջ եք տեղադրել, այն չի աճի: Օրինակ՝ սերմը թողեք սեղանին, այն չի աճի նույնիսկ մեկ տարի անց, միայն այն պատճառով, որ սխալ միջավայրում է: Եթե այն թողնեք նույն տեղում և ստուգեք տասը տարի հետո, այնտեղ նույն սերմը դրված կլինի, սակայն՝ չորացած: Ցավոք, սա նման է այն մարդկանց, որոնք իրենց կյանքին նայում են ֆիզիկական աչքերով ու պարզապես ապրում են: Նրանք երբեք չեն մեկացել ճիշտ հողի հետ, նշանակում է՝ չեն էլ բացվել: Հենց այդ պատճառով էլ իրենց զգում են՝ ինչպես չորացած սերմ:

Երբ սերմն ընկնում է ճիշտ հողի մեջ, ապա ծառ է դառնում ու պտուղներ են հայտնվում: Պտուղները չեն գնում մարդկանց մոտ, այլ՝ մարդիկ են գնում պտուղների մոտ: Այսինքն՝ պտուղները պատասխան են դառնում մարդկանց կարիքների համար՝ հագեցնելով նրանց քաղցն ու ծարավը: Եթե մենք միայն կարողանայինք հասկանալ, որ մեր ներսում աստվածային անհավանական մեծ ներուժ կա, որը կապված է մեր ծնվելու նպատակի հետ, չէինք սահմանափակի մեր կյանքը, ընդհակառակը, կփնտրեինք և կբացահայտեինք այն, ինչ Աստված դրել է մեր մեջ: Հասկացե՛ք, ձեր ներուժի բացահայտումը ուղղակիորեն կապված է և՛ տեսիլքի, և՛ հողի հետ:

Չբացահայտված ներուժի գերեզմանը

Այսպիսով, կա ֆիզիկական ու հոգևոր տեսողություն, և դրանք նույնը չեն: Ֆիզիկական տեսողությունը կապված է ֆիզիկական աչքերի, մարդկային տրամաբանության ու տեսանելի աշխարհի հետ, իսկ հոգևորը՝ ներաշխարհի ու մտածելակերպի հետ: Հենց մտածելակերպի մեջ նորոգված մտքի միջոցով մենք կարող ենք տեսնել այն, ինչ պատրաստել է Աստված մեզ համար: Մի անգամ Հիսուսը փարիսեցիներին ասաց. «Թո՛ղ տվեք նրանց. կույր առաջնորդներ են կույրերի: Երբ կույրը կույրին առաջնորդի, երկուսն էլ փոսը կընկնեն» (Մատթ. 15.14): Խոսքը ֆիզիկական կուրության մասին չէր, այլ՝ հոգևոր անտեղյակության, որը վաղ թե ուշ հանգեցնելու է պարտության: Ուստի Հիսուսը նաև զգուշացրեց. «...Զգուշացե՛ք փարիսեցիների թթխմորից...» (Ղուկ. 12.1): *Ի՞նչ թթխմորի մասին էր Նա խոսում:* Նա խոսում էր վարդապետության մասին, չէ՞ որ հենց դա՛ է մտածելակերպ ձևավորում, որում բացվում է հոգևոր տեսողությունն ու անտեղյակությունը:

Աստված հետաքրքրված է բացելու յուրաքանչյուրի հոգևոր տեսողությունը: Հետևաբար, Արքայության մասին խոսքը ցանվում է, բայց այն պիտի ընդունվի, պիտի արմատներ տա ու ձևավորի մտածելակերպ, որպեսզի հոգևոր տեսողություն տա: Տեսողությունն է որոշում, թե որքանով սերմը կաճի ու կդառնա այն պտուղը, որ Աստված է տեսնում:

> «Սակայն ամեն ոք, ով լսում է Արքայության խոսքը, բայց չի հասկանում, գալիս է չարը և հափշտակում նրա սրտի մեջ սերմանվածը...» (Մատթ. 13.19):

Ուստի, յուրաքանչյուր ոք պատասխանատվություն է կրում այն վարդապետության համար, որ ընդունում է: Այնքան կարևոր է՝ տեսնես քեզ Աստծո աչքերով ու ցանված լինես ճիշտ հողի մեջ, որպեսզի մեծանաս ու պտուղ տաս:

Մի անգամ համաշխարհային քարոզիչ և ամենալավ վաճառվող գրքերի հեղինակ Մայլս Մոնրոն[1] ասաց. «Երկրի վրա ամենահարուստ տեղը գերեզմանոցն է: Այնտեղ միլիոնավոր մարդիկ են պառկած, ովքեր երբեք չդարձան այն, ինչ պիտի դառնային: Նրանք պարզապես մահացել են՝ որպես չբացված սերմեր ու գերեզման են տարել այն բոլոր ներդրումները, որոնք կարող էին անել, բայց երբեք չեն արել: Երկրի երեսին բոլոր գերեզմանները վայր են, որտեղ կորած գանձեր են թաղված՝ չգրված գրքեր, նկարներ, երգեր, պոեզիաներ, չարտահայտած գաղափարներ, չբացահայտած ներուժ և թեռի աճ: Ողբերգական է, որ ամեն օր հազարավոր մարդիկ գերեզման են իջնում՝ այդպես էլ չբացահայտելով իրենց ամբողջ փառքը»: Մարդիկ ամբողջ կյանքն ապրում են՝ կրկնօրինակելով ինչ-որ մեկին, հարմարվելով ու համեմատվելով ինչ-որ մեկի հետ, գտնվելով ուրիշի կարծիքից անընդհատ կախվածության մեջ: Գերեզմանոցում այնքա՜ն բիզնես-գաղափարներ ու չբացահայտված տաղանդներ կան: Այնտեղ այնքա՜ն հովիվներ կան, որ այդպես էլ չկատարեցին իրենց առաքելությունը: Նրանք չեն դարձել այն, ինչ պիտի դառնային:

Լսե՛ք ինձ. Աստված ավելի շատ է հետաքրքրված յուրաքանչյուրի նախասահմանությամբ, քան կարող ենք պատկերացնել, քանի որ դա Նրա կամքն ու մտադրությունն է: Այսօր այնքա՜ն մարդիկ կան, որոնց կյանքում կան թմրանյութեր, անբարոյականություն, հարբեցողություն, դեպրեսիա ու մերժվածություն... Ես հավատում եմ, որ նրանց ամենամեծ խնդիրը տեսիլքի բացակայությունն է: Մարդիկ չգիտեն իրենց նախասահմանությունը և չեն տեսնում կյանքի նպատակը, դա է պատճառը, որ տեղ են տալիս այդ ամենին ու վատնում են իրենց: Աստված ինձ ցույց տվեց նաև շատ երիտասարդների, որոնք այսօր տառապում են ու չեն կարողանում իրենց գտնել միայն այն պատճառով, որ նախորդ սերունդն իր դերը չի կատարել:

Մի օր Սուրբ Հոգին ասաց. *«Հենց քեզնից է կախված, թե ինչ կկատարվի քո շուրջն ու քեզնից հետո»:* Մեզնից յուրաքանչյուրը կանչված է բողբոջելու, բացվելու ու պտուղ բերելու: Մենք Աստծուց ենք ծնվել, մենք Նրանով ենք ապրում ու Նրա մոտ էլ վերադառնալու ենք: Ուստի, մի՛ համեմատիր քեզ ուրիշների հետ, դու պիտի դառնաս հենց այն, ինչ որ Աստված կանխորոշել է քեզ համար: Քո սերունդը հնարավոր է տառապում է այն պատճառով, որ դու պտուղ չես տալիս: Դու Աստծո պարգևն ես այս սերնդի համար, քո ներսում ներդրված է զարմանալի աստվածային ներուժ: Ես հավատում եմ, որ Սուրբ Հոգու հետ քեզ մոտ կստացվի բացվել ու պատասխան դառնալ քո սերնդի համար:

ԳԼՈՒԽ 13

ԱՇԽԱՐՀԱՅԱՑՔ

Որոշակի պատճառներ կան, թե ինչու մարդը երբեք չի մտել իր նախասահմանության մեջ ու չի դարձել այն, ինչ Աստված տեսնում է իրեն: Միշտ չէ, որ պատճառը սատանան է: *Էլ ինչպիսի՞ ուժ կարող է հետ պահել մեզ աստվածային նախասահմանությունից:* Մատթեոսի Ավետարանում գրված է.

> «Իրենց աչքերը կուրացրին և իրենց սրտերը անզգայացրին, որ աչքերով չտեսնեն ու սրտով չիմանան, որ դարձի գան, և ես նրանց բժշկեմ» (Մատթ. 13.15):

Պատկերացրե՛ք, մարդիկ իրենց ֆիզիկական տեսողությամբ տեսնում էին Քրիստոսին, տեսնում էին Նրա փառքը, որ Հորից էր, տեսնում էին բժշկությունները, հրաշքները, լսում էին Աստծո Խոսքերը: Սակայն Աստված ասում էր, որ իրականում նրանք չեն լսում ու չեն տեսնում:

Բայց խոսքը ֆիզիկական տեսողության ու ֆիզիկական իրականության մասին չէր, այլ՝ ուրիշ տեսողության, որն անհրաժեշտ է մարդուն, որպեսզի տեսնի Աստծուն ու Նրա կամքը: Մարդկանց սրտերը, այսինքն՝ նրանց մտածելակերպը այնքան էր կարծրացել, որ նրանք չէին կարողանում տեսնել ճշմարիտ իրականությունը, որը հավիտենական է: Ֆիզիկական տեսողությունը կապված է միայն ֆիզիկական աշխարհի հետ, բայց մտքի հոգու մեջ մենք կարող ենք տեսնել հեռուն, տեսնել ու լսել Նրա կամքը հավիտենության հեռանկարից: Գրված է, որ իմաստունի աչքերն իր գլխին են (տե՛ս Ժողով. 2.14), այսինքն՝ մտածելակերպի մեջ, որի հետ կապված է տեսնելու կարողությունը:

Աշխարհայացքը ձևավորվում է ուսմունքի միջոցով

Իսկ ինչո՞ւ է կարծրացել մարդու սիրտը: Ինչո՞ւ են աչքերը փակ, ու չկա հոգևոր հասկացողություն: Ինչո՞ւ ենք մենք Աստծո ձայնը դժվարությամբ լսում: Շատերը չեն մտածում այդ մասին, բայց մտածելակերպը որոշակի դեր ունի, իսկ այն ձևավորվում է վարդապետությամբ: Ում վարդապետությանը ձեր անձերը տաք, դրան էլ հնազանդվում եք (տե՛ս Հռոմ. 6.16,17): Ինչպես տեսնում եք, այնպես էլ ապրում եք:

Այդ պատճառով կարևոր է ինքներդ ձեզ հանձնեք Սուրբ Հոգու ուսուցմանը, որի մեջ Աստծո միտքն է, այդժամ կկարողանաք տեսնել մտքի հոգով այնպես, ինչպես Աստված է տեսնում, և արդյունքում կդառնաք այն, ինչ Աստված է տեսնում ձեզ այս երկրի վրա: Գոյություն ունեն բազմաթիվ ուսուցման ձևեր, որոնց ենթարկվում է յուրաքանչյուր մարդ՝ այս աշխարհի հոգու *ուսուցում,* մարդկային *ուսուցում* և Աստծո Հոգու *ուսուցում:*

Այս աշխարհի ուսուցումը դժվար չէ տարբերել, այն ցանկասիրության բնույթ է կրում՝ մարմնի ցանկություն, աչքերի ցանկություն և կյանքի ամբարտավանություն (տե՛ս Ա Հովհ. 2.16): Սատանան փորձում է տարբեր միջոցներով ազդել մարդու մտքի վրա ու փաթաթել իր գաղափարները: Եթե մարդն ընդունում է այդ մտքերը, նրանք ազդակ են հաղորդում բացասական զգացմունքներին: Երբեմն մտքերը ծնում են ոչ միայն ֆիզիկական մարմնի հիվանդություն, այլ նաև ներքին տեսիլք ու պատկերներ: Այդկերպ այս աշխարհի հոգին ձևավորում է սխալ աշխարհայացք:

Իրականում, այս աշխարհի հոգուն դժվար չէ ճանաչել, մարդու համար ավելի դժվար է տարբերել շնչավորը հոգևորից, այսինքն՝ տարբերել մարդկային ուսուցման ազդեցությունը Սուրբ Հոգու ուսուցումից: *Մարդկային ուսուցումը* կրում է շնչավոր բնույթ, որը տրամաբանության ու տեսանելի աշխարհի հետ է կապված: Այս ուսուցման պատկերն ունի մտքերի տրամաբանական ընթացք և հիմնված է ֆիզիկական աշխարհի առաջնահերթությունների ու արժեքների վրա: Միանգամայն բնական է, որ ապրումները և տեսանելի ամեն բան ազդում են աշխարհայացքի վրա, չէ՞ որ մենք ապրում ենք այս աշխարհում:

Տեսնել Աստծո տեսանկյունից

Այսպիսով, եթե ձեր մեջ գերակշռում է շնչավորը, տրամաբանականն ու մարդկայինը, հենց այդպես էլ դուք կտեսնեք, կմտածեք ու կխոսեք, քանի որ սրտի ավելցուկից է բերանը խոսում: Սակայն շնչավոր մարդն ու չնորոգված միտքը ունակ չեն ընկալել Աստծո տեսիլքը: Պողոս առաքյալն այս մասին գրում է.

> «Բայց շնչավոր մարդը Աստծո Հոգու բաները չի ընդունում, որովհետև դրանք հիմարություն են նրա համար, և չի էլ կարող ճանաչել, որովհետև դրանք հոգևոր կերպով են քննվում: Բայց հոգևոր մարդն ամեն բան քննում է, և ինքը ոչ ոքից չի քննվում: Որովհետև, ո՞վ իմացավ Տիրոջ միտքը, որ բան սովորեցնի Նրան: Բայց մենք Քրիստոսի միտքն ունենք» (Ա Կորնթ. 2.14-16):

Շատ կարևոր է ճանաչել, թե ուսուցումը ո՛ր հոգուց է, իսկ դրա մասին պետք է դատել Հոգով:

Աստծո Հոգին կրում է *Աստծո արքայության ուսուցումն* ու բացում է մեզ Աստծո մտածողությունը: Նա Ճշմարտության Հոգին է, Ով ազատագրում է չքավորությունից ու ստրուկի մտածելակերպից, որ ստրկացրել է մեզ ներսից: Նա կարող է ազատել մեզ այս աշխարհի հոգուց և մարդու ներսում բաժանել շնչավորը՝ հոգևորից: Հիսուսն ասաց.

> «Եվ կճանաչեք ճշմարտությունը, ու ճշմարտությունը կազատի ձեզ» (Հովհ. 8.32):

Ճշմարտությունը Աստծո Հոգին է, և որքան շատ ենք ճանաչում ճշմարտությունը, այնքան ավելի շատ ենք ազատվում այս աշխարհի հոգուց՝ հպարտությունից, ունայնությունից, մերժվածությունից, ստից, սատանայական մտքերից, ինչպես նաև ազատվում ենք մարդկային վարդապետություններից ու մարդկանց կարծիքներից: Նայեք Հիսուսին. երկրային կյանքի ընթացքում Նա կախված չէր մարդկանց կարծիքներից, բայց լցված էր ու առաջնորդվում էր Սուրբ Հոգով: Քանի որ, որքան էլ մարդկային կարծիքներ լինեն քո կյանքի մասին, դրանք, միևնույն է, սխալ են:

Միակ ճշմարիտ ու ճիշտ կարծիքը քո մասին բխում է Նրանից, Ով քեզ ստեղծել է, Ով ձևավորել է քեզ մոր արգանդում ու հաստատել է քո նախասահմանությունն այս երկրի վրա: Պողոս առաքյալը գրում է.

> «Քանի որ մարդկանցից ո՞վ գիտի մարդկային ներաշխարհը, եթե ոչ՝ մարդու մեջ գտնվող հոգին: Այդպես էլ Աստծո ներսը ոչ ոք չգիտի, եթե ոչ՝ Աստծո Հոգին: Եվ մենք ոչ թե այս աշխարհի հոգին առանք, այլ այն Հոգին, որ Աստծուց է, որպեսզի ճանաչենք այն բաները, որ Աստծուց տրվեցին մեզ» (Ա Կորնթ. 2.11,12):

Աստծո Հոգին ուզում է ազատագրել քեզ և այնպիսի վիճակի բերել, որտեղ դու կախված չես լինի մարդկանց ուսմունքներից ու կարծիքներից՝ ո՛չ դրական, ո՛չ բացասական. որպեսզի ոչինչ չազդի քեզ վրա, բացի՝ քո մասին Աստծո կարծիքից: *Իսկ ինչպե՞ս հասնել դրան.* Սուրբ Հոգու հետ հաղորդակցման միջոցով: Պետք է անընդմեջ թույլ տալ Աստծո Հոգուն սովորեցնել ու ազդել քո մտածելակերպի վրա, որպեսզի կարողանաս նորոգվել մտքի հոգով (տե՛ս Եփես. 4.23) ու ճանաչել Աստծո կամքը, որը բարին է, հաճելին և կատարյալը:

Կա Աստծո մտածելակերպ, Նա տեսնում է շատ ու շատ բարձր, խոր, հեռու, լայն, քան մենք կարող ենք ներառել մեր սահմանափակ մտածողությամբ: Եվ Աստված ուզում է բացել քեզ Իր մտածողությունը: Աստծո Հոգին ուզում է բացել քեզ Աստծո խորություններն ու ծրագրերը քո մասին: Քանի որ այն, ինչ Նա պատրաստել է Իրեն սիրողների համար, այնքան մեծ է ու փառավոր, որ հնարավոր չէ հասկանալ շնչի մտքով, այլ միայն Հոգով, նորոգված մտքի միջոցով:

Քո կյանքը մտածելակերպի արդյունք է

Հասկացե՛ք, մտքի նորոգությունը տեղի է ունենում մտքի հոգով, ոչ թե մարդու տրամաբանության մեջ, նշանակում է սա հոգևոր ոլորտ է, ոչ թե ֆիզիկական: Նորոգման ընթացքը մեկ օրում չի լինում, այլ՝ Սուրբ Հոգու հետ անընդմեջ շփման միջոցով: Մտքի հոգին ու մարդու մտքերի ոլորտը ճշմարիտ իրականություն են, դա մի ամբողջ աշխարհ է, որտեղ մարդը կարող է տեսնել, զգալ ու վերապրել: Դու չգիտես՝ որտեղից են մտքերը գալիս և ուր են գնում, որովհետև սա հոգու ոլորտն է, իսկ եթե սա հոգու ոլորտն է, ապա մտքերին իշխում է հոգին: Մտածեք՝ ով տիրեց ձեր մտքերին, կտիրի նաև ձեր կյանքին, այդ է պատճառը, որ ձեր ամբողջ կյանքը կախված է մտածելակերպից:

Երբ լցված ես Աստծո Հոգով, դու նորոգվում ես մտքի հոգով ու միանում ես Աստծո մտածողության հետ: Միայն այդ ժամանակ ես ունակ հասկանալու այն, ինչ անհնար է հասկանալ մարմնավոր մտքով՝ թե որն է Աստծո կամքը, տեսնել անտեսանելին, տեսնել Աստծո աչքերով: Այդժամ ստով ու մարդկային կարծիքներով քեզ չեն կարող գրավել. քո մեջ կլինի այլ մտածելակերպ, աստվածային Հոգի, Աստծո զգացողությունները և իրավիճակի նկատմամբ Նրա տեսակետը:

Մեր մտքերը բարձրաձայնելու համար մեզ խոսքեր են պետք: Պատկերացրեք, Հիսուսը Խոսքն էր, որ եկել էր Ինքնին Աստծուց: Խոսքը մարմին դարձավ ու ապրեց մեր մեջ (տես Հովհ. 1.1-3): Այստեղ, խոսքը բնութագրող *բառը* հին հունարեն *«լոգոս»-ն* է, որը նշանակում է արտահայտված միտք: Այլ կերպ ասած՝ Հիսուսը դարձավ Խոսք, որպեսզի բարձրաձայնի Աստծո մտածողությունը ու սովորեցնի մեզ Հոր մտածելակերպը: Ուստի, Հիսուսն ասաց. «...Այն Խոսքը, որ Ես ձեզ ասացի, հոգի է և կյանք» (Հովհ. 6.64): Աստծո Որդին մեկացած էր Հոր Հոգու հետ ու Իր անունից չէր խոսում, այլ՝ բարձրաձայնում էր Աստծո Խոսքը, միտքը ու նպատակները:

Ուշադրություն դարձրեք, որ Հիսուսն Իր ծառայությունը սկսեց այս խոսքերով. «Ապաշխարեք, քանի որ մոտեցել է Աստծո Արքայությունը» (Մատթ. 4.17): Ապաշխարություն՝ հին հունարենից թարգմանաբար նշանակում է մտքերի փոփոխություն, մտքի ու կարծիքի շրջադարձ: Ուզում եմ ընդգծել, որ ապաշխարությունը՝ այնքան էլ անցյալի համար զղջումը չէ, որքան նոր հայացք ինքդ քեզ, Աստծուն և շրջապատող ամեն ինչին: Այլ կերպ ասած՝ Հիսուսն ասում էր՝ փոխեք ձեր մտածելակերպը և ընդունեք Աստծո Արքայությունը, որ եկել եմ ձեզ ավետելու: Խոսքերը, որ լսում եք, ազդում են մտքերի վրա, իսկ մտքերը պատկերներ են ստեղծում, ձևավորում են ներքին իրականությունը և մարդու տեսողությունը: Միայն Աստծո Արքայության մասին ուսմունքին վերադառնալով՝ մարդը կկարողանա տեսնել այնպես, ինչպես Աստված է տեսնում:

Ուսմունք Աստծո թագավորության մասին

Լինելով երկրի վրա՝ Հիսուսը շատ էր սովորեցնում Աստծո Արքայության մասին: Նա ասում էր, որ ամեն ոք, ով լսում է Արքայության խոսքը, բայց չի հասկանում, գալիս է չարը և հափշտակում նրա սրտի մեջ սերմվածը (տե՛ս Մատթ. 13.19): Պատկերացրե՛ք հետևյալը. Արքայության մասին խոսքը ցանվում է սրտում, սակայն այն պիտի ազդի մտքի վրա, որպեսզի աճի ու պտուղ բերի: Այդ սերմը վիթխարի ուժ ունի: Սատանան գիտի, որ եթե Աստծո Արքայության մասին հասկացողությունը գա, ի հայտ կգա ճիշտ աշխարհայացք, և մարդը կսկսի հասկանալ Աստծուն, ու այդժամ նրա կյանքում ամեն բան նպատակ կունենա: Հետևաբար, եթե մարդը ջանք չի անում և ինքն իրեն չի խոնարհեցնում՝ հասկանալու համար Աստծո Արքայության մասին խոսքը, սատանան գալիս ու գողանում է ցանվածը:

Հիսուսը միայն Աստծո Արքայության մասին էր սովորեցնում, որովհետև Աստծո կամքը կապված է ամբողջ Երկրի հետ, և Արքայության կառուցվածքը տեսնում է Երկիրն ամբողջությամբ և ներառում է յուրաքանչյուրի կոչումը. այնտեղ է նաև քո ժամանակն ու նախասահմանությունը: Ի տարբերություն Աստծո Արքայության՝ կրոնը չի տեսնում Երկիրն ամբողջությամբ, հակառակը՝ սահմանափակում է մարդուն: Հենց այդ պատճառով շատերը կրոնավոր միջավայրում չեն կարողանում գտնել իրենց կոչումն ու բացահայտել իրենց ներուժը:

Կրոնավոր մտածելակերպը խմորված է փարիսեցիների, սադուկեցիների ու հերովդեսյան ուսմունքներով, որոնք խանգարում են մարդուն հասկանալ Աստծուն և Աստծո Արքայության մասին ուսմունքը: Այդպիսի թթխմորը կարող է խմորել մարդուն և բացասաբար ազդել նրա մտածելակերպի վրա: Այդ պատճառով Քրիստոսը մարդկանց մտածելակերպից արմատախիլ էր անում այն ամենը, ինչը Հայրը չէր տնկել: Նա շատ խիստ էր այդ հարցում և Իր աշակերտներին զգուշացնում էր, որպեսզի զգուշանան փարիսեցիների խմորիչից, այսինքն փարիսեցիների ուսմունքից: Այլ կերպ ասած՝ Հիսուսն ասում էր. «Զգուշացե՛ք դրանից, որովհետև դուք կդադարեք իրար հասկանալուց ու տարբեր կերպ կտեսնեք»:

Մեկանալով Գլխի հետ՝ մենք սկսում ենք տեսնել նույնը

Գիտեք, բոլոր բաժանումները սկսվում են, երբ մարդիկ տարբեր կերպ են տեսնում: Ենթադրենք, ես խնդրում եմ ձեզ փակել աչքերն ու մտովի խնձոր պատկերացնել: Սա շատ հեշտ է անել, միայն թե ամեն մեկս կպատկերացնի տարբեր խնձորներ. մեկը՝ կարմիր, մյուսը՝ կանաչ, դեղին, մեծ կամ փոքր... Բայց որքան հստակ նկարագրեմ խնձորը, այնքան շատ իմ բառերը կազդեն ձեր ներքին տեսողության վրա, և բոլորս, ի վերջո, կտեսնենք նույն տեսակի խնձոր: Օրինակ՝ մեծ, կանաչ խնձոր: Հիմա մենք տեսնում ենք նույն բանը, իսկ եթե տեսնում ենք նույնը, ապա կխոսենք նույնը:

Այսօր շատերը տարբեր կերպ են տեսնում ծառայությունն Աստծուն, տարբեր կերպ են հասկանում Նրա խոսքերը, նույնիսկ Աստծուն են տեսնում տարբեր կերպ, այդ պատճառով շատ բացատրություններ և ուսմունքներ կան: Սակայն այն, ինչը Աստծո Որդուց չի բխում, պետք է թողնել՝ ինչպես «վարդապետական քամի»: Մենք պետք է ունենանք վարդապետություն, որտեղ մեկացած ենք Քրիստոսին՝ Գլխին, Աստծո Հոգու միջոցով: Իրական աստվածաբանությունը Ինքը Հիսուս Քրիստոսն է, հետևաբար, երբ մենք մեկացած ենք Նրա հետ, սկսում ենք տեսնել միևնույն պատկերները, և այդժամ բոլորս սկսում ենք խոսել միևնույն բանը:

Այդ մասին գրում էր Պողոս առաքյալը.

> «Աղաչո՛ւմ եմ ձեզ, եղբայրնե՛ր, մեր Տեր Հիսուս Քրիստոսի անունով, որ բոլորդ միևնույն խոսքը ունենաք, ձեր մեջ երկպառակություններ չլինեն, այլ՝ միևնույն մտքի, միևնույն կարծիքի մեջ հաստատուն լինեք» (Ա Կորնթ. 1.10):

Երբ բոլորս միաբանված ենք մեկ հոգու և մեկ մտքի շուրջ,

այդժամ տեսնում ենք նույն բանը և խոսում ենք նույնը: Մեկ Աստված ու բոլորի Հայրը, որ բոլորի վրա է, բոլորի հետ է և բոլորի մեջ է (տե՛ս Եփես. 4.6): Նա, Ով բոլորի մեջ է, սովորեցնում է միևնույն բանը՝ Աստծո Արքայությունն ու Իր տեսիլքը: Մեկանալով Նրա հետ Հոգու մեջ՝ մեզ մտահոգում է այն ամենը, ինչը մտահոգում է Աստծուն:

Հիսուսն Իր աշակերտներին սովորեցնում էր աղոթել այսպես. «Քո Արքայությունը գա, Քո կամքը լինի՝ ինչպես երկնքում, այնպես էլ երկրի վրա» (Մատթ. 6.10): Հասկացե՛ք, երկնքում գոյություն ունի Աստծո Արքայությունը, և Աստծո կամքն այն է, որ Իր Արքայությունը գա ամբողջ երկրի վրա, իսկ Աստծո Արքայությունը Սուրբ Հոգու մեջ է: Այդ պատճառով Հիսուսը մարգարեաբար ասում էր. «Ես կգնամ, բայց նույն Հոգին, որ Իմ ներսում է, կգա Իմ հարությունից հետո ու կսովորեցնի ձեզ ամեն ինչ: Նա կզինի ու կուղղորդի ամեն ճշմարտության մեջ ու ձեր միջոցով կավարտի այն, ինչ Ես սկսել եմ երկրի վրա»: Միայն Սուրբ Հոգու հետ մեկանալով մենք կկարողանանք կատարել Աստծո կամքը երկրի վրա՝ ինչպես որ երկնքում է:

Սատանան գիտի դա, այդ պատճառով ամեն կերպ հետ է պահում մարդուն, որպեսզի չվերադառնա Աստծո Արքայության մասին ուսմունքին ու չհաղորդակցվի Սուրբ Հոգու հետ: Հասկացի՛ր, եթե քո միտքը նորոգված չէ Արքայության մասին ուսուցմամբ, և դու հաճախակի շփման մեջ չես Որդու հետ Սուրբ Հոգու միջոցով, հենց դա էլ հետ է պահում քեզ քո նախասահմանությունից: Հիսուսի ուսուցումն Արքայության մասին այն ճիշտ հողն է, որի մեջ մենք պետք է ընկղմվենք, որպեսզի աճենք ու շատ պտուղ բերենք՝ այդկերպ փառավորելով Հորը: Քանի որ ճշմարիտ երկրպագությունը բառերով չէ, այլ՝ նախասահմանության կատարում է:

Պատկերացրեք, որ ձեր ձեռքում նոր «սմարթֆոն» կա: Եթե այն միացված չէ մատակարարին և անհրաժեշտ ֆունկցիաներն ակտիվ չեն, այն արժեք չի ներկայացնի: Դա ընդամենը մեխանիզմ է, որը չի օգտագործվում ըստ նախատեսվածության, և, համապատասխանաբար, հեռախոսը ստեղծողին փառք ու պատիվ չի բերում: Ես աղոթում եմ, որ այս գրքի միջոցով դուք ձգտեք ավելիին և ուշադրություն դարձնեք ուսուցման այն ձևին, որն ազդում է ձեր մտածելակերպի վրա: Հիսուսն ասել է.

> «Եթե մեկը ցանկանում է Նրա կամքը կատարել, նա կիհասկանա՝ այս վարդապետությունն արդյո՞ք Աստծուց է, թե՞ ես իմ անձից եմ խոսում» (Հովհ. 7.17):

Ես հավատում եմ, որ նրանք, ովքեր պատրաստ են թողնելու այն ամենը, ինչն Աստծուց չէ, Նրա Որդուց չէ և դուրս է Նրա կամքից, ովքեր կխոնարհեեն իրենց սրտերը՝ հասկանալու համար, ու կասեն՝ *ես ուզում եմ կատարել Քո կամքը, որպեսզի այն լինի այստեղ՝ երկրի վրա՝ ինչպես երկնքում է...*, նրանց համար կստեղծվի բարեբեր հող, և Սուրբ Հոգին կաշխատի նրանց ներսում: Մտքի նորոգությունը մեկ օրում չի լինում, այլ՝ Սուրբ Հոգու հետ մշտական հաղորդակցման ընթացքում:

Եթե դուք իսկապես ցանկանում եք կատարել Հոր կամքը, ձեզ կտրվի իմացություն, ու դուք կկարողանաք տեսնել անտեսանելին, քայլել լույսի մեջ, ճանաչել ժամանակները, եղանակները, Աստծո ցանկություններն ու կամքը: Աստծո Հոգին ուզում է բացել ձեր մեջ աստվածային աշխարհայացք, որպեսզի կարողանաք աճել՝ ինչպես սերմը, և դառնալ այն, ինչ նախասահմանված եք լինելու այս կյանքում, ծառայել Աստծո ծրագրերին և կանգնել Հիսուսի առջև՝ Նրա կողմից ձեզ տրված կոչմանը հնազանդվելու համար:

Ուստի, աղոթե՛ք, որ Աստծո Հոգին արմատախիլ անի ձեր ներսից այն ամենը, ինչ Հայրը չի տնկել: Խնդրե՛ք, որ Ճշմարտության Հոգին ազատի ձեզ, և դուք կարողանաք տեսնել այն բնագավառները, որոնք պետք է թողնել, այն ամենը, ինչը դուրս է ձեր կոչումից, այն ամենը, որ շեղում է ձեզ ձեր նախասահմանությունից: Թո՛ղ հեռանա ամեն տեսակի կրոնավոր բան, մարդկային ուսմունքներ և այս աշխարհի հոգու ազդեցությունը, և թո՛ղ գա որդի լինելու հասկացողությունն ու Աստծո Արքայության վարդապետությունը: Աղոթե՛ք, որ Սուրբ Հոգին բացի ձեր միտքը՝ Սուրբ Գիրքը հասկանալու համար, լուսավորի ձեզ, որպեսզի հասկանաք Նրա ուղերձները: Խնդրե՛ք, որ Նա ընդլայնի ձեր միտքը, որ կարողանաք հասկանալ Աստծո Արքայությունը, որը ձեր ներսում է, որպեսզի այն բխի ձեր միջոցով: Խնդրե՛ք, և Աստված կարձակի Իր օծությունը, որը կքանդի ամեն տեսակի լուծ ու կբերի պարզություն ու հասկացողություն, և կլինի՝ ինչպես կրակ ձեր ոսկորներում, քանի որ ամբողջ ստեղծագործությունը սպասում է, թե երբ կհայտնվեն Աստծո որդիներն ու կբերեն Աստծո փառքը երկիր:

ԳԼՈՒԽ 14

ՆՈՐՈԳՈՒԹՅՈՒՆ

Ինձ միշտ հետաքրքրում էր Աստծո մտածելակերպը, ես հենց դրանով եմ տարված: Նախորդ գլուխներից արդեն գիտեք, որ Աստծո կարծիքն ու մտադրությունները հնարավոր չէ քննել ու հասնել մարդկային խելքով կամ շնչավոր հասկացողությամբ, բայց միայն՝ նորոգված մտածելակերպով: Այդ պատճառով, լուսավորված լինելը քրիստոնեության մեջ ամենաառանցքային պահն է: Ճանաչողության ոլորտում մշտապես պետք է առաջանանք Աստծո մեջ: Այդ մասին աղոթում էր Պողոս առաքյալը. որ ձեր սրտի աչքերը լուսավորվեն, և ճանաչեք, թե ինչ է Նրա կոչման հույսը, և ինչ է Իր ժառանգության փառավոր մեծությունը սուրբերում (տե՛ս Եփես. 1.18,19):

Եթե յուրաքանչյուրը կարողանար նայել հոգու խորքը, ապա շատերը անբավարարվածություն ու Աստծո կամքը կատարելու հասկացողության հստակ բացակայություն կզգային: Ընկերնե՛ր, մի՛ հուսահատվեք, ես հավատում եմ, որ Սուրբ Հոգու հայտնությունները, որոնք շարադրված են այս գրքում, կլուսավորեն ձեզ ու հաջորդ գլուխներում դուք գործնական քայլեր կգտնեք դեպի ձեր նախասահմանությունը, այնպես որ, դուք երկրի վրա ձեր մնացած կյանքը կապրեք հենց Նրա կամքի հետ համաձայնության մեջ:

Ես աղոթում եմ, որ մոռանալով հետևում մնացածը՝ ձգտեք նպատակակետին, Աստծո բարձրագույն կոչման պատվին Հիսուս Քրիստոսում, և Աստված ձեզ հնարավորություն տա կյանքում ավելի առաջ նայելու. ավելի հեռու, քան տեսանելի հաջողությունը, բիզնեսը, ֆինանսները, կրթությունը, այս աշխարհի ունայնությունը, և ավելի հեռու, քան պարզապես ծառայությունը:

Փոփոխությունները սկսվում են գլխից

Մատթեոսի Ավետարանում գրված է. «Դուք, նախ, Աստծո Արքայությունն ու Նրա արդարությունը փնտրեք, և այդ ամենը ավելիով ձեզ կտրվի» (Մատթ. 6.33): Ցավոք, այս աշխարհի ամբողջ համակարգը սովորեցնում է փնտրել ոչ թե Աստծո Արքայությունը, այլ նյութական բաները: Այս աշխարհի համակարգը ստրկության համակարգ է: Հենց այստեղ է խաբեությունը. մարդիկ տարված են այս դարում ունեցած հաջողություններով, որը շուտով անցնելու է:

Այսօր շատերը չեն գիտակցում, թե որքան են այս աշխարհի արժեքներն իրենց գերի դարձրել մի կյանքի, որը շեղվում է նպատակակետից: Մեղք՝ նշանակում է ապրել նպատակակետից շեղված, և այս աշխարհի համակարգն այնքան է թունավորել մարդկանց մտածելակերպը, որ նրանք դարձել են մեղքի գերիներ, թիրախից դուրս կյանքի գերիներ, որը Աստված նախատեսել է յուրաքանչյուրի համար: Միայն թե ինչի որ հասանք, նույն կանոնով ապրենք (տես Փիլիպ. 3.16): Եթե դուք սխալ եք ուսուցանված, ձեր կյանքը սխալ կընթանա, այսինքն՝ ոչ ձեր նախասահմանության մեջ:

Հենց այդ պատճառով Հիսուսը բերեց Աստծո Արքայության մասին ուսմունքը, և առաջինը Նա մարդկանց ապաշխարության կոչ արեց. «Ապաշխարեք, քանի որ Աստծո Արքայությունը մոտեցել է»: Ապաշխարություն՝ նշանակում է մտածելակերպի փոփոխություն: Այլ կերպ ասած՝ Քրիստոսն ասում էր. «Եկել է ժամանակը փոխել մտածելակերպը, հակառակ դեպքում, դուք չեք կարող տեղավորել Աստծո Արքայությունը և ընդունել ուրիշ կյանք, որը կտամ ձեզ»: Քանի որ այն, ինչը Հիսուսն ավարտեց խաչի վրա, հիմք դարձավ մեր նոր կյանքի համար խաչի մյուս կողմում:

Երբ նոր կյանք է ծնվում, ապա առաջինը լույս աշխարհ է գալիս գլուխը: Այս հասկացության պես, նորովի ապրելու համար՝ փոփոխությունները պիտի սկսվեն գլխից: Հնարավոր չէ ապրել նորովի, սակայն մտածել հին ձևով: Որպեսզի ընդունենք նոր կյանքը Հիսուսի մեջ, անհրաժեշտ է նորոգել մտածելակերպը և սովորել մտածել նորովի:

Աստծո ինքնատիպ ծրագիրը

Ինչպես արդեն գիտեք, մտածելակերպը կապված է ուսուցման ձևի հետ: Ուստի, Հիսուսը բերեց աստվածային վարդապետությունը, որպեսզի վերադարձնի մարդուն Արքայության մտածելակերպին, որը հանդիսանում է Աստծո ինքնատիպ ծրագիրը: Եթե մենք գիտակցում ենք Աստծո ինքնատիպ ծրագիրը, և՝ թե ինչ էր կատարվում Եդեմի պարտեզում *մինչև* մեղանչելը, ապա կհասկանանք այն, ինչը վերադարձրեց Հիսուսը:

Երբ Աստված ստեղծեց մարդուն Իր նմանությամբ, Նա ասաց. «...Թո՛ղ իշխեն նրանք...» (տե՛ս Ծննդ. 1.26): Մարդուն իշխանություն էր տրված երկրի վրա, որպեսզի թագավորի ու կառավարի: Այսպիսով, Ադամը տեղադրված էր Եդեմի պարտեզում և Աստծո ներկայության մեջ էր, որտեղ երկինքը միացած էր երկրին: Բայց մի օր Ադամը իր անհնազանդության պատճառով կորցրեց երկնքի հետ կապը: Այդ ժամանակ Լյուցիֆերը խաբեությամբ խլեց տիրելու իշխանությունը, որը պատկանում էր մարդուն:

Այսպիսով, մի մարդու անհնազանդության պատճառով սատանան իր իշխանությամբ մտավ երկնային ոլորտ՝ երկնքի ու երկրի միջև տարածքը, որպեսզի տիրի երկրի վրա և գործի անհնազանդության որդիների մեջ՝ օգտագործելով մարդու մարմինը:

Խաչի վրա ավարտված աշխատանքը

Մինչև Հիսուսի Երկիր գալը հոգևոր աշխարհի գաղտնիքը թաքցված էր մարդուց: Սակայն Հիսուսը, մահվան ու հարության միջոցով, բացահայտեց հոգևոր աշխարհն ու վերադարձրեց մարդուն իշխանության դիրքին: Հիսուսը վերջին Ադամն է, Ով վերադարձրեց առաջին Ադամի կորցրածը՝ *փրկագործությունը:*

Սուրբ Գիրքն ասում է, թե ինչ արեց Հիսուսը մեզ համար, և ինչպես Իրենով հաշտեցրեց ամբողջ երկնայինն ու երկրայինը: Կողոսացիների թղթում գրված է.

> «Գոհություն տաք Հորը, որ մեզ արժանացրեց մասնակից լինելու սուրբերի վիճակին լույսի մեջ, որ փրկեց մեզ խավարի իշխանությունից և փոխադրեց Իր սիրելի Որդու Արքայության մեջ, Որի միջոցով ունենք փրկություն, Նրա արյունով՝ մեղքերի թողություն: Նա աներևույթ Աստծո պատկերն է՝ բոլոր արարածներից առաջ ծնված, որովհետև Նրանով ստեղծվեց ամեն բան՝ ինչ որ երկնքում է ու երկրի վրա. այն, ինչ երևում է և չի երևում՝ թե՛ գահերը, թե՛ տերությունները, թե՛ պետությունները, թե՛ իշխանությունները: Ամեն ինչ Նրա միջոցով ու Նրա համար ստեղծվեց: Նա է ամեն ինչից առաջ, ու ամեն ինչ Նրանով է հաստատ: Եվ Նա է մարմնի, այսինքն՝ եկեղեցու Գլուխը. Նա է սկիզբը, մեռելներից անդրանիկը, որպեսզի ամեն բանում Նա լինի առաջինը: Որովհետև հաճելի եղավ Աստծուն, որ Նրա ամբողջ լիությունը Նրա մեջ բնակվի, և Նրանով ամեն բան հաշտեցնի Իր հետ՝ խաղաղություն հաստատելով խաչի վրա Նրա արյամբ՝ թե՛ երկրի վրա, թե՛ երկնքում» (Կողոս. 1.12-20):

Քրիստոսը հաշտեցրեց երկնայինն ու երկրայինը, իշխանություններին և պետություններին մերկացնելով՝ հայտնապես խայտառակելով ու նրանց հաղթելով Իրենում և կյանք նվիրեց մեզ խաչի մյուս կողմում: Աստծո Որդին Ինքը դուռ դարձավ, որպեսզի մենք մտնենք Աստծո Արքայություն ու ապրենք խաչի մյուս կողմում: Իսկ այս նոր կյանքը այս աշխարհի իշխանության տակ չէ, այլ՝ Աստծո իշխանության տակ է:

Խաչի մի կողմում մարգարեներն ու օրենքն է, որը ուղեցույց է դեպի Քրիստոսը: Իսկ որտեղ օրենքն է, այնտեղ տիրում է մեղքի ուժը, քանի որ օրենքը ցույց է տալիս իմ բոլոր թերությունները, այդ պատճառով խաչի այս կողմում ես միշտ ինձ անարժան եմ զգում: Խաչի այս կողմում քահանաները միշտ զոհ էին մատուցում, բայց Հիսուսի մասին ասված է, որ Նա մեկ անգամ Իրեն զոհեց ու ընդմիշտ կատարյալ դարձրեց սրբվողներին՝ նստելով Հոր աջ կողմում, որը վկայում է ավարտուն աշխատանքի մասին:

Ամենը, որ Հիսուսն իրականացրեց խաչի վրա, մեզ համար հիմք ու սկիզբ դարձավ նոր կյանքի՝ խաչի մյուս կողմում: Նա ասաց.

«Ես եմ դուռը, եթե մեկն Ինձանով ներս մտնի, կապրի, և կմտնի և դուրս կգա և արոտ կգտնի» (Հովհ. 10.9):

Խաչի մի կողմում մենք մտնում ենք՝ հպվելով Աստծո ողորմությանը, որի էությունն այն է, որ պատիժն ու մահը, որին մենք արժան ենք, չենք ստանում, որովհետև պատիժը կրեց Քրիստոսը՝ Իր վրա վերցնելով մեր տկարություններն ու մեղքերը: Հիմա մենք պետք է սովորենք ապրել Հիսուսի մեջ խաչի մյուս կողմում, որտեղ Աստծո շնորհքն է գործում: Եվ շնորհքով մենք ստանում ենք այն ամենը, ինչին արժանի չենք:

Խաչի մի կողմում մենք անընդմեջ Աստծուց ներողություն ենք խնդրում ու անընդմեջ մեղքի զգացողություն ենք ունենում, իսկ խաչի մյուս կողմում սովորում ենք ապրել ներման մեջ. մենք բժշկություն չենք խնդրում, այլ ապրում ենք բժշկության մեջ, մենք ազատություն չենք խնդրում, մենք ապրում ենք ազատության մեջ: Սուրբ Հոգին տրված է մեզ խաչի մյուս կողմում, իսկ որտեղ Տիրոջ Հոգին է, այնտեղ ազատություն է: Նա մեզ որդիներ ու թագավորական քահանայություն դարձրեց խաչի մյուս կողմում: Մենք ունենք Արքայության բանալիները, որոնք թույլ են տալիս մեզ բացել այն, ինչը իրավամբ մեզ է պատկանում, որպես ժառանգորդներ:

Շատերն ապրում են՝ ինչպես որբեր, ոչ թե որդիներ

Ցանկացած արքայի փառքը արքայության հայեցակարգում՝ միայն արքայի մեծության ու հարստության մեջ չէ, այլ նաև իր արքայության մեջ ապրելակերպի: Հենց մարդկանց ապրելակերպն է խոսում արքայի մեծության, զորության ու փառքի մասին: Աստծո Արքայության մեջ ծխականների կարգավիճակ գոյություն չունի, մենք Նրա Արքայության որդիներն ու քահանաներն ենք: Սա Աստծո հայացքն է: Աստված օրհնել է մեզ ամեն տեսակի հոգևոր օրհնությունով երկնքում և երկրի վրա, և դրանում է Նրա շնորհքը: Հիսուսն աղքատացավ հանուն մեզ, որ մենք հարստանանք: Նա վերցրեց մեր տկարություններն Իր վրա, ու հիմա թե՛ դևերը, թե՛ հիվանդությունները չունեն օրինական իրավունք մեր կյանքում:

Սակայն շատերն այս երկրի վրա ապրում են այնպես, ասես որդիներ չեն, այլ՝ որբեր, նրանք միշտ հեռու են Աստծուց, Խոսքից և իրականությունից: Հասկացե՛ք, որպեսզի սովորեք ապրել Աստծո Արքայության մեջ խաչի մյուս կողմում, անհրաժեշտ է մտքի լուսավորում ու նորոգություն: Նորոգված միտքը՝ Հիսուսի հետ կյանքն է երկնքում:

Մենք մահացել ու հարություն ենք առել Նրա հետ, ու Նա նստեցրել է մեզ Իր հետ երկնքում՝ Աստծո Արքայության իշխանության դիրքում: Հիսուսը ամբողջ իշխանությունը խլեց սատանայից ու ասաց. «Ամեն իշխանություն Ինձ տրվեց՝ երկնքում ու երկրի վրա» (Մատթ. 28.18): Հիմա Հիսուսի մեջ մենք ունենք ամբողջ իշխանությունը, որպեսզի կատարենք Աստծո կամքն ամբողջությամբ: Ուստի Արքայության մասին հայտնությունը մեզ կբերի պատասխանատվության, որ վերականգնենք Աստծո կամքը երկրի վրա՝ ինչպես երկնքում է, ու քանդենք այն ամենը, ինչ արել է սատանան Ծննդոց երրորդ գլխից սկսած:

Գերբնականը դառնում է տրամաբանական

Որքան շատ ես մնում Արքայության մասին վարդապետության մեջ, այնքան ուժեղ է այն ազդում քո մտածելակերպի վրա: Մանանեխի հատի պես, Աստծո Արքայությունը ունակ է աճել ներսում ու դառնալ մեծ ծառ (տես Մատթ. 13.31,32): Սա հոգևոր ընթացք է, որն աճեցնում է Սուրբ Հոգին քո ներսում: Երբ խոնարհեցնում ես քեզ Աստծո Արքայության մասին ուսուցման համար, այն սկսում է խմորել քո մտածելակերպը, հայտնություն ու լուսավորում է գալիս՝ պարուրելով քո ամբողջ ներաշխարհը: Իսկ հայտնության մակարդակի վրա ազդում է աստվածային էության հետ մեկ դառնալը. հայտնությունը դուռ է դեպի մեկ այլ հարթություն:

Տեսնո՞ւմ եք՝ որքան կարևոր է փնտրել Արքայության մտածելակերպը, և սա սովորեցնում է Սուրբ Հոգին, որում Աստծո մտածելակերպն է: Սուրբ Հոգու մեջ Հիսուս Քրիստոսի հարյուր տոկոսանոց հաղթանակն է: Ուշադրություն դարձրե՛ք մի օրինաչափության. որքան մեծանում եմ Սուրբ Հոգու մեջ, այնքան ուժեղ է արտահայտվում երկնքի հետ որդեգրումն ու որդի լինելու կարգավիճակն իմ կյանքում, և որքան շատ եմ մեկանում Նրա հետ, այնքան շատ է Նրա էությունն իմ մեջ ու իմ միջոցով: Բոլորս կարող ենք ունենալ իշխանություն ու Աստծո զորությունը, բայց ամեն մեկը ունենալու է իշխանության տարբեր մակարդակ: Դա կախված չէ իմ արժանիքներից, այլ՝ Աստծո Հոգու հետ իմ մտերմության արդյունքն է: Եվ Աստծո զորությունը Սուրբ Հոգու հետ՝ իմ մտերմության վարձքն է:

Վստա՛հ եղեք, որ Աստծուն ճանաչելու և մտքի նորոգության շնորհիվ ձեր կյանքում տեղի կունենան վիթխարի փոփոխություններ, այս ընթացքն այնքան կգրավի ձեզ, որ այլևս չեք ցանկանա վերադառնալ ու ապրել առաջվա պես: *Ինչպե՞ս կարող ես հասկանալ, որ մարդու միտքը նորոգվել է.* նրա համար գերբնականը դառնում է տրամաբանական:

Թանկագի՛ն ընկեր, գոյություն ունի լիովին այլ կյանք Հիսուսի մեջ խաչի մյուս կողմում: Ես կոչ եմ անում քեզ Սուրբ Հոգու հետ առանձին ժամանակ անցկացնել, որպեսզի Նա նորոգի մտածելակերպդ և հայտնի Աստծո Արքայության գաղտնիքները: Ուսումնասիրե՛ք Սուրբ Գիրքը. ի՞նչ էր սովորեցնում Հիսուսը չորս Ավետարաններում: Նա սովորեցնում էր միայն Աստծո Արքայության մասին: Աստծո Արքայությունն ունակ է հարություն տալ քո իրավիճակը և դարձնել այնպիսին, ինչպիսին Նա է տեսնում: Քեզ կհայտնվի Նրա ուժը, ու հավատքդ կաճի, որը փոփոխություններ կծնի, կտա քեզ տեսողություն, քաջություն, համարձակություն, գաղափարներ, և դու կգործես Նրա կամքի համաձայն, և շատ բաներ իրականություն կդառնան քո կյանքում: Ծարավ լինելու դիրքորոշումը քեզ միշտ առաջ կմղի ու կտանի խոր աստվածային ոլորտներ, Կենդանի Աստծո Արքայություն, Աստծո խորությունները՝ զորությունից՝ զորություն. երանի՜ հոգով աղքատներին, քանի որ նրանցն է Աստծո Արքայությունը:

ԳԼՈՒԽ 15

ԱԶԴԵՑՈՒԹՅՈՒՆ

Տաղանդները դեռ կոչում չեն

Այս երկրի վրա մարդը ծնվում է, քանի որ նախասահմանված է, և Աստված չի թաքցնում նրա կոչումը: Բանն այն է, որ բոլորը փնտրում են վերջնական արդյունքը և թույլ չեն տալիս Աստծուն ուղղորդել իրենց նախասահմանության մեջ: Նա արդեն ներդրել է քո մեջ որոշակի հատկանիշներ, պարգևներ ու տաղանդներ, որոնք ուղղակիորեն կապված են այս երկրի վրա քո նախասահմանության հետ: Բայց դրանք պարզապես լծակներ են, որոնցով Աստված ուզում է ուղղորդել քեզ ու անցկացնել կյանքի փուլերով, որպեսզի բարձրացնի իշխանության ու կառավարման դիրքերի վրա, որտեղ քո ազդեցության շրջանակներում կկարողանաս կատարել այն, ինչի համար նախասահմանված ես:

Հարկ է նշել, որ ունակություններդ պարտադիր չէ, որ լինեն քո նախասահմանությունը, դրանք միայն բանալիներ են քո նախասահմանության համար, որոնք կան ծնված օրվանից: Հիշե՛ք Դավթին. նրա մեջ վաղ տարիքից դրսևորվում էին երաժշտական ունակություններ, սակայն դա այն չէր, ինչի համար նա նախասահմանված էր: *Թվում էր՝ ի՞նչ ընդհանուր բան կարող էր լինել քնարի ու գահի միջև:* Բայց հենց քնար նվագելու ունակությունը Դավթին բերեց արքունիք. Աստված նրա մեջ արքա էր տեսնում: Այդ պատճառով, երբ ձեր պարգևներն ուղղում եք Աստծո նպատակներին, դուք թույլ եք տալիս Սուրբ Հոգուն առաջ տանել ձեզ դեպի ձեր նախասահմանությունը: Կգա ժամանակ, և ձեր պարգևը ձեզ համար տեղ կպատրաստի այս երկրի վրա, այն կդառնա ձեր ազդեցության տարածքը: Բայց, նախևառաջ, ձեր պարգևը պետք է ունենա ուղերձ՝ Աստծո արքայության ուղերձը:

Հովհաննես Մկրտչի մեծությունը

Մի անգամ Հիսուսը Հովհաննես Մկրտչին անվանեց ամենամեծը մարգարեների մեջ, չնայած նա ոչ մի հրաշք չէր գործել (տե՛ս Մատթ. 11.11, Հովհ. 10.41): Հետաքրքիր է, այդ դեպքում ո՞րն է մեծությունը: Երբ մենք ուսումնասիրում ենք Հին կտակարանի մարգարեներին, որպես կանոն, ուշադրություն ենք դարձնում նրանց կատարած հրաշքներին ու նշաններին: Սակայն, մարգարեական պարգևի մեծությունը դրանում չէ: Հետաքրքիր է, իսկ ինչո՞վ է պայմանավորված նրա մեծությունը:

Բանն այն է, որ ամենուր Արքայության հայեցակարգում արքայից առաջ ուղարկվում էր ավետաբերը, ով արքային ճանապարհ պատրաստող ձայնն էր ու նրա գալուստը ավետողը: Բոլոր մարգարեները մինչև Հովհաննեսը ավետում էին Մեսիայի գալուստը՝ երազելով տեսնել այն օրը, երբ Աստծո Որդին ոտք կդներ այս երկրի վա: Իսկ Հովհաննեսը, լինելով վերջին հինկտակարանյան մարգարեն, Արքայի համար ճանապարհ պատրաստեց:

Հենց մարգարեական պարգևը բարձրացրեց Հովհաննեսին Իսրայելի մարգարե կարգավիճակին, այն դարձավ նրա ազդեցության տարածքը, որտեղ նա ծառայում էր ու անում էր այն, ինչի համար նախասահմանված էր: Նա ճանապարհ պատրաստեց Տիրոջ համար՝ ավետելով Աստծո Արքայությունը: Եվ նրա պարգևի գերազանցությունը հրաշքների ու նշանների մեջ չէր, այլ՝ ուղերձի ու առաքելության:

Մկրտված՝ Թագավորության ուղերձի մեջ

Ղուկասի Ավետարանում գրված է, որ Հովհաննեսից առաջ օրենքն ու մարգարեներն են, իսկ Հովհաննեսի ժամանակից Աստծո Արքայությունը ավետվում է (տե՛ս Ղուկ. 16.16): Հովհաննեսը բերեց Աստծո Արքայության մասին ուղերձը՝ ասելով. «Ապաշխարե՛ք, քանի որ մոտեցել է Երկնքի Արքայությունը» (Մատթ. 3.1,2): Այդ մասին նա քարոզում էր Հուդայի անապատում և այնտեղ մկրտում էր մարդկանց: *«Մկրտություն»* բառը հունարեն *«բապտիզո»* բառն է, որը նշանակում է *ընկղմվել:* Սակայն դա միայն ջրի մեջ ընկղմվելը չէ, այստեղ *«բապտիզո»* նշանակությունը ավելի խորն *է՝ վարդապետության կերպարի մեջ խորազուզվել:*

Պատկերացրեք, Տեր Հիսուսը եկավ Հովհաննեսի մոտ ու ասաց. «...Ես *պետք է* քեզնից մկրտվեմ...» (Մատթ. 3.13,14): Հիսուսը չգնաց մկրտվելու փարիսեցիների, սադուկեցիների կամ Կայիափա քահանայապետի մոտ: *Ինչո՞ւ:* Նա Իրեն չէր նույնացնում նրանց վարդապետության հետ, հակառակը, ուզում էր արմատախիլ անել նրանց թթխմորը մարդկանց մտածելակերպից՝ այն ամենը, ինչը Հայրը չի տնկել: Հիսուսը մկրտվեց Հովհաննեսից՝ Իրեն ընկղմելով Հովհաննես Մկրտչի կրած վարդապետության մեջ: Այնուհետև Քրիստոսը շարունակեց սովորեցնել Աստծո Արքայության մասին: Նա կրում էր հենց այն պատգամը, որ քարոզում էր Հովհաննեսը: Իր մահից ու հարությունից հետո Հիսուսն առաջադրանք տվեց աշակերտներին.

> «Գնացեք ամբողջ աշխարհով և Ավետարանը քարոզեք ամեն արարածի...» (Մարկ. 16.15-18):

Ուստի, շատ կարևոր է գիտակցել, որ քո կոչման վերջնական նպատակը Աստծո Արքայության ուղերձը քո ազդեցության շրջանակ բերելն է: *Այսպիսով, ինչ անել ու ինչի՞ց սկսել:*

Հուդայի անապատ էր գալիս մարդկանց մեծ բազմություն, որպեսզի լսեր Հովհաննեսին: Աստծո Արքայության մասին նրա քարոզները արմատական էին, ուստի բուռն արձագանք էին առաջացնում: Շատերը մկրտվում էին, ու նրանց իսկապես անհանգստացնում էր այս հարցը. *«Հիմա մենք ինչ պետք է անենք»:* Հովհաննես Մկրտիչը պատասխանում էր.

> «Ով երկու հագուստ ունի, մեկը թող տա չունեցողին, և ով ուտելիք ունի, նույնը թող անի: Եկան մաքսավորները Նրա մոտ մկրտվելու և հարցնում էին՝ Վարդապետ, ինչ անենք: Նա էլ պատասխանում էր նրանց. «Նախատեսվածից շատ մի՛ պահանջեք»: Նաև զինվորներն էին հարցնում Նրան. «Իսկ մե՞նք ինչ անենք»: Ու ասաց նրանց. «...Ոչ ոքի մի՛ հարստահարեք, մի՛ զրպարտեք և բավարարվեք ձեր աշխատավարձով»» (Ղուկ. 3.10-14):

Նկատեք, որ Հովհաննեսը նրանց չասաց թողնել ամեն ինչ, քանի որ տեսանելի աշխարհում այդ մարդիկ հասել էին որոշակի դիրքի: Հովհաննես Մկրտիչը հասկանում էր, որ Աստծո կամքը կապված է ամբողջ երկրի հետ ու կառավարման ամբողջ համակարգի հետ, այդ պատճառով սովորեցնում էր մարդկանց փոխել մտածելակերպը ու տեսնել իրենց ազդեցության շրջանակը, որտեղ նրանք պետք է դառնան աղ ու լույս:

Ի՞նչ անենք

Ես քարոզում եմ Աստծո Արքայությունը երկրագնդով մեկ ու սովորեցնում եմ մարդու կոչման մասին: Հարցերը, որոնք տալիս են մարդիկ այսօր, ինչպես և Հովհաննեսի օրերում, այսպիսին են. *«Ի՞նչ անենք մեր կյանքի այս փուլում: Ինչպե՞ս ծառայենք Աստծո նպատակներին: Ինչի՞ց սկսենք»:* Ընկերնե՛ր, խորասուզվե՛ք Աստծո Արքայության ուսմունքի մեջ, որպեսզի ձեր մտածելակերպը նորոգվի, և Աստված կուղղորդի ձեզ այնտեղ, ինչի համար նախասահմանված եք: Աստված Ինքն է ներդրել ձեր մեջ ունակություններ ու տաղանդներ, որոնք Աստծո ճանապարհին ցուցիչ կդառնան: Դուք ուժեղ կողմեր ունեք, և այն ոլորտները, որտեղ դուք առաջնորդ եք, չի կարելի արհամարհել, դրանք կապված են ձեր կյանքում երկնքի զորության հետ: Դուք պետք է ուղղորդեք դրանք, որպեսզի ձեր պարգևով կրեք Արքայության Ավետարանը և ծառայեք Աստծո նպատակներին այնտեղ, որտեղ գտնվում եք հենց հիմա:

Հիսուսն ասել է, որ դուք լույս եք այս աշխարհի համար (տե՛ս Մատթ. 5.14-16): Մենք ձեզ հետ այս երկրի վրա սուրհանդակներ ենք ու պիտի Աստծո լույսը տարածենք հասարակության բոլոր ոլորտներ՝ քաղաքականություն, սպորտ, բժշկություն, կրթություն ևն, որպեսզի մարդիկ, տեսնելով մեր բարի գործերը, փառավորեն մեր երկնային Հորը: Այդկերպ, Աստծո լույսը կտարածվի ամենուր:

Ի՞նչ նկատի ունեմ:

Օրինակ, երիտասարդ աղջիկը գալիս է իր հովվի մոտ ու ասում.

- Հովի՛վ, ես ուզում եմ Աստծո կամքը կատարել այս երկրի վրա:

- Հիանալի՛ է,- պատասխանում է հովիվը,- Հիսուսն ասել է՝ քարոզե՛ք, քանի որ Աստծո Արքայությունը մոտեցել է. հիվանդներին բժշկե՛ք, բորոտներին մաքրե՛ք, մեռելներին հարությո՛ւն տվեք, դևերին վռնդե՛ք, ձրի ստացել եք, ձրի էլ տվե՛ք (տե՛ս Մատթ. 10.8):

Ուսերը թոթվելով՝ այդ աղջիկը պատասխանում է.

- Այո՛, ես հասկանում եմ, բայց զգում եմ, որ Աստծո կողմից ինձ տրված տաղանդով պետք է սովորեմ ու դառնամ բժիշկ:

- Իհա՛րկե, դարձի՛ր բժիշկ,- պատասխանեց հովիվը,- դա պարգև է, որը քեզ համար տեղ կպատրաստի այս երկրի վրա, բայց քո պարգևը պիտի ուղերձ ունենա: Ուստի, անպայման դարձի՛ր բժիշկ, և որտեղ էլ կլինես, քարոզի՛ր Արքայության Ավետարանը, հիվանդներին բժշկի՛ր, դևերին վռնդի՛ր, մեռելներին հարությո՛ւն տուր:

Որոշ ժամանակ անց այդ նույն հովվին մոտենում է մի երիտասարդ.

- Հովի՛վ, ես ուզում եմ Աստծո կամքը կատարել իմ կյանքում:

Հովիվը պատասխանում է.

- Հրաշալի՛ է: Աստծո կամքն այն է, որ դու Արքայության Ավետարանը քարոզես, հիվանդներին բժշկես, մեռելներին հարություն տաս, դևերին վռնդես:

- Այո՛, բայց ես պատրաստվում եմ իրավաբան դառնալ:

- Խնդիր չկա,- պատասխանում է հովիվը,- դարձի՛ր իրավաբան, եթե Աստված առաջնորդում է քեզ: Քո պարգևը կդառնա քո ամբիոնը, որտեղից կկարողանաս Արքայության Ավետարանը քարոզել, հիվանդներին բժշկել, դևերին վռնդել, մեռելներին հարություն տալ: Քո պարգևի շրջանակում դու ազդեցություն կունենաս, այդ պատճառով օգտագործի՛ր քո պարգևը ոչ թե սեփական շահույթի համար, այլ որպեսզի ազդես աշխարհի վրա բարի գործերով՝ տարածելով Աստծո Արքայության ուղերձը:

Հնազանդությունը որոշում է վարձքը

Աստված քո ներսում դրել է ունակություններ ու տաղանդներ, որոնք կապված են քո նախասահմանության հետ: Մի օր դու հաշվետու ես լինելու Աստծո առջև, թե ինչպես ես օգտագործել դրանք և որքանով ես հնազանդվել Նրա կոչմանը: Աստծո Արքայությանը պատկանող յուրաքանչյուր մարդ մի օր կանգնելու է Արքայի առջև ու հաշիվ է տալու: Եվ Արքան Ինքն է տալու բոլորի պարգևատրումները: Պարգևատրումը որոշվելու է նախասահմանությանը հնազանդվելու չափով: «...Նրան, ում շատ է տրված, նրանից շատ կպահանջվի, և ում շատ է վստահվել, նրանից ավելին կպահանջեն» (Ղուկ. 12.48): Աստված ամեն մեկին տվել է իր կարողության չափով, այդ պատճառով պարգևատրման մեծությունը կախված չի լինելու արված գործի մեծությունից, այլ՝ նախասահմանությանը հնազանդվելու չափից:

Ենթադրենք, դու նախասահմանված ես եղել ազդելու և դեպի Հիսուսն առաջնորդելու մեկ միլիոն մարդու, իսկ ես միայն հարյուրի: Ու եթե քո ամբողջ կյանքում կարողանաս ազդել 500 հազար մարդու վրա, ապա մարդկանց աչքերում դու վիթխարի հաջողություն ես ունեցել, քո ծառայությունը ավելին է եղել, քան՝ իմը: Սակայն, Աստծո Արքայությունը այնպես չի գործում, ինչպես տեսանելի աշխարհը: Չնայած տեսանելի աշխարհում ունեցած հաջողությանը՝ դու *ամբողջը* չես արել, ինչի համար նախասահմանված էիր, որովհետև չես առաջնորդել մեկ միլիոն մարդու: Եթե ես նախասահմանված էի դեպի Հիսուսն առաջնորդել հարյուր մարդու, բայց առաջնորդել եմ իննսունինը մարդու, ապա ես Աստծուն ավելի հնազանդ եմ եղել, քան դու, և իմ նախասահմանությունը կատարել եմ 99%-ով, իսկ դու միայն 50%-ով: Աստված չափելու է ամեն ինչ հնազանդության հիման վրա, և իմ պարգևատրումը երկնքում կարող է ավելի շատ լինել, քան քոնը:

Աստված ուզում է արարել Իր կամքը Իր յուրաքանչյուր երեխայի միջոցով, դրա համար Նա տվել է քեզ ունակություններ ու վստահել ազդեցություն ունենալու տարածք: Դու ծնվել ես, որ ազդես այս աշխարհի վրա, և քո կոչումը տարբերվում է մյուս մարդկանց կոչումից: Շատերը վախենում են Աստծուն լիովին վստահելուց և լիովին իրենց կոչման տարածք տեղափոխվելուց, և դա միայն Աստծուն չճանաչելու հետևանք է: Երբեք մի՛ համեմատվիր ուրիշների հետ, այլապես կլցվես նախանձով, մերժվածությամբ և խոցելի կլինես: Աստված ուզում է, որ ճանաչես Իրեն ու քեզ տեսնես Իր մեջ. քո իրական կյանքը Աստծո կողմից քո նախասահմանության մեջ է:

Աստված մեծագույնն է պատրաստել, ուստի կանգ մի՛ առ, այլ շարունակի՛ր հարաբերություններ փնտրել Սուրբ Հոգու հետ ու ընկղմվի՛ր Աստծո Արքայության ուսմունքի մեջ: Ընտրի՛ր ծառայել մարդկանց հենց այնտեղ, որտեղ հիմա ես: Եվ Սուրբ Հոգին կառաջնորդի քեզ ու կուղղորդի դեպի քո նախասահմանությունը: Քո պարգևը քո ազդեցության տարածքն է, որտեղ դու պիտի դառնաս Արքայության խմորիչ, որպեսզի խմորես ամբողջ զանգվածը՝ քարոզելով Արքայության Ավետարանը:

Ընկերնե՛ր, Աստված նախասահմանել է մեզ, որ դառնանք աղ ու լույս ամբողջ Երկրի տարածքում: Ես հավատում եմ, որ այն, ինչ Աստված նախատեսել է քո կյանքի համար, այնքան վիթխարի է, որ երբեք քեզնով չի սահմանափակվի, որովհետև Աստծո կամքը բոլոր սերունդների համար է: Քո կյանքը կապված է մյուս սերնդի ու քեզ շրջապատող մարդկանց հետ: Ուստի, ուզում եմ դիմել նրանց, ովքեր կարդում են այս գիրքը. ծերե՛ր, հայրե՛ր ու մայրե՛ր, պատանինե՛ր ու երեխանե՛ր, մենք միմյանց կարիքն ունենք, որպեսզի Աստծո լույսը տարածենք հասարակության բոլոր ոլորտներում: Մեզնից յուրաքանչյուրը պիտի ազդեցություն ունենա իր պարգևի շրջանակում՝ քարոզել Արքայության Ավետարանը, բժշկել հիվանդներին, վռնդել դևերին, հարություն տալ մեռելներին: Ես հավատում եմ, որ միասին մենք կարող ենք Աստծո կամքը կատարել մեր սերնդի մեջ ու քանդել սատանայի գործերը:

ԳԼՈՒԽ 16

ԳՈՐԾԸՆԹԱՑ

Կարևոր չէ, թե որ տարիքում եք հիմա, Աստված ուզում է ձեզ առաջ տանել: Աստված հետաքրքրված է ձեր կոչմամբ ավելի, քան դուք: Այդ պատճառով, եթե դուք խոնարհել եք ձեր սիրտը, որ փնտրեք Հոր կամքը, և խնդրում եք, որ Սուրբ Հոգին ուղղորդի ձեզ, մի՛ անհանգստացեք, դուք բաց չեք թողնի ձեր ժամանակը:

Մարդը ձգտում է շտապ տեսնել արդյունքը, բայց Աստված հետաքրքրված է ընթացքով. նախքան աշակերտները առաքյալ դարձան ու սկսեցին քարոզել, բժշկել, դևեր հանել, եկեղեցիներ հիմնել, թղթեր գրել, Հիսուսը, նախևառաջ, կանչեց նրանց Իր մոտ, հետո սկսվեց աճի, փոխակերպման, լուսավորման հետաքրքիր գործընթացը: Գործընթացի մեջ Աստված փոխում է քո մտածելակերպը և սովորեցնում քայլել Իր առջև, որպեսզի արդյունքում բարձրացնի ու դնի առաջատար դիրքում, դրանում է քո նախասահմանությունը:

Բանն այն է, որ գոյություն ունեն վերելքի մարդկային ճանապարհներ, նաև՝ աստվածային: Շատերն իշխանավորի երեսն են փնտրում, բայց մարդու իրավունքը Տիրոջից է (տես Առակ. 29.26): Մարդիկ նույնիսկ քրիստոնեության մեջ փորձում են ցանկացած միջոցներով հասնել ինչ-որ դիրքի կամ պաշտոնի՝ գոհացնելով, օգտագործելով կապերը, բարեկամներին, ծանոթներին, ինչ-որ մեկը առաջ է մղում իր երեխաներին, բայց այս ամենը մարդկային ճանապարհներ են, դրանում չկա Աստծո զորությունը: Այդ պատճառով ես միշտ փնտրում եմ Աստծո ճանապարհները և հավատում եմ, որ վերելքը արևելքից ու արևմուտքից չէ, այլ՝ Աստծուց, Ով Դատավոր է և ամեն ինչի Աղբյուրը (տես Սաղմ. 75.6): Երբ Աստված բարձրացնում ու կանգնեցնում է քեզ, ապա Նա օժտում է քեզ Իր ուժով ու օծությամբ: Իսկ ինչպիսի՞ն է վերելքի Աստծո ճանապարհը:

Ինչի՞ մասին էիք վիճում ճանապարհին

Մարկոսի Ավետարանում գրված է հետևյալ պատմությունը.

> «Հիսուսը Կափառնայում եկավ և երբ տուն մտավ, նրանց հարցրեց. «Ճանապարհին իրար հետ ինչի՞ մասին էիք վիճում»: Սակայն նրանք լռում էին, որովհետև ճանապարհին իրար հետ վիճում էին, թե ով է մեծը» (Մարկ. 9.32,33):

Կարծես թե նրանք պարզապես չէին խոսում, գրված է, որ նրանք ընթացքում մտորում էին, այսինքն՝ եղբայրները սկսել էին պարզել, թե ով՝ ով է, ու իրենցից ով է ավելի արժեքավոր այս տեսանելի աշխարհում:

Մի՞թե այս իրավիճակն արդի չէ մեր օրերում, մարդիկ սոցցանցերում նկարներ են տեղադրում, որպեսզի բոլորին ցույց տան իրենց «հաջողությունը»: Նրանք փորձում են ամեն կերպ բարձրացնել իրենց ուրիշների աչքն՝ թանկարժեք տներով, մեքենաներով, իրերով, ճանապարհորդություններով, կարիերայով, եկեղեցով՝ ցուցադրելով բոլորին, որ իրենք ավելի կարևոր ու ավելի մեծ են, քան մյուսները: Նկատեք, որ աշակերտները հարցեր չունեին Հիսուսի հետ, բայց ահա իրար մեջ... Կյանքի ընթացքում դրսևորվել էր նրանց «ես»-ը, և յուրաքանչյուրն ուզում էր իրեն բարձրացնել՝ որքան հնարավոր է վեր:

Ես հիանում եմ Հիսուսով: Նա չընդհատեց նրանց ու չխառնվեց ընթացքի մեջ: Նա վարվեց այնպես, ինչպես կվարվեր Հայրը: Աստվածաշունչն ասում է, որ նրանք տուն եկան... Հաճախ, մարգարեաբար, տունը՝ Աստծո ներկայությունն է: Ու երբ նրանք տանն էին Հիսուսի հետ, Նա անդրադարձավ այդ թեմային ու հարցրեց, թե ինչ էին միմյանց մեջ քննարկում ճանապարհին: *Մի՞թե չգիտեր, թե ինչ էին նրանք խոսում:* Իհա՛րկե՝ գիտեր: Բայց հետաքրքիր է, որ Նա նրանց թույլ տվեց այդ մասին խոսեն, որպեսզի մտքերի խորքում եղածը դուրս գար, և աշակերտները կարողանային լսել իրենք իրենց:

Ամենակարևորը՝ ոչ թե մարդուն ընդհատելն ու նրանում ցանկությունները կտրելն է, այլ՝ պայմաններ ստեղծելը, որ մարդը հասկանա ու տեսնի իրեն Աստծո դիրքից: Ես իմ փորձից նկատել եմ, որ կան պահեր, երբ միմյանց ինչ-որ բան ենք ապացուցում, պարծենում ենք, ինչ-որ մեկին նվաստացնում ենք ու ամեն ինչում պարզաբանումներ ենք անում, մինչև այն պահը, երբ մտնում ենք Աստծո ներկայության մեջ: Եվ երբ մեկանում ենք Սուրբ Հոգու հետ, մենք սկսում ենք տեսնել Նրա հայացքով և ամաչում ենք ինքներս մեր պահվածքի համար. *Ասփված, մի՞թե իմ մեջ դեռ այդքան մարդկային բան կա, չէ՞ որ կարելի էր այլ կերպ արձագանքել ու ամեն բան լուծել:*

Երբ Հիսուսը հարցրեց աշակերտներին, նրանք լռում էին, նրանք ամաչեցին իրենց խոսքերի համար, նրանք տեսան, որ առանձնացնում ու բարձրացնում էին իրենց մարդկանց աչքերում: Ուշադրություն դարձրեք, որ Հիսուսը նրանց չկշտամբեց նախորդ քննարկումների համար: Բանն այն է, որ մենք Աստծո Հոգուց ենք վերցված ու ստեղծված ենք իշխելու համար: Այդ պատճառով, ոչ մի վատ բան չկա, երբ մարդը ձգտում է առաջխաղացում ունենալ: Դա դրված է մարդու մեջ: Սակայն այնտեղ պետք է հասնել Աստծո ճանապարհով:

Լինել մե՞ծ, թե՞ լինել առաջինը

Ուստի, Հիսուսը նստեց, կանչեց աշակերտներին ու սկսեց ցույց տալ, թե ինչպես է Աստված բարձրացնում.

> «Եթե մեկն ուզում է լինել առաջինը, թող լինի բոլորից վերջինը ու բոլորի ծառան» (Մարկ. 9.34):

Նկատեք, աշակերտները պարզում էին, թե ով է իրենցից *մեծը,* իսկ Հիսուսն ասում է՝ ով ուզում է *առաջինը* լինել, այստեղ մեծ տարբերություն կա: *Մեծը* տեսանելի աշխարհում դրսևորվում է հպարտության ու ինքնաբարձրացման միջոցով, իսկ *առաջինը*՝ օրինակ ծառայելով և առաջնորդելով: *Մեծը*՝ տիրելն է, *առաջինը*՝ կառավարելն ու պատասխանատվություն կրելը: Այդ պատճառով Հիսուսն ուղղորդեց նրանց՝ *մեծից*՝ *առաջինը:*

Աստված հետաքրքրված է Իր ժողովրդին դնել առաջատար դիրքում այս տեսանելի աշխարհում, որովհետև լինել առաջինը՝ նշանակում է պատասխանատվություն վերցնել նրա համար, ինչ լինելու է քեզնից հետո: Դուք գիտեք, որ Հիսուսն առաջինն է և Նրանով է ամեն ինչ սկսվել: Երբ Նա 33 տարեկան էր, պատասխանատվություն վերցրեց ամբողջ աշխարհի համար: Նա եկեղեցու մարմնի գլուխն ու հիմքն է, որի վրա մենք կանգնած ենք:

Ընտանիքում ամուսինը առաջատար դիրքում է, որը պատասխանատվություն է այն ամենի համար, ինչ լինելու է նրանից հետո: Ադամը առաջինն էր արարված, հետո Աստված բերեց Եվային որպես նրան օգնական: Ադամը Եվայից լավը չէ, բայց Աստված նրան էր կարգել լինել առաջինը՝ ընտանիքի գլուխն ու հիմքը: Աստված տեղադրել էր Ադամին Իր ներկայության մեջ Եդեմի պարտեզում, որպեսզի նա ղեկավարի Աստծո ներկայության մեջ լինելով: Երբ ամուսինը ղեկավարում է Աստծո ներկայության մեջ, այդ դեպքում ընտանիքի հիմքը ամուր է:

Առաջինը լինելը՝ Աստծո օրհնությունն ու խոստումն է Իր ժողովրդի համար: Երկրորդ Օրինաց գրքում գրված է.

> «Տերը քեզ կդարձնի գլուխ, և ոչ թե պոչ. դու միշտ վերևում կլինես և ներքևում չես լինի, եթե հնազանդվես քո Տեր Աստծո պատվիրաններին» (Երկր. Օր. 28.13):

Գլխավորել ու լինել բարձունքում. սրանք դիրքեր են, որտեղ Աստված ուզում է դնել Իր ժողովրդին: Մենք պարզապես քրիստոնյաներ չենք, մենք առանձնացված ազգ ենք՝ Աստծո ձեռքերի մեջ, Աստծո երեխաները, թագավորական քահանայություն. մենք այս երկրի վրա սուրհանդակ ենք:

Լինել առաջին՝ նշանակում է դառնալ վերջին

Քո կոչումը կապված է առաջինը լինելու դիրքի հետ այս տեսանելի աշխարհում: Աստված ուզում է, որ դու պատասխանատվություն կրես ու ազդեցություն ունենաս այն ամենի վրա, ինչ լինելու է քեզնից հետո: Բայց այդ դիրքին պետք է հասնել Աստծո ճանապարհով: Որոշ մարդիկ ասում են. *«Ինչի՞ս է դա պետք»*: Այլ խոսքով՝ նրանք ասում են. «Ինձ համար միևնույն է, թե ինչ է կատարվում, կարևորը ինձ մոտ ամեն ինչ լավ լինի»: Եվ սա նրանք անվանում են խոնարհում: Ո՛չ, սա հպարտության ցուցանիշ է, այդ դեպքում քո կյանքի գահին նստած է քո «ես»-ը: Խոնարհումը՝ պատասխանատվություն կրելն է, օրինակ ծառայելը, ուրիշներին սովորեցնելն ու մարդկանց առաջնորդելն է:

Շատ կարևոր է, որ առաջատար դիրքում լինեն հասուն մարդիկ, ովքեր կանչված ու դրված են Աստծո կողմից: Քանի որ, եթե այդպես չէ, ապա. «Վա՜յ քեզ երկիր, որ թագավորդ երեխա է...» (Ժողով. 10.16): Այլ խոսքերով՝ վա՜յ քեզ երկիր, երբ առաջատար դիրքում գտնվում է ոչ հասուն ու մարդկանց ծառայելու անկարող մարդ: Մենք ուզում ենք, որ երկրի նախագահը լինի Աստծո հասուն մարդ, որ մեր երեխաների ուսուցիչը լինի Աստծուց ընտրված մարդ, որ կառավարությունում, ուսումնական հաստատություններում, ցանկացած ընկերություն գլխավորի մի մարդ, ով բարի սիրտ ունի, ճիշտ բնավորություն և ով ունակ է ծառայել մարդկանց: Քանի որ հաճելի է, երբ հասարակության ցանկացած ոլորտում առաջատար դիրքում Աստծո հասուն մարդ է, ով փոխզիջումների չի գնում մեղքի ու խաբեության հետ և կարողանում է ծառայել մարդկանց: Որքա՜ն դժվարություններ են ստեղծվում այսօր այն պատճառով, որ գլխավորում են մարդիկ, ովքեր դրան հասել են մարդկային ճանապարհով:

Աստված շահագրգռված է Իր ժողովրդին բարձրացնելու մեջ, որպեսզի մեր միջոցով կարգուկանոն հաստատի շատ ոլորտներում: Կա բարձրանալու աստվածային ճանապարհը, երբ Նա ձևավորում է Իր պատկերը մեր ներսում: Աստված տաղանդավորներին ու շնորհաշատներին չի փնտրում, Նա փնտրում է նրանց, ովքեր իրենց կտրամադրեն Նրա տիրապետությանը, որպեսզի Նա կարողանա ձևավորել նրանց ու ասել. «Այսօրվանից ես կփառավորեմ քեզ»: Բայց, նախևառաջ, Նա պետք է լիովին մեզնից դուրս հանի մարմնավորը, որպեսզի մենք փոքրանանք, իսկ Նա մեծանա մեր ներսում: Այժմ, եթե Աստված ասի քեզ ինչ-որ բան անել, դու փոխզիջումների չես գնա և չես փոքրացնի այն քո մարդկային մտածելակերպով:

Ի՞նչ են նշանակում Հիսուսի խոսքերը. *«Լինել բոլորից վերջինը»:* Պատկերացրեք հետևյալ իրավիճակը. եկեղեցական ծառայությունից հետո բոլորը գնացել են, իսկ առաջնորդի օգնականը խնդրել է քեզ մնալ ու մաքրել տարածքը: Բոլորը գնացել են ռեստորան, միայն դու ես մնացել, այսինքն՝ դու վերջինն ես: Սովորաբար առաջին արձագանքը լինում է՝ իսկ ինչո՞ւ ես, ինչո՞ւ ոչ՝ ուրիշը»: Որովհետև Աստված շահագրգռված է քեզ առաջատար դիրքում դնելու մեջ, միայն թե այդ դիրքին պետք է հասնել Աստծո ճանապարհով: Այնուհետև Հիսուսն ավելացրեց՝ *և լինել բոլորի ծառան:* Երբ ինձ դարձնում եմ *բոլորի ծառան,* ես պատճառներ չեմ փնտրում ինձ արդարացնելու համար, հակառակը, ես ասում եմ. *«Գնացեք, ես կմնամ ու ամեն բան կանեմ»:* Այդպիսով, ես բոլորի haմար օրհնություն ու մերձավորիս համար ծառա եմ դառնում:

Այդ դիրքում դու աննկատ ես մնում ու սովորում ես ծառայել Աստծուն՝ չփնտրելով ուշադրություն, որովհետև քո հանդեպ ուշադրությունը կերակուր է հպարտության համար: Քանի որ հիմարություն է ապրել՝ անընդհատ ինչ-որ մեկին տպավորելու ու բոլորին դուր գալու համար: Ըստ իս, դա սարսափելի ստրկություն է, ապրել՝ անընդհատ կառչելով մարդկանց կարծիքներից: Մենք պետք է սովորենք ապրել Աստծո առջև: Երբ Աստված բարձրացնում է քեզ, շատերը կգովեն, շատերն էլ կքննադատեն, բայց ո՛չ մեկը, ո՛չ էլ մյուսը չպիտի շեղի քո ուշադրությունը Աստծուց ու այն առաքելությունից, որ Նա հանձնարարել է քեզ:

Լուծե՛ք սրտի շարժառիթների հարցը

Ես ուզում եմ շատ կարևոր սկզբունք ցույց տալ. սրտի դրդապատճառները, երբ քեզ ոչ ոք չի տեսնում: Մարդիկ հեռացան, ու նրաց կարծիքները նույնպես. ոչ ոք չի տեսնում, շնորհակալություն չի ասի, չի քաջալերի ու չի ծափահարի: Այդ պահին միայն քո խոսքերը կարևոր չեն՝ Աստված նայում է, թե ինչ կա քո սրտում: Նա հեռվից տեսնում է քո մտքերը: *Ո՞րն է քո դրդապատճառը հիմա: Կանեն դա անկեղծ ու ամբողջ սրտով:* Հիմա սկսվում է իսկական ծառայությունը, երբ դու անում ես ոչ թե մարդկանց առջև, այլ Աստծո առջև՝ մարդկանց համար:

Այն, ինչ անում ենք, պիտի անենք ամբողջ սրտով, և այնպես, ինչպես Աստծո համար կանեինք: Ամենամեծ հաղթանակը՝ քո, քո ցանկությունների, ծրագրերի, առաջնահերթությունների նկատմամբ տարած հաղթանակն է: Դու չես կարող ծառայել երկու տերերի՝ Աստծուն և քո «ես»-ին: «Ես»-ը մարմինն է, իսկ մարմնով ապրողը Աստծուն հաճենալ չի կարող, այլ հակառակվում է այն ամենին, ինչը Աստծունն է, նշանակում է, տեղ է տալիս սատանային և կերակրում դևերին: Դևերի կերակուրը՝ քո հպարտությունն է, ամբարտավանությունը, ընչաքաղցությունը, անհանդուրժողականությունը, աններողամտությունը, եղբայրների միջև վեճերը. սրանցից պետք է ազատվել: Լինել *վերջինը* և *բոլորին ծառա*՝ անձնազոհության դիրքորոշում է, որից վախենում է սատանան, քանի որ այդպիսով դու փոքրանում ես, իսկ Աստված մեծանում է քո ներսում, և խավարի թագավորությունը կործանվում է:

Հիսուսը սովորեցնում էր նաև լինել հավատարիմ փոքրի ու

ուրիշինի մեջ (տես Ղուկ. 16.10-12): Երբեմն փոքր բաների մեջ ավելի շատ ուժ է անհրաժեշտ, քան մեծ բաների: Եթե նույնիսկ քո աշխատանքը քո աչքերում փոքր է ու աննշան, կարևոր է հավատարիմ մնալ ու ամեն բան անել Աստծո առջև: *Ինչպե՞ս: Ինչո՞ւ փոքր բաներ, չէ՞ որ ես կարող եմ ավելին:* Այո՛, ոչ ոք չի էլ վիճում, բայց հարցն այն չէ, թե ինչի ես ընդունակ: Աստծո Հոգին ուզում է գործ ունենալ քո բնավորության հետ, սրտի դրդապատճառների, մտածելակերպի հարցերը լուծել, քայլ առ քայլ քո մեջ ձևավորել աստվածային հատկանիշներ: Դու պետք է թույլ տաս Աստծուն, որ սովորեցնի քեզ հավատարիմ լինել փոքրի մեջ:

Հաջորդ քայլը՝ ուրիշինի մեջ հավատարիմ լինելն է: Դա հավատարմությունն է ուրիշ մարդու կոչման տարածքում. այսինքն՝ ուրիշի բիզնեսում կամ ծառայության մեջ: Ենթադրենք դու ծառայում ես տեղական եկեղեցում և գտնվում ես այդ եկեղեցու հովվի կոչման տարածքում, որը նրան վստահել է Աստված: Գրված է. «Ինչպես կամենում եք, որ մարդիկ ձեզ անեն, նույնն էլ դուք արեք նրանց» (Ղուկ. 6.31): Հետագայում մարդիկ քո ծառայության մեջ էլ նույնկերպ կվարվեն, ինչպես դու ես վարվում: Այս ընթացքի մեջ Աստված սովորեցնում է քեզ հավատարիմ լինել ուրիշինի մեջ:

Եղի՛ր հավատարիմ այնտեղ, որտեղ Աստված կարգել է քեզ

Ես հիշում եմ, որ ապաշխարությունից հետո չէի կարողանում պարզապես նստել եկեղեցում: Ես չէի հասկանում՝ ինչպե՞ս կարելի է սիրել Աստծուն ու չսիրել եկեղեցին, որտեղ կարգված ես, և որը Հիսուս Քրիստոսի մարմինն է: Ուստի, ես փնտրում էի՝ ինչպես ծառայել և ում օգնել: Գաղատացիների թղթում գրված է.

> «Բայց ասում եմ՝ քանի դեռ ժառանգը երեխա է, ծառայից ոչնչով չի տարբերվում, թեև ամեն բանի տեր է: Բայց վերակացուների և տնտեսների ձեռքի տակ է մինչև Հոր սահմանած ժամանակը» (Գաղատ. 4.1,2):

Ես հավատում եմ, որ քո կյանքում գոյություն ունի սահմանված ժամանակ, երբ Հայրը կդնի քեզ քո կոչման դիրքում, բայց դեպի կոչումը տանող ճանապարհին անցնում է տեղական եկեղեցով: Աստված դնում է քեզ մարմնում, որտեղ դու զարգանում ու մեծանում ես, դու ենթարկեցված ես վերակացուներին ու գործընթացին, որտեղ Աստված աճեցնում է քեզ:

Երբ հանդիպեցի Հիսուսին, Նա խոսում էր իմ նախասահմանության մասին, նաև այն մասին, թե ուր է ինձ առաջնորդելու: Միայն չասաց, թե երբ է դա լինելու: Իմ կյանքում ես ենթարկեցնում էի ինձ ու ջանում էի տեղական եկեղեցում անել ամեն բան, ինչ ասում էր հովիվը, ես ուզում էի հավատարիմ լինել ամեն ինչում և ծառայել բոլորին, հավատարիմ լինել փոքրի՝ ուրիշինի մեջ: Ես չէի սպասում, որ ինձ խնդրեն, ես փնտրում էի, թե ինչով կարող եմ ծառայել, ու անում էի ցանկացած հանձնարարություն: Իմ ներսում միշտ հարցնում էի. *«Աստված, էլ ինչ կարող եմ անել»:* Ինձ չէր անհանգստացնում, թե ինչու ուրիշները չեն անում. ես ուզում էի օրհնություն լինել տեղական եկեղեցու համար և հավատարիմ լինել ամեն ինչում: Այդ գործընթացի մեջ Աստված առաջնորդեց ինձ իմ նախասահմանության մեջ, քայլ առ քայլ, որպեսզի դնի իմ ազդեցության տարածքում, և ես օրհնություն դառնամ բոլոր ազգերի համար:

Սրանից է սկսվում վերելքը. եղի՛ր վերջինը, և ծառա՝ մերձավորիդ, հավատարիմ եղի՛ր փոքրի ու ուրիշինի մեջ: Եկե՛ք սովորենք քայլել Աստծո առջև, ապրել Աստծո առջև, վարվել Աստծո առջև՝ ծափահարություններ չակնկալելով: Ես սա սովորեցնում եմ իմ ծառայության թիմին: Իրական ծառայությունը բեմից չի սկսվում, այն սկսվում է սրտի խորքում եղող մտադրություններից. այնտեղ բնակվում է Աստծո Հոգին: Մենք պետք է խնդրենք Սուրբ Հոգուն հասնել սրտի մտադրություններին, որպեսզի կեղծավորություն չանենք: Ես վախենում եմ դրանից, քանի որ եթե մենք թույլ չտանք Սուրբ Հոգուն գործ ունենալ ներքին դրդապատճառների հետ, հատկապես, երբ մեզ մոտ ինչ-որ բան ստացվում է, ապա կարող ենք կորցնել օծությունը: Ընկերնե՛ր, երբեք մի՛ մեծացեք ինքներդ ձեր աչքերում: Գնահատե՛ք, երբ Աստված հարթեցնում է ձեզ Իր սկզբունքների մեջ: Մենք գործընթացի մեջ ենք: Աստված շահագրգռված է մեր մտածելակերպի ու բնավորության լուրջ փոփոխություններում, որպեսզի դուրս բերի մեզ առաջատար դիրքեր՝ որդիական ու թագավորական քահանայության դիրքեր:

Աստված, քննի՛ր իմ սիրտը՝ արդյո՞ք վստանգավոր ճանապարհի վրա չեմ, և առաջնորդի՛ր ինձ դեպի հավիտենական ճանապարհը: Ես ուզում եմ փոքր մնալ ինքս իմ աչքերում: Փոխի՛ր ինձ: Օգնի՛ր ինձ հաղթել ինքս ինձ: Ես լիովին հանձնվում եմ Քեզ, որպեսզի լինեմ Քո սպրուկը և բոլորի ծառան:

ԳԼՈՒԽ 17

ՀՈՎՍԵՓԻ ԴԱՍԵՐԸ

Նախասահմանությունը գաղտնիք է, որը բացվում է յուրաքանչյուրին անհատապես Սուրբ Հոգուց: Գրված է, որ ոչ ոք չգիտի Աստծո բաները, բացի Աստծո Հոգուց (տե՛ս Ա Կորնթ. 2.10,11): Այսպիսով, եթե քո կյանքի համար Աստծո կոչումն ես փնտրում, փնտրի՛ր այն Աստծո և Նրա ծրագրի մեջ: Մի՛ սպասիր, որ մարդը հայտնի քեզ քո նախասահմանությունը: Աստված այդ փառքը չի տալիս ոչ ոքի: Այո՛, Աստված եկեղեցում կարգում է առաքյալների, մարգարեների, ուսուցիչների, հովիվների, ովքեր կծառայեն սուրբերի շինության համար, բայց ինչ վերաբերում է քո անձնական կոչմանը, ոչ ոք ոչինչ չգիտի Աստծո մտադրությունների մասին՝ նախքան մորդ արգանդում քո հայտնվելը: Երբեմն, նույնիսկ, ծնողներն իրենց հոգևոր գիտելիքներով ու փորձով չեն կարողանում ճանաչել Աստծո կամքը քեզ համար և չեն կարողանում բացատրել շատ բաներ, որոնք տեղի են ունենում քո կյանքում:

Թանկագի՛ն ընկեր, Աստծո կոչումը չի բնորոշվում ընտանիքի կարգավիճակով, հասարակության մեջ դիրքով կամ մշակույթով, որոնց մեջ դու ծնվել ու մեծացել ես: Վերընթերցելով Հովսեփի պատմությունը Սուրբ Գրքում՝ ես հզոր դասեր եմ տեսնում, որոնք դասավանդում է մեզ Աստված նրա կյանքի միջոցով: Եվ դրանք կոչում եմ *«Հովսեփի դասերը»:*

Հովսեփի երազները

Հովսեփը շատ մտերիմ էր հոր հետ ու շատ սիրված էր, որովհետև նա հոր ծերության որդին էր: Մի անգամ նա երազ տեսավ ու սրտի պարզությամբ պատմեց եղբայրներին: Ես շատ լավ եմ հասկանում Հովսեփին, քանի որ այդ երազը նրան հանգիստ չէր տալիս: Իրականում, երբ տեսիլք ենք ունենում Աստծուց, այն բոցավառում է մեր հավատքը, մենք փնտրում ենք, թե ում պատմենք, ում հետ կիսվենք: Սակայն եղբայրներն ավելի շատ ատեցին նրան.

> «Եվ ասաց նրանց. «Լսե՛ք, խնդրեմ, իմ տեսած այս երազը: Մենք դաշտում խրձեր էինք կապում, և ահա իմ խուրձը բարձրացավ և կանգնեց ուղիղ, իսկ ձեր խրձերը կանգնեցին նրա շուրջը և երկրպագեցին իմ խրձին»: Նրա եղբայրներն ասացին նրան. «Իրո՞ք մեզ վրա թագավորելու ես, կամ՝ իրո՞ք տիրելու ես մեզ վրա...»» (Ծննդ. 37.6-8):

Ճիշտ պատասխանն է. *«Այո՛, այդպես էլ լինելու է»:* Երբեմն տեսիլք ստացողի համար ամենադժվարը այդ տեսիլքն ընդունելն է, հավատալն ու խոնարհվելը: Մարդկանց աչքերում ամենամեծ խոնարհումը թվում է հպարտություն, բայց խոնարհվելը Աստծո կամքին, Նրա ցանկություններին այն է, երբ ինքդ քեզ ենթարկեցնում ես Նրան ու թույլ տալիս, որ Աստված Տեր լինի քո կյանքում:

Հովսեփի եղբայրներն ավելի շատ ատեցին նրան նրա երազների ու խոսքերի համար: Հովսեփը մեկ այլ երազ էլ տեսավ և պատմեց եղբայրներին.

> ««Մի երազ էլ տեսա. ահա՛ արեգակը, լուսինը և տասնմեկ աստղեր երկրպագություն էին անում ինձ»: Եվ պատմեց իր հորն ու իր եղբայրներին: Իր հայրը հանդիմանեց նրան և ասաց. «Այդ ի՞նչ երազ է, որ տեսել ես. մի՞թե ես, քո մայրը և քո եղբայրները գալու ենք, որ մինչև գետին խոնարհություն անենք քեզ»» (Ծննդ. 37.9,10):

Ու դարձյալ ամենախոնարհ պատասխանը, որ կարող էր Հովսեփը տալ. *«Այո՛, այդպես էլ լինելու է»:* Միայն պատկերացրեք, թե ինչպես էր դա դիտվում, և ինչ էր կատարվում եղբայրների սրտում. նրանք բարկանում էին: Նույնիսկ հայրը, որ բոլորից շատ էր սիրում Հովսեփին, չէր տեսնում ամբողջական պատկերը ու չկարողացավ բացահայտել Աստծո կոչումն իր որդու կյանքում: Իսկ Աստված նախասահմանել էր Հովսեփին, որ լիներ առաջինը ու գլուխ՝ հենց հանուն իր հոր, բարեկամների և ամբողջ ժողովրդի:

Տեսիլքը հաճախ տրամաբանական չէ

Երազների միջոցով Հովսեփին բացվեց իր նախասահմանության որոշակի պատկերը: Աստված ցույց տվեց այն դիրքը, որտեղ առաջնորդելու էր նրան: Այլ խոսքերով՝ Աստված թույլ տվեց Հովսեփին տեսնել իրեն այնպես, ինչպես Նա էր տեսնում երկրի տարածքում: Երբ Աստված տեսիլք է տալիս, հնարավոր է շատ բաներ քեզ համար անհասկանալի թվան, բայց դու վստահ ես, որ դա անպայման կատարվելու է քո կյանքում, որովհետև տեսիլքի հետ քո ներսում արձակվում է Աստծո հավատքը: Հովսեփին տրված չէր իմանալ, թե երբ է այդ ամենը կատարվելու, որովհետև կա գործընթաց ու վերելքի ճանապարհ, որտեղ Աստված ձևավորում է քեզ:

Հովսեփն այդ երազները տեսավ 17 տարեկանում ու միայն 30 տարեկանում կանգնեց փարավոնի առջև և բարձրացվեց: Այդ տարիների ընթացքում գործընթաց էր տեղի ունենում, որի միջոցով Աստված հասցնում էր Հովսեփին նրա տեսած երազին: Ամենահետաքրքիրն այն էր, որ այդ գործընթացի մեջ Աստված թույլ տվեց Հովսեփին լինել բոլորի կողմից մերժված ու կտրել հույսը բոլոր տեսակի մարդկանցից, որպեսզի Աստված Ինքը դառնա նրա հույսը: Աստծո կողմից տրված խոսքը փորձեց Հովսեփին, որպեսզի բարձրացնի ու դնի թագավորության դիրքին: Աստվածաշունչն ասում է.

> «Նրանցից առաջ մարդ ուղարկեց՝ Հովսեփին, որ ծախվեց ծառայության: Նրա ոտքերը չարչարեցին կապանքների մեջ, նրա անձը դրեցին երկաթի մեջ: Մինչև այն ժամանակ, որ նրա խոսքը կատարվեց. Տիրոջ Խոսքը փորձեց նրան» (Սաղմ. 105.17-19):

Աստված ձևավորեց նրանում առաջնորդ ամբողջ ազգի համար: Այն, ինչ մենք հաճախ փորձություն ենք անվանում, Աստված կոչում է գործընթաց: Իրականում, դժվարությունն այնքան ճանապարհին անցնելու մեջ չէ, որքան՝ թե ինչպես ես արձագանքում իրավիճակներին: Գործընթացի ժամանակ դու պիտի կորցնես քեզ, որպեսզի քեզ գտնես Աստծո մեջ: Հիշի՛ր, տեսիլքը կպահանջի քեզ ամբողջությամբ:

Հովսեփի հետ չափազանց վատ վարվեցին. եղբայրներն

ատեցին նրան, գցեցին փոսը, ուզում էին սպանել, այնուհետև դավաճանեցին ու ստրկության վաճառեցին Եգիպտոս:

> «Տերը Հովսեփի հետ էր. նա հաջողակ մարդ էր և ապրում էր իր եգիպտացի տիրոջ տանը: Նրա տերը տեսավ, որ Աստված նրա հետ էր, նաև՝ ինչ որ նա անում էր, Տերը հաջողում էր նրա ձեռքով» (Ծննդ. 39.2,3):

Հաճախ մենք պահպանողական ենք վերաբերվում այս սուրբգրային խոսքերին: Չէ՞ որ նա երիտասարդ պատանի էր, ումից հրաժարվել էին հարազատ եղբայրները: Այն, ինչը թանկ էր իր համար՝ ընտանիքը, տունը, նրա ամբողջ ազգը, մնացել էին հետևում: Նա մերժված էր, կորսված, բայց չկոտրվեց: *Ի՞նչն էր պահում Հովսեփին:* Ես հավատում եմ, որ այն գիտակցումը, որ Աստված նրա հետ էր, ու այն տեսիլքը, որ արդեն ստացել էր, արձակում էին Աստծո երկյուղը նրա կյանքում: Ակնհայտ է, որ նա անձնական հարաբերություններ ուներ Աստծո հետ:

Հավատարմություն և բարեհաճություն

Ուշադրություն դարձրեք, որ Հովսեփը քայլում էր Աստծո առջև և անում էր՝ ինչ կարողանում էր, սա նշանակում է, որ նա չէր անում նվազագույնը, այլ՝ անհրաժեշտը: Նա հայտնվեց ստրուկի կարգավիճակում՝ դարձնելով իրեն բոլորին ծառա, չնայած կարող էր նեղանալ ամբողջ աշխարհից ու ոչ մի ջանք չաներ: *Այդ դեպքում, ինչո՞ւ էր ջանք անում:* Չէ՞ որ ստրուկին օտար երկրում առաջխաղացում չէր սպասվում: Բայց նա Աստծո առջև էր քայլում: Հովսեփն ինքը մինչև վերջ չէր գիտակցում, որ Նոր կտակարանի սկզբունքներն է կատարում, որոնք հազարամյակներ հետո պետք է բարձրաձայներ Հիսուսը. *լինել հավատարիմ փոքրի և ուրիշինի մեջ:* Հովսեփը անկեղծ ծառայում էր՝ ամեն բան անելով Աստծո առջև, դրա համար Աստված նրան հաջողակ էր դարձնում:

> «Հովսեփը շնորհք գտավ Պետափրեսի առջև և ծառայում էր նրան: Եվ նա իր տան վրա վերակացու կարգեց ու իր ամբողջ ունեցվածքը նրա ձեռքը հանձնեց:

> Եվ այն ժամանակից հետո, երբ նրան իր տան և իր ամբողջ ունեցվածքի վրա վերակացու կարգեց, Տերը եգիպտացու տունն օրհնեց Հովսեփի շնորհիվ: Տիրոջ օրհնությունը լինում էր թե՛ տանը, և թե՛ դաշտում նրա ամբողջ ունեցվածքի վրա: Եվ նա իր ամբողջ ունեցվածքը վստահեց Հովսեփին, և ոչ մի բանից տեղյակ չէր, բացի իր կերած հացից: Հովսեփը գեղեցիկ էր դեմքով և գեղեցիկ՝ տեսքով» (տե՛ս Ծննդ. 39.4-6):

Եթե Հովսեփին պարտադրեին ամեն ինչ անել, ապա նա երբեք շնորհք չէր գտնի Պետափրեսի մոտ: Նույն կերպ, եթե նա ամեն ինչ միայն Աստծո առջև չաներ, ապա Պետափրեսը երբեք իր տունը չէր վստահի նրան: Հովսեփը հավատարիմ էր ուրիշինի մեջ՝ անում էր այնպես, ինչպես Աստծո համար կաներ, այդ պատճառով շնորհք էր գտել:

Մի՛ փոխիր կոչումը հաջողության հետ

Ուրիշինի մեջ հավատարմությունը բարձրացրեց նրան Պետափրեսի ամբողջ տան կառավարման դիրքին: Բայց եթե նա տեսիլք չունենար, ապա Պետափրեսի տանը ունեցած հաջողությունը կընդուներ որպես Աստծո կողմից իրեն տրված ամենալավ շնորհք: Կառավարիչ դառնալով՝ Հովսեփը կարող էր կարծել, որ լիովին մտել է իր կոչման մեջ, որ իր կյանքն, ի վերջո, կայացել է, իր ջանքերն ու աշխատանքը նկատվել ու գնահատվել են՝ ըստ արժանվույն:

Բայց ահա թե որն է վտանգը. որոշակի ժամանակահատվածում հաջողությունը կարող է դառնալ քո կոչման ամենամեծ թշնամին ու հետ պահել քո իրական նախասահմանությունից: Տերը ցույց տվեց ինձ, որ շատերը կանգ են առել իրենց կոչման մեջ ու մնացել են «Պետափրեսի տանը»: Նրանք սկսել են իրենց լավ զգալ ու այնտեղ վայելել կյանքը: Այո՛, կարևոր է հավատարիմ լինել ուրիշինի մեջ, սակայն թող Պետափրեսի տանը ունեցած հաջողությունը ոչ մի դեպքում չկանգնեցնի քեզ իրական նախասահմանությունից, որ Աստված ունի քո կյանքի համար: Մենք իրավունք չունենք օրհնությունը փոխել կոչման հետ: Շատերն են ընտրել հաջողությունը, նրանք բարձրացել են ուրիշի ծառայության մեջ, տեսել են իրենց պարգևի տարածքում հաջողությունը ու մնացել են այնտեղ: Հասկացեք, Աստված ուզում է մղել ձեզ առաջ՝ դեպի կոչումը, դրա համար նա կրկին ու կրկին կհանի ձեզ հարմարավետության գոտուց: Շատերը հենց դրանից էլ վախենում են, ուստի, հանուն դիրքի ու հաջողության, գնում են փոխզիջումների:

Բանն այն է, որ հաջողությունը հարմարավետություն է ստեղծում մարդու կյանքում, բայց կոչումը ստեղծում է հենց կենսատու միջավայր քո ներսում: Մարդիկ, ովքեր ընտրում են մնալ հարմարավետության մեջ, միաժամանակ կորցնում են կենսատու միջավայրն իրենց ներսում, որովհետև կյանքի ու բավարարվածության իրական զգացումը միայն քո նախասահմանության տարածքում է: Կանգ մի՛ առեք, թո՛ւյլ տվեք Աստծուն առաջնորդել ձեզ դեպի առաջատարի դիրքերը, որտեղ կկարողանաք ազդեցություն թողնել և իրականացնել ձեր կոչումը:

Աստված հզոր ծրագրեր ուներ Հովսեփի համար, ուստի, նրան առաջ տանելու համար թույլ է տալիս դժվարություններ ու փորձություններ: Հովսեփը փոխզիջումների չգնաց ու հայտնվեց բանտախցում: Մարդկային տեսանկյունից՝ դա ամենևին էլ վերելք չէր, այլ՝ ճգնաժամ ու փլուզում. ավելի ներքև չէր կարող լինել: Սակայն, Տերը գիտեր ճանապարհը, որը պետք էր Հովսեփին, որպեսզի մտցներ նրան նախասահմանության մեջ ու կարգեր թագավորական դիրքին:

> «Հովսեփի տերը բռնեց ու բանտ նետեց նրան, այն տեղը, որտեղ թագավորի բանտարկյալներն էին փակված: Եվ նա այնտեղ՝ բանտում էր: Բայց Տերը Հովսեփի հետ էր. ողորմություն ցույց տվեց նրան և բանտապետի առջև շնորհք գտնել տվեց: Բանտապետը Հովսեփի ձեռքը հանձնեց բանտում գտնվող բոլոր բանտարկյալներին, և ինչ էլ, որ արվում էր այնտեղ, պատասխանատուն նա էր: Բանտապետը նրա ձեռքին եղած ոչ մի բանին չէր նայում, որովհետև Տերը նրա հետ էր. ինչ որ նա անում էր, Տերը հաջողություն էր տալիս» (Ծննդ. 39.20-23):

Դա վերելքի ճանապարհին էր: Ամենահետաքրքիրն այն է, որ բանտում Հովսեփը շարունակում էր ծառայել: Ես տեսնում եմ նրա բնավորության նույն ձեռագիրը, նույն հատկությունները, որոնք Աստված ընդգծում է Սուրբ Գրքում. որտեղ էլ Հովսեփը հայտնվեր, բոլորի ծառան էր, հավատարիմ էր և՛ փոքրի, և՛ ուրիշինի մեջ: Նա շարունակում էր քայլել Աստծո առջև: Աստված շնորհք էր տալիս, իսկ շնորհքը գալիս է միայն այն ժամանակ, երբ ծառայում ես ոչ թե մարդկանց, այլ Աստծո առջև: Եվ կրկին Հովսեփը հայտնվեց կառավարման դիրքում:

> «Այս դեպքերից հետո այնպես պատահեց, որ Եգիպտոսի թագավորի մատռվակն ու հացագործը հանցանք գործեցին իրենց տիրոջ՝ Եգիպտոսի թագավորի դեմ: Փարավոնը բարկացավ իր երկու ներքինիների՝ մատռվակապետի և հացագործապետի վրա: Եվ նրանց բանտարկեց դահճապետի տան բանտում, այնտեղ, որտեղ Հովսեփն էր բանտարկված: Դահճապետը Հովսեփին վերակացու նշանակեց նրանց վրա, և նա ծառայում էր նրանց: Նրանք միաժամանակ մնացին բանտում: Միևնույն գիշերը երկուսն էլ՝ Եգիպտոսի թագավորի մատռվակն ու հացագործը, որոնք բանտում կալանավորված էին, երազ տեսան. ամեն մեկն իր երազը՝ առանձին նշանակությամբ: Առավոտյան Հովսեփը եկավ նրանց մոտ և տեսավ, որ տրտմած են: Եվ հարցրեց փարավոնի ներքինիներին, որոնք բանտարկված էին իր հետ իր տիրոջ տան բանտում, և ասաց նրանց. «Ինչո՞ւ են ձեր դեմքերն այսօր տխուր»: Նրանք պատասխանեցին. «Երազ ենք տեսել, և այն մեկնող չկա»: Հովսեփն ասաց նրանց. «Մեկնություններն Աստծուն են վերաբերում. խնդրեմ, պատմե՛ք ինձ»» (Ծննդ. 40.1-8):

Հովսեփը նկատում էր նույնիսկ այն հնարավորությունները, որոնք իր պարտականությունների մեջ չէին մտնում: Պատկերացրեք նրանց զրույցը, Հովսեփը հարցնում է. «Իսկ ինչո՞ւ եք դուք այսօր բանտում այդքան տխուր»: Այդպիսի հարց կարող էր տալ միայն բժշկված մարդը, ով իսկապես վախենում է Աստծուց և կարող է ծառայել իր պարգևով:

Մի՛ գնա փոխզիջման

Երբ Հովսեփը մեկնեց առաջին երազը, նա հասկանում էր, որ իրեն բախտ էր վիճակվել օգնել բարձր պաշտոնյա մարդու, ով շուտով դուրս էր գալու բանտից, վերականգնվելու էր իր պաշտոնում ու թագավորի կողքն էր լինելու: Ուստի, Հովսեփն ասաց. «Հիշի՛ր ինձ, երբ քեզ լավ կլինի»: Սակայն, ըստ էության, Հովսեփը չէր շողոքորթում ու չէր հաճոյանում մարդկանց: Եթե նա ավելի շատ վախենար մարդկանցից, ապա չէր կարող այդպես անկեղծ մեկնել մյուս երազը: Մյուս պալատականի երազը մահ էր կանխագուշակում: Նա գիտեր, որ հացագործին սպանելու են, այնուամենայնիվ, ասաց ճշմարտությունը՝ ճղճիմություն չարեց ու չգնաց փոխզիջման: Եթե Հովսեփի սրտում լիներ մարդկանց հաճոյանալը, նա չէր կարող այդպիսի բան ասել բարձրաստիճան մարդուն: Հովսեփը չէր հաճոյանում մարդուն, այլ ասում էր ճշմարտությունը, որը նրան Աստված էր հայտնել: Նա Աստծուն թույլ էր տալիս բարձրացնել իրեն Հոր կողմից նշանակված ժամանակին ու հավատարիմ էր պարգևին, որը Տերը նրան վստահել էր: Այդ պատճառով նրա բերանում միայն ճշմարտություն էր, և նա ասում էր միայն այն, ինչը Աստված ցույց էր տալիս:

Ես տեսա Հովսեփի հավատարմությունը, նա ամեն ինչում քայլում էր Աստծո առջև: Լինում էին իրավիճակներ, որ ես էլ էի ստիպված լինում բացահայտ խոսել այն մասին, թե ինչ եմ տեսել, ու ինչ է ասում Աստվածաշունչը, և կարևոր չէր, թե ով էր կանգնած իմ առջև, կարևոր չէր դրանից հետո դուր կգայի՞ մարդկանց: Ես իրավունք չունեմ փոխզիջման գնալու ճշմարտությանը կամ փոքրոգի լինելու. ես պիտի հավատարիմ լինեմ Աստծո Խոսքին, Նրա պարգևին ու կոչմանը:

Կյանքի որ փուլում էլ լինես, կողմնակալություն մի՛ փնտրիր, մի՛ շողոքորթիր մարդկանց, այլ՝ ծառայի՛ր մաքուր սրտով, ինչպես Աստծո համար կանեիր: Այն, ինչ Աստված դրել է քո ներսում, ոչ ոք ու երբեք չի կարող խլել: Վերելքը կլինի ո՛չ արևմուտքից, ո՛չ արևելքից, այլ՝ Տիրոջից (տե՛ս Սաղմ. 75.6): Եվ եթե վերելքը Նրանից է, ապա եկե՛ք փնտրենք Նրա ճանապարհները ու թույլ տանք Աստծուն առաջնորդել ու ձևավորել մեզ: Քո ընթացքն Աստծո առջև կարձակի Աստծո շնորհքը, և ինքդ կտեսնես, թե ինչպես Բարձրյալի ձեռքը կառաջնորդի քեզ: Աստված ուզում է, որ մեզ հանձնենք Նրա տիրապետությանն ու առաջնորդությանը, հավատարիմ լինենք փոքրի ու ուրիշինի մեջ, բոլորին ծառա դառնանք ու քայլենք Նրա առջև:

Աստծո կողմից նշանակված ժամանակը եկավ, և Հովսեփը կանգնեց փարավոնի առջև, և նա բարձրացրեց նրան, իր ամբողջ տան վրա տեր կարգեց, և կառավարիչ՝ Եգիպտոսի ամբողջ երկրի վրա: Եվ Հովսեփը կառավարում էր ամբողջ Եգիպտոսում: Գալիս էին իմաստունները, նրանց ուղղորդում էր և երեցներին իմաստություն էր սովորեցնում (տե՛ս Սաղմ. 105.20-22): *Թույլ տվեք հարցնել՝ իսկ որտեղի՞ց Հովսեփին իմացությունն ու բոլոր պատասխանները: Որտեղի՞ց իմաստություն ու երազներ մեկնելու կարողություն: Ի՞նչ դպրոց էր ավարտել Հովսեփը: Ի՞նչ ճեմարան: Ինչպիսի՞ իմաստություն էր տալիս Եգիպտոսի իմաստուններին:* Ես հավատում եմ, որ ամենամեծ իմաստությունը՝ Աստծո մեջ հասունությունն է, իսկ Աստծո վախն իմաստության սկիզբն է, և Իր ուխտը Նա հայտնում է Իրեն սիրողներին: Հասունությունը կապված է գործընթացի հետ, որով Աստված առաջնորդում է մարդուն:

Աստված մեկ օրում բարձրացրեց Հովսեփին ու Եգիպտոսի երկրի վրա իշխան կարգեց, փարավոնին հայր ու նրա ամբողջ տանը՝ տեր: Ու երբ 30 տարեկան Հովսեփը կանգնած էր իր հոր ամբողջ տան ու եղբայրների առջև, ովքեր խոնարհվեցին նրա առջև, նրա դիրքը նրան մեծամիտ, ամբարտավան ու հպարտ չդարձրեց, ընդհակառակը, Հովսեփը բավականաչափ հասուն էր՝ պատասխանատվություն կրելու իր ամբողջ ազգի, սերնդի ու բարեկամության համար: Ահա՛, Հովսեփի երազը կատարվեց՝ նա օրհնություն դարձավ բոլոր ազգերի համար:

ԳԼՈՒԽ 18

ԼԻՈՒԹՅՈՒՆ

Գոյություն ունի Հոր կողմից նշանակված ժամանակ քո կյանքի համար, երբ գալիս է ժամանակը, և Նա կարողանում է վստահել քեզ այն, ինչի համար դու նախասահմանված ես: Հզոր պատասխանատվություն կգա այն մարդկանց համար, որոնց անհրաժեշտ է առաջնորդել դեպի խոստումները: Թո՛ղ Տերը ձեզ հետ լինի:

Աստծո հետ ժամանակ անցկացրեք ու ամեն օր փնտրեք Նրա երեսը: Շարունակեք ընթանալ Նրա ճանապարհով՝ վստահելով գործընթացին: Ես հավատում եմ, որ դեպի նախասահմանություն տանող ճանապարհին անցնում է տեղական եկեղեցով: Հնարավոր չէ լիակատար աճ ու զարգացում ունենալ անհատապես, եկեղեցուց դուրս: Քանի որ Աստված ծառայողներին կարգում է սուրբերի կատարելության համար: Այս ընթացքը ձեզ համար միշտ չէ, որ հարմարավետ է: Որքան եմ հանդիպել ունակություններով լի ու տաղանդավոր մարդկանց, որոնք երբեք չեն կայացել իրենց նախասահմանության մեջ: Նրանք կարող են պատմել, թե ինչպես է պետք ծառայել, ինչ է պետք անել, սակայն նրանք չեն պատվաստվել մարմնին և չունեն պտուղ: Մենք պետք է հնազանդվենք Քրիստոսին՝ եկեղեցու Գլխին, և մեկանանք Նրա հետ: Այդ դեպքում մենք հոգևոր աճ կունենանք Աստծո մեջ: Իսկ Աստված հավատարիմ է Իր Խոսքին. Նա անպայման գործելու է մեր ներսում և առաջնորդելու է դեպի մեզ համար անհասանելի բարձունքները:

Ծառայության աճ

Հետ նայելով՝ հիշում եմ իմ տան հավաքույթը, երբ երեկոյան աղոթում ու երկրպագում էինք Աստծուն: Աստծո ներկայությունն այնքան ուժեղ էր, որ ներգրավում էր բազում մարդկանց: Շուտով մեր փոքրիկ բնակարանում այլևս տեղ չկար ցանկացողներին տեղավորելու համար: Ուստի, հովվի հետ խորհրդակցելով՝ որոշում կայացրի հավաքույթները տեղափոխել եկեղեցու տարածք, որպեսզի այդ ծառայությունը եկեղեցուց առանձին չլինի: Ես մշտապես ջանում էի օրհնություն լինել եկեղեցուն, որին մինչև օրս անդամակցում եմ:

Այսպիսով, երիտասարդական ծառայությունն աճում էր: Ես տեսնում էի, որ Աստված ինձ հետ է: Շուտով Սուրբ Հոգին խոսեց սրտիս, որ ընդլայնեմ այդ ծառայությունը և կազմակերպեմ արթնության հավաքույթներ մեր ամբողջ քաղաքի երիտասարդների համար: Մինչև այդ ես արդեն ձեռնադրվել էի որպես երիտասարդական ծառայության հովիվ և ունեի շատ երիտասարդ օգնականներ: Նրանցից թիմ ձևավորեցի: Քաղաքի երիտասարդների համար կազմակերպվող ծառայությունն անցկացվում էր տեղական եկեղեցու շենքում ամեն ամսվա վերջին կիրակի օրը: Մենք ամեն ինչին ստեղծագործական մոտեցում էինք ցուցաբերում՝ օգտագործելով ամեն հնարավորություն, որպեսզի ազդեցություն ունենանք և օգնենք քաղաքի երիտասարդներին: Լուրերն արագ տարածվում էին, ու ամեն ամիս սրահը լեցուն էր երիտասարդներով:

Շատ տղաներ ու աղջիկներ առաջ էին գալիս ապաշխարելու և ազատագրվում էին: Նրանց ծառայելու համար մենք տնային խմբեր էինք ձևավորում: Ամեն բան աճում էր ու շարժման մեջ էր: Ես տեսնում էի Աստծո ձեռքն ու օրհնությունը: Սակայն, որոշ ժամանակ անց, նկատեցի, որ որոշ երիտասարդ առաջնորդներ ինձ ավելի շատ են լսում, քան եկեղեցու գլխավոր հովվին, որ Աստված կարգել էր մեր տեղական եկեղեցում: Ինձ դա դուր չէր գալիս, ես հասկանում էի՝ եթե ոչինչ չփոխեմ, շուտով երիտասարդական ծառայությունն այնպիսի թափ կհավաքի, որ եկեղեցում բաժանում ու պառակտում կստեղծվի, որից հետո ուրիշ եկեղեցի կձևավորվի:

Ես Աստծո առաջնորդության ուժեղ կարիք զգացի, ուստի փակվեցի սենյակում և սկսեցի աղոթել: Ես հիշում եմ, թե որքան հստակ Աստված խոսեց ինձ հետ այդ ժամանակ. *«Ես քեզ չեմ կանչել, որ բաժանես Իմ եկեղեցին, ես կանչել եմ քեզ, որ օրհնություն դառնաս Իմ ամբողջ Մարմնի համար»:* Սուրբ Հոգին ցույց տվեց, որ Նա ավելի մեծ ծրագրեր ունի ինձ համար: Հանկարծ տեսա, որ ծառայության մեջ ունեցած հաջողությունը կարող է փակել իմ աչքերը և հետ պահել

Աստծո իրական նախասահմանությունից իմ կյանքի համար: Աստված պատրաստում էր ինձ, որպեսզի տեղական եկեղեցու միջոցով ծառայության ուղղորդի, որի համար նախասահմանված էի: Ես պետք է վստահեի Աստծուն և ենթարկվեի Նրա ձայնին, որպեսզի դառնայի օրհնություն Հիսուս Քրիստոսի ամբողջ եկեղեցու համար:

Փոփոխությունների ժամանակն է

Ուստի, համախմբելով բոլոր երիտասարդ հովիվներին, նաև՝ ովքեր ներգրավված էին ծառայության մեջ՝ ես հայտարարեցի. «Այսօրվանից մենք ենթարկվելու ենք այս եկեղեցու ավագ հովվին և լսելու ենք այն, ինչ նա կասի»: Մենք ինքնուրույն չենք, մենք այս եկեղեցու մի մասն ենք և պիտի պահենք կարգուկանոնը: Այդ իսկ պատճառով մենք պետք է ենթարկվենք այս տեղական եկեղեցու տեսիլքին:

Եկեղեցում իմ ծառայությունը շարունակում էր աճել ու թափ հավաքել: Շուտով ես ձեռնադրվեցի որպես հովիվ-ավետարանիչ: Տեսանելի աշխարհում իմ ծառայության հաջողությունն անհերքելի էր և մարդկանց օրհնություն էր բերում: Սակայն, ես գիտեի, որ մի օր պիտի զոհեի հաջողությունը ավելի մեծ բանի համար՝ Աստծո իրական նախասահմանության համար: Ես հասկանում էի, որ պահը գալու է, և ես պիտի զոհեմ Իսահակին, որպեսզի Աստծուն հնարավորություն տամ ինձ առաջ մղելու: Այդ ընթացքը շատ հետաքրքիր էր ու արտասովոր:

2010թ.-նն էր: Իմ ներսում զգացի, որ ներքին ուժը, որ ունեի մեր եկեղեցում երիտասարդական ծառայության համար, պարզապես լքել է ինձ: Ես փորձում էի գլուխ հանել այդ վիճակից, քանի որ դեռ երեկ իմ ներսում լեցուն մտքեր էին, հստակ տեսիլք ու շատ էներգիա: Չգիտես ինչու, այդ ամենը մի կողմ էր քաշվել: Այն, ինչը երբևէ այդքան թանկ էր ինձ համար, հիմա օտար էր ու հեռու: Ես զգում էի, որ այդ ծառայությունն այլևս իմը չէ...

Այդ ժամանակ Աստված խոսեց ինձ հետ Սուրբ Գրքի միջոցով՝ ասելով, որ եկել է միջազգային ծառայության ժամանակը: Թվում էր, որ դա ամենաանհարմար պահն էր: Քանի որ ես արդեն հաջողություններ ունեի եկեղեցական ծառայության մեջ: Իմ կյանքում ամեն բան հարթվել էր. ես աճում էի ծառայության մեջ և մեծ պատասխանատվություն էի կրում եկեղեցում, միաժամանակ, ինձ հարմարավետ ու վստահ էի զգում: Կոչմանս մեջ առաջանալու համար պիտի ամբողջությամբ դուրս գայի հարմարավետության գոտուց, որտեղ հաջողություն և օրհնություն ունեի: Թիմը, որի հետ ես աշխատում էի, լիովին կապված էր իմ դիրքի հետ ու ներգրավված էր տեղական եկեղեցում: *Ինչպե՞ս կարող էի թողնել այդ ամենը: Ինչի՞ համար ինչ-որ նոր բան սկսել:*

Հաճախ էի ստուգում իմ սիրտը և ամեն անգամ ինքս ինձ հարցնում. *«Հնարավո՞ր է արդյոք ոչնչից սկսել միջազգային ծառայություն: Չէ՞ որ ես մենակ եմ ու այդ ամենի համար բացարձակ ոչինչ չունեմ՝ ո՛չ ֆինանսներ, ո՛չ օգնություն, ո՛չ մարդիկ, որոնք կաջակցեն»:* Սակայն, որքան շատ էի ժամանակ անցկացնում Աստծո հետ, այնքան շատ էի գիտակցում, որ եկել է Հոր կողմից նշանակված ժամանակն իմ կյանքում: Մեկ անգամ Աբրահամն այսպես վստահեց Աստծուն և ենթարկվեց կոչմանը. նա գնաց դեպի անհայտություն: Եվ ես հասկացա, որ պիտի նույն բանն անեմ. եկել է *իմ* ժամանակը, որի մասին ասում էր ինձ Աստված:

Դուրս գալ ճիշտ ժամանակին

Նատաշայի հետ անընդմեջ աղոթում ու խնդրում էինք Աստծուն, որ կարողանանք հասկանալ ժամանակը, մենք վախենում էինք սկսել մեր ծառայությունը ժամանակից շուտ: Մենք ուզում էինք, որ Աստված գնար մեր առջևից: Ինձ համար շատ կարևոր էր նաև ստանալ եկեղեցու օրհնությունը, ես չէի կարող սկսել իմ ծառայությունը՝ կամուրջները քանդելով ու դուռը շրխկացնելով՝ ապացուցելով, որ ես ճիշտ եմ, որ ես ավելիի համար եմ ծնված, որ Աստված Ինքն է կանչում ինձ: Ո՛չ, մենք աղոթում էինք, որ ճիշտ ժամանակին մեր եկեղեցին օրհնի մեզ:

Աստված սկսեց բազում կերպերով հաստատել Իր խոսքն այն մասին, որ եկել է Նրա՛ ժամանակը մեր կյանքում: Նա հաստատում էր Սուրբ Գրքի, երազների և այլ մարդկանց միջոցով: Ես հիշում եմ, թե ինչպես մի անգամ՝ գիշերը, Աստված ձեռքը դրեց ինձ վրա, և օծությունը հոսեց ամբողջ մարմնովս. ես ոչ միայն տեսնում էի այն, նաև զգում էի ֆիզիկապես: Այնուհետև Աստված ասաց. *«Գնա՛, Ես քեզ հետ եմ, արա՛ այն, ինչի համար կանչել եմ քեզ»:*

Առավոտյան արթնանալով՝ անբացատրելի վստահություն զգացի, որ Աստված կանչում է ինձ: Սակայն տեսանելի աշխարհում իրավիճակները հակառակն էին ասում: Հերթական անգամ իմ կյանքում ես հայտնվեցի «Գեթսեմանի պարտեզում», և սկսվեց պայքար տեսանելի աշխարհի և իմ հոգու ներաշխարհի միջև: Ես հասկանում էի, որ պիտի հավատքի քայլ անեմ, դուրս գամ նավակից և գնամ ջրերի վրայով, բայց չգիտեի՝ ինչպես: Հարցերի տարափ էր մտքումս. *ինչպե՞ս է դա հնարավոր: Ո՞վ կօգնի ինձ: Այդպես չի լինի, ես մենակ եմ: Ինչպե՞ս են իմանալու իմ մասին: Ո՞վ կհրավիրի ինձ ծառայելու:*

Այդ ժամանակ մեր տուն հյուր էին եկել միսիոներներ, մենք շատ լավ ժամանակ էինք անցկացնում շփման մեջ: Երբ աղոթում էինք, Սուրբ Հոգու ներկայությունն այնքան ուժեղ էր, որ միսիոներները սկսեցին մարգարեանալ իմ կյանքի համար: Այդ պահին ես հասկանում էի, որ Հայր Աստված ինձ հետ է խոսում: Նա դիմեց ինձ՝ ինչպես որդուն, և կոչ արեց կատարել Իր կամքը: Մարգարեությունը շատ խիստ էր: Աստված ասաց, որ պահանջելու է ինձնից այն, ինչ վստահել է: Ես Նրան հաշիվ եմ տալու, ես պիտի հնազանդվեմ Նրա ձայնին, գնամ ու անեմ այն, ինչի համար կանչված եմ:

Թանկագի՛ն ընթերցող, երբ քո կյանքում կգա Հոր կողմից նշանակված ժամանակը, դու հստակ կիմանաս դա: Աստծո Խոսքը կգտնի քեզ, Աստված կխոսի քո ներսում ու կհաստատի դրսից: Հենց այդպես էր տեղի ունենում իմ կյանքում: Աստված հաստատում էր Իր Խոսքը, և ես համոզվում էի, որ ժամանակը եկել է: Սակայն, ես ուզում էի, որ իմ կինը լիովին այս տեսիլքի մասը դառնար, ոչ թե միայն օգներ ինձ, կողքիս լիներ: Այդ էր պատճառը, որ ես սպասում էի, որ Աստված խոսեր նաև նրա հետ: Դա կհաստատեր իմ որոշումը:

Մի անգամ՝ գիշերը, Աստված պատասխանեց կնոջս երազով, որից հետո նա մի քանի օր մտորում էր ու ինձ ոչինչ չէր պատմում: Նատաշան հազվադեպ է երազներ տեսնում, սովորաբար, Աստված ինձ հետ է խոսում նման ձևով: Բայց այս անգամ նա տեսել էր պարզ մարգարեական երազ.

«Երազում նա կանգնած էր Աստծո Գահը տանող հերթի մեջ: Այնտեղ շատ մարդիկ կային և հաջորդաբար մոտենում էին Աստծո Գահին, որպեսզի հաշվետվություն տային իրենց կյանքերի համար: Հրեշտակը մոտենում էր և հերթով առաջնորդում մարդկանց Աստծո Գահի առջև: Նատաշայից առաջ կանգնած էի ես, և հրեշտակը ձեռքիցս բռնած՝ տանում է դեպի Գահը: Նատաշան կանգնած էր հերթի մեջ ու նայում էր ինձ: Նա չէր լսում իմ զրույցը հրեշտակի հետ, միայն ուշադիր հետևում էր դեմքիս արտահայտությանը: Հրեշտակն ինձ հետ ավելի երկար խոսեց, քան մյուսների. նա ինչ-որ բան էր բացատրում: Հետո Նատաշան տեսնում է, թե ինչպես է դեմքս գունատվում, և ես իջեցնում եմ գլուխս: Ապա նա թրթիռով սկսում է խնդրել. *«Աստվա՛ծ, թո՛ւյլ տուր՝ լսեմ, թե ինչ է կատարվում, և ինչ է ասում հրեշտակը Անդրեյին»:* Հանկարծ Նատաշան լսում է հրեշտակի վերջին արտահայտությունը. *«Դու գնում ես երկինք, բայց չես կատարել այն, ինչի համար նախասահմանված էիր»»:*

Նատաշան վախեցած արթնանում է՝ հասկանալով, որ հենց հիմա է Աստված կանչում մեզ, և չի կարելի բաց թողնել այս ժամանակը: Նա ինձնից շատ անգամներ էր լսել, որ Աստված խոսել է սրտումս, և լսել էր միսիոներների միջոցով մարգարեությունը: Սակայն մինչև վերջ չէր գիտակցում, թե ինչպիսի պայքար է ընթանում իմ ներսում: Մի քանի օր անց նա պատմում է իր տեսած երազը: Լսելով այդ երազը՝ ներսումս ամեն ինչ խառնվեց. ես ներքուստ դողում էի:

Լիովին հանձնվել Աստծուն

Հաջորդ մի քանի օրը ես չէի կարողանում ո՛չ ուտել, ո՛չ քնել. երազի մանրամասները պատկերվում էին գիտակցությանս մեջ: Ես հասկանում էի, որ մարդու համար ամենասարսափելին մահը չէ, այլ՝ Աստծո նախասահմանությունը չիրականացնելը կյանքում: Ես անընդհատ մտորումների մեջ էի, և հիշում եմ՝ խոնարհվեցի Աստծո առջև ու ասացի.

«Աստվա՛ծ, ես Քոնն եմ, արա՛ այն, ինչ ուզում ես: Ես չգիտեմ, թե ինչ է ինձ սպասում, բայց լիովին Քեզ եմ հանձնվում»: Ի պատասխան՝ լսեցի Նրա ձայնը. «*Ես Ինքս կգնամ քո առջևից: Ես կբացեմ դռները և քայլ առ քայլ կուղարկեմ քեզ այն քաղաքներն ու երկրները, որտեղ պիտի լինես: Ես Ինքս եմ լրացնելու քո օրակարգը: Եվ հնազանդության չափով կավելանա օծությունը քո կյանքի վրա, և օծությունը հաջողություն կբերի ծառայությանը»:* Աստված ասում էր, որ չգովազդեմ ինձ, չվաճառվեմ ու ինձ առաջ չհրեմ, այլ լիովին վստահեմ Իրեն և թույլ տամ, որ առաջնորդի ինձ:

Այդ աղոթքի ժամանակ Աստված ուղարկեց ինձ պատրաստելու փաստաթղթերը՝ ոչ կոմերցիոն բարեգործական կազմակերպությանը գրանցվելու համար, մշակել գործընկերական համակարգ ու պատրաստել անհրաժեշտ ամեն բան ծառայության վարչական մասի համար: Սուրբ Հոգին ցույց տվեց նաև, որ հովվի հետ խոսելու ժամանակը եկել է, որ եկեղեցին օրհնի մեզ:

Առաջին հերթին ես հավաքեցի հովվական թիմին ու պատմեցի ամեն բան, որ կատարվում էր ինձ հետ: Ես կիսվեցի բոլոր հայտնություններով և ներքին ապրումներով, այնուհետև խնդրեցի օրհնել ինձ:

Ես հավատում եմ, որ Աստված լույս է, ու Նրանում ոչ մի խավար չկա: Այդ պատճառով մենք պետք է սովորենք քայլել լույսի մեջ այնպես, ինչպես Նա է լույսի մեջ: Այդժամ մենք հաղորդակցություն ենք ունենում միմյանց հետ, և որքան շատ ենք բաց, անկեղծ ու թափանցիկ, այնքան զորավոր է մեր շփումը մարդկանց հետ: Երբ ամեն բան պատմեցի հովվին ու ծառայողներին, նրանք միաբան օրհնեցին ինձ այն ծառայության համար, որին Տերն էր կանչում:

Նշանակում Գերմանիայում

Այնուհետև ես ամեն բան արեցի այնպես, ինչպես Աստված ասում էր: Երբ ադմինիստրացիայի հետ կապված փաստաթղթերը պատրաստ էին, և ծառայությունը գրանցված էր, ես սկսեցի խոսք սպասել Տիրոջից: Գիշերը երազ տեսա. ես Գերմանիայում էի: Երբեք չէի եղել այնտեղ, և ոչ ոքի չգիտեի, բացի իմ ավագ եղբորից, ով մինչև օրս ապրում է այնտեղ՝ ընտանիքի հետ: Չնայած մենք մտերիմ չէինք, բայց ես որոշեցի այցելել նրան՝ վստահելով Աստծուն, և պարզապես տեսնել, թե ինչ է լինելու հետո: Միակ բանը, որ անհանգստացնում էր ինձ, ժամանակն էր: Մոտենում էին Սուրբ Ծննդյան տոները, ինձ թվում էր, որ դա ամենաանհամապատասխան ժամանակն էր: *Ինչո՞ւ թռչել հենց հիմա, մարդիկ հիմա զբաղված են գալիք տոներով:* *Սակայն կինս ասաց.* «Մի՛ կասկածիր, եթե Աստված ասել է, պետք է թռչել»: Ես կապ հաստատեցի եղբորս հետ հեռախոսով, տոմս գնեցի ու թռա Գերմանիա:

Ես ուրախ էի տեսնել եղբորս, ով ինձ ծանոթացրեց նաև ռուսական եկեղեցու հովվի հետ, որին նա անդամակցում էր: Երբ մենք շփվում էինք, հովիվն առաջարկեց ինձ ծառայել իր եկեղեցում առաջիկա կիրակի օրը: Ես ուրախությամբ համաձայնեցի: Գերմանիայում կիրակնօրյա ծառայությունը, որպես կանոն, տևում է երկու ժամ: Սակայն, այդ կիրակի, ինչպես միշտ, սկսվեց ժամը 15:00-ին և ավարտվեց 21:00-ին: Հենց ես սկսեցի քարոզել ու աղոթել մարդկանց համար, սկսվեց Սուրբ Հոգու շարժը: Աստված հպվեց շատ մարդկանց, բժշկեց ու ազատագրեց Իր ժողովրդին: Ես աղոթում էի նրանց համար, ովքեր ծարավ էր Աստծուն:

Ծառայության վերջում առաջ եկավ մի տղամարդ, վերցրեց բարձրախոսն ու սկսեց պատմել իր պատմությունը: Նա արդեն որոշ ժամանակ ապրում էր Գերմանիայում, աշխատում էր և գումար էր հավաքում, որպեսզի մարդասպան վարձեր և նրա ձեռքերով սպաներ մի անձնավորության Ալմաթիից՝ Ղազախստան: Մինչև այդ նա բավականին գումար էր հավաքել ու մի շաբաթից պիտի թռչեր Ղազախստան՝ այդ հանցանքն իրագործելու համար: Ծառայության ընթացքում Սուրբ Հոգին այնքան ուժգին էր հպվել նրան, որ լուսավորվել ու ազատագրվել էր: Այդ տղամարդը գիտակցել էր, որ այդքան տարի սատանան այնպես է խաբել, որ իր կյանքի միակ նպատակը եղել է վրեժխնդիր լինելը: Աղոթքի ժամանակ նա վերապրել է Աստծո կրակը, և Տերը լիովին ազատագրել է: Հետո արցունքներն աչքերին ասաց. *«Ես չեմ ուզում ոչ ոքի սպանել, ես ոչ մի տեղ չեմ թռչելու, իսկ այս գումարով ուզում եմ ծառայել Ասփծո Արքայությանը»:*

Պատկերացրեք, իմ առջև կանգնած էր կերպարանափոխված, ազատագրված, երջանիկ մարդ: Այդ պահին իմ աչքերը բացվեցին, ու ես տեսա, թե ինչու էր Սուրբ Հոգին ինձ հուշում, որ թռչեմ Գերմանիա հենց այդ ժամանակ՝ Սուրբ Ծննդյան տոներից առաջ, ու ծառայել այդ մարդկանց: Ես հանկարծ մտածեցի. *«Ի՞նչ կլիներ, եթե ես չթռչեի: Ի՞նչ կլիներ, եթե ես ուշանայի: Ի՞նչ կկատարվեր այդ դեպքում»:*

Այդ ծառայությունից հետո, նորությունններն արագ տարածվեցին քաղաքով մեկ ռուսական բնակչության շրջանում: Ինձ մոտ գալիս էին մարդիկ, հրավիրում իրենց ընտանիքներ, խնդրում էին աղոթել իրենց տներում ազատագրման ու բժշկության համար:

Դռները բացվում են

Երբ վերադարձա Ամերիկա, մի ծառայող խնդրեց հանդիպել իր հետ: Նա պատմեց, որ Աստված խոսել է իր սրտում հեռուստահաղորդում նկարահանել իմ մասնակցությամբ, որտեղ ես կարող եմ պատմել իմ վկայությունը: Ես համաձայնեցի: Երբ այդ հաղորդումները եթեր հեռարձակվեցին, զարմանալիորեն տարբեր տեղերից ծառայություններ անցկացնելու հրավերներ ստացա: Դա իսկապես անհավանական էր. իմ կյանքում ամեն բան փոխվեց մեկ օրում, ամենուրեք դռներ էին բացվում, և Աստված Ինքը սկսեց լրացնել իմ գրաֆիկը: Ամեն բան այնքան արագ էր կատարվում, որ եթե ես նախապես պատրաստած չլինեի փաստաթղթերն ու ադմինիստրատիվ շատ բաներ, հետո ժամանակ չէի ունենալու դա անելու:

Այդ ժամանակ Աստված խրախուսեց ինձ զարգացնել մեդիա ծառայությունը, որը նոր հեռանկարներ և հնարավորություններ բացեց մարդկանց հասնելու համար: Ես սկսեցի ձայնագրել հաղորդումներ, քարոզներ, վկայություններ և տարածել տարբեր ուղիներով: Մեդիա ծառայության շնորհիվ մենք սկսեցինք ավելի շատ մարդկանց հասնել ամբողջ աշխարհով և ծառայել նրանց: Ես նկատեցի՝ որքան շատ էի ծառայում, այնքան ավելի շատ հրաշքներ էին տեղի ունենում: Իսկ հրավերները շարունակվում էին տարբեր քաղաքներից:

Մի շատ կարևոր պահի կա. հիշում եմ, թե ինչպես էի սկզբում վախենում խոսել ֆինանսներից: Ես հավատում էի, որ Աստված հոգ կտանի իմ մասին, որովհետև դա Իր ծառայությունն էր, ոչ թե իմը: Միայն թե ես չէի հասկանում, թե ինչպես է Աստված այս ամենը ֆինանսավորելու: Ամեն բան նախապատրաստված էր գործընկերական համակարգի համար, միայն թե ես այդ մասին չէի խոսում, ամաչում էի:

Մի անգամ, երբ ծառայում էի եկեղեցում, մի երիտասարդ մոտեցավ ինձ իր կնոջ հետ և հարցրեց, թե ինչպես կարող է ամեն ամիս աջակցել իմ ծառայությանը: Ես զարմացած էի, քանի որ նրանից բոլորովին չէի սպասում: Եվ երբ նա նշեց, թե որքան գումար է պատրաստվում տրամադրել, ես իսկապես ապշեցի: Նատաշայի և ինձ համար դա շատ մեծ գումար էր: Ես ցույց տվեցի նրան մեր գործընկերության համակարգը, թե ինչպես կարող է լրացնել ձևաթուղթը և աջակցել մեզ ամեն ամիս: Նա լրացրեց ձևաթուղթը և դարձավ մեր ծառայության ամենամյա գործընկերը: Հաջորդ դեպքը ոչ պակաս զարմանալի էր: Ես նամակ ստացա Կոլորադո նահանգից՝ Իրինա անունով մի կնոջից, որին երբեք չէի հանդիպել: Նա կտրոն էր ուղարկել ու գրել, որ Աստված խրախուսել է նրան դառնալ գործընկեր և աջակցել մեր ծառայությանը ամեն ամիս:

Այդ ամենից հետո Աստված խոսեց ինձ հետ, որ չվախենամ խոսել ֆինանսական գործընկերության մասին: Սուրբ Հոգին ասաց. *«Քո գործն ասելն է, իսկ ես կաշխատեմ Իմ զավակների սրտերի հետ»:* Մարդիկ ամենուրեք դառնում էին այս ծառայության տեսիլքի մի մասը և ներդնում էին իրենց ֆինանսները՝ տարածելու համար Աստծո Արքայությունը երկրով մեկ: Ինձ մոտենում էին նաև մարդիկ և ասում, որ Աստված խրախուսել է իրենց դառնալ մեր թիմի մի մասը: Երբեմն թվում էր, որ ես այս ամենին հետևում եմ կողքից: Զարմանալի է. այս ամենը Աստված է անում, Նա ուղղորդում է մեզ դեպի ճշմարտության ուղիները՝ հանուն Իր անվան:

«Flame of Fire» միջազգային ծառայությունը, որը հիմնադրվել է 2010թ.-ին, զարգացել է և շարունակում է զարգանալ օրեցօր: Այսօր ծառայության թիմի հետ մենք ճանապարհորդում ենք տարբեր երկրներով և անցկացնում քարոզարշավներ, սեմինարներ, կոնֆերանսներ, ուսուցանում ենք դպրոցներում, նաև մեր ստուդիայի միջոցով ծառայում շատ մարդկանց՝ տարածելով Աստծո գործունեությունը և Նրա կենդանի խոսքը: Ես հավատում եմ, որ այս ամենը միայն այն տեսիլքի սկիզբն է, որը ցույց տվեց ինձ Աստված, երբ Հիսուսի հետ էի:

Աստիճանները

Վերջերս, չգիտես ինչու, մեքենայով անցնում էի իմ հին թաղամասով և տեսա այն տունը, որտեղ մի ժամանակ ապրում էի: Ներսումս ինչ-որ բան ցնցեց ինձ. ես մոտեցա մեքենայով, կանգնեցի առջևի հատվածում և բացեցի պատուհանը. տարիներ անց, լինելով արդեն միջազգային ծառայության մեջ, տեսնելով Աստծո փառքը՝ ես հայտնվել էի հին վայրում, որտեղից ամեն ինչ սկսվել էր: Պարզապես պատկերացրեք. հին փայտե աստիճաններ, որտեղ երեկոյան ես շա՜տ երկար նստած մտածում էի... թե ինչ եղավ հետո, դժվար է բացատրել: Ես նայում էի աստիճաններին, երբ հանկարծ տեսա ինձ այնտեղ նստած. ես 22 տարեկան եմ, կորցրել եմ ամեն ինչ, ինձ համար այնքա՜ն դժվար է, և երկու Անդրեյներ հանդիպեցին: Անցյալի Անդրեյը գիշերները նստած է այնտեղ՝ մտահոգվելով իր իմաստազուրկ կյանքի համար, իսկ ներկայի Անդրեյն այսօր միջազգային ծառայության մեջ է: Հանկարծ երկու Անդրեյները հանդիպեցին և նայեցին միմյանց աչքերի մեջ: Իմ շուրթերից դուրս եկավ գեթ մեկ արտահայտություն. *«Մի՛ վախեցիր, վստահի՛ր Աստծուն, շարունակի՛ր, քեզ մոտ ամեն ինչ կստացվի՛»:*

ՀԱՎԵԼՎԱԾ

ԻՆՉՊԵՍ ԳՏՆԵԼ ՄԵԶ

Facebook.com/AndreyShapovalPage
Instagram.com/ffministry
You Tube.com/ffministry
vk.com/andreyshapovalpage

Եթե գրքին առնչվող վկայություն ունեք, խնդրում եմ, գրեք ինձ էլեկտրոնային փոստով. andrey@ffministry.com

Գրքին առնչվող որևէ բան տեղադրելիս, խնդրում եմ, օգտագործեք հետևյալ հեշթեգերը` #predestinedbook #ffministry #andreyshapoval:

«Flame of Fire» ծառայության մասին ավելին իմանալու և այս տեսիլքի մասը դառնալու համար` այցելեք մեր ծառայության կայքը. www.ffministry.com

Եթե ձեր կազմակերպությունը կամ եկեղեցին ցանկանում է հրավիրել Անդրեյ Շապովալին` մասնակցելու կոնֆերանսի կամ այլ միջոցառման, կապ հաստատեք մեր ծառայության գրասենյակի հետ: Մենք անպայման կքննարկենք ձեր առաջարկը:

admin@ffministry.com
+1(961) 472-0847
+1(916) 338-3390